O VOLUNTARISMO JUDICIAL E A SUPREMACIA DO PARLAMENTO

ASPECTOS GERAIS E VISÃO BRASILEIRA E PORTUGUESA

HUMBERTO BOSCO LUSTOSA BARREIRA

Prefácios
Luiz Alberto Gurgel de Faria
Alex Sander Xavier Pires

Apresentação
Adriano Sant'Ana Pedra

O VOLUNTARISMO JUDICIAL E A SUPREMACIA DO PARLAMENTO

ASPECTOS GERAIS E VISÃO BRASILEIRA E PORTUGUESA

Belo Horizonte

2021

© 2021 Editora Fórum Ltda.

É proibida a reprodução total ou parcial desta obra, por qualquer meio eletrônico, inclusive por processos xerográficos, sem autorização expressa do Editor.

Conselho Editorial

Adilson Abreu Dallari
Alécia Paolucci Nogueira Bicalho
Alexandre Coutinho Pagliarini
André Ramos Tavares
Carlos Ayres Britto
Carlos Mário da Silva Velloso
Cármen Lúcia Antunes Rocha
Cesar Augusto Guimarães Pereira
Clovis Beznos
Cristiana Fortini
Dinorá Adelaide Musetti Grotti
Diogo de Figueiredo Moreira Neto (*in memoriam*)
Egon Bockmann Moreira
Emerson Gabardo
Fabrício Motta
Fernando Rossi
Flávio Henrique Unes Pereira

Floriano de Azevedo Marques Neto
Gustavo Justino de Oliveira
Inês Virgínia Prado Soares
Jorge Ulisses Jacoby Fernandes
Juarez Freitas
Luciano Ferraz
Lúcio Delfino
Marcia Carla Pereira Ribeiro
Márcio Cammarosano
Marcos Ehrhardt Jr.
Maria Sylvia Zanella Di Pietro
Ney José de Freitas
Oswaldo Othon de Pontes Saraiva Filho
Paulo Modesto
Romeu Felipe Bacellar Filho
Sérgio Guerra
Walber de Moura Agra

FÓRUM
CONHECIMENTO JURÍDICO

Luís Cláudio Rodrigues Ferreira
Presidente e Editor

Coordenação editorial: Leonardo Eustáquio Siqueira Araújo
Aline Sobreira de Oliveira

Av. Afonso Pena, 2770 – 15º andar – Savassi – CEP 30130-012
Belo Horizonte – Minas Gerais – Tel.: (31) 2121.4900 / 2121.4949
www.editoraforum.com.br – editoraforum@editoraforum.com.br

Técnica. Empenho. Zelo. Esses foram alguns dos cuidados aplicados na edição desta obra. No entanto, podem ocorrer erros de impressão, digitação ou mesmo restar alguma dúvida conceitual. Caso se constate algo assim, solicitamos a gentileza de nos comunicar através do *e-mail* editorial@editoraforum.com.br para que possamos esclarecer, no que couber. A sua contribuição é muito importante para mantermos a excelência editorial. A Editora Fórum agradece a sua contribuição.

Dados Internacionais de Catalogação na Publicação (CIP) de acordo com a AACR2

B271v	Barreira, Humberto Bosco Lustosa
	O voluntarismo judicial e a supremacia do Parlamento: aspectos gerais e visão brasileira e portuguesa / Humberto Bosco Lustosa Barreira.– Belo Horizonte : Fórum, 2021.
	255 p.; 14,5cm x 21,5cm.
	ISBN: 978-65-5518-215-6.
	1. Direito Constitucional. 2. Direito Processual Civil. 3. I. Título.
	CDD: 341.2
	CDU: 342.7

Elaborado por Daniela Lopes Duarte - CRB-6/3500

Informação bibliográfica deste livro, conforme a NBR 6023:2018 da Associação Brasileira de Normas Técnicas (ABNT):

BARREIRA, Humberto Bosco Lustosa. *O voluntarismo judicial e a supremacia do Parlamento*: aspectos gerais e visão brasileira e portuguesa. Belo Horizonte: Fórum, 2021. 255 p. ISBN 978-65-5518-215-6.

*Aos meus pais, Dalbertino e Madalena, à minha
querida Nilce, que me deu os lindos Rafael e Rebeca (ao
meu genro, Hugo) e aos meus queridos irmãos Dileny
e Herbert.*

AGRADECIMENTOS

A toda a equipe do Tribunal de Contas do Estado de Goiás, registrando que as palavras não conseguem expressar meu sentimento de gratidão a todos os nomes que estão gravados indelevelmente em minha memória, sendo destacável, no entanto, o quanto sou grato ao ex-presidente, Conselheiro Kennedy Trindade, por ter acreditado e incentivado a descoberta deste meu potencial.

A toda estrutura pedagógica e administrativa da Universidade Autónoma de Lisboa (UAL), sendo destacáveis as orientações e, por fim, a amizade do Professor Doutor Alex Sander Xavier Pires.

A toda minha Turma 16 do Mestrado e do Doutorado da UAL, quando compartilhar as agruras dos estudos e a preparação dos trabalhos foram as molas propulsoras para os voos que ousamos realizar.

À Sheyla Aires, que no passado foi minha assessora, mas que sobressaltou sua amizade para comigo, auxiliando-me nessa tarefa de revisão ortográfica e semântica.

Porque d'Ele e por Ele, e para Ele, são todas as coisas;
glória, pois, a Ele eternamente. Amém.

(Romanos, 11:36)

SUMÁRIO

LISTA DE ABREVIATURAS E SIGLAS 13

PREFÁCIO
Luiz Alberto Gurgel de Faria 15

PREFÁCIO
Alex Sander Xavier Pires 19

APRESENTAÇÃO
Adriano Sant'Ana Pedra 23

INTRODUÇÃO 27

CAPÍTULO 1
DIGRESSÃO CONCEITUAL OBRIGATÓRIA 31
1.1   As causas da instituição do Estado 32
1.2   Revisão das razões e causas do Estado..34
1.3   A soberania popular 38
1.3.1   A titularidade do direito de soberania 39
1.3.2   As duas doutrinas democráticas da soberania 42
1.3.3   A soberania compreendida na atualidade 44
1.3.4   A vontade do povo e a democracia constitucional 49
1.4   A supremacia do parlamento..51
1.4.1   A origem inglesa e a concepção da teoria 51
1.4.2   A experiência francesa e seus reflexos...59
1.5   A conceituação do voluntarismo judicial...66
1.5.1   (In)Suficiência da separação dos poderes...73
1.5.2   A experiência americana com o *judicial review* 76
1.6   Interdependência dos elementos da digressão...................................83

CAPÍTULO 2
O VOLUNTARISMO JUDICIAL E O RESPEITO À SOBERANIA
POPULAR..85
2.1   Direito à educação e a soberania popular 86
2.1.1   Aspectos caracterizadores da cidadania...89
2.1.2   Exercício da cidadania participativa decorrente da educação 93

2.2	Trunfos contra a maioria e direitos sociais	103
2.2.1	Trunfos na visão de Dworkin	108
2.2.2	Sopesamento dos trunfos na visão de Dworkin e Alexy	116
2.3	Proibição do retrocesso social e a capacidade estatal	124
2.3.1	Proteção do mínimo social	133
2.3.2	Possibilidade estatal	137
2.4	Síntese da legitimação da soberania popular	142

CAPÍTULO 3
O VOLUNTARISMO JUDICIAL E A SUPREMACIA DO
PARLAMENTO..145

3.1	Representação popular e atividade legiferante	148
3.1.1	A questão da representação	151
3.1.2	A função legiferante	154
3.2	Formulação de políticas públicas e monitoramento da gestão governamental	159
3.2.1	As políticas públicas e sua implementação	161
3.2.2	Breves considerações acerca do controle judicial das políticas públicas	172
3.3	O voluntarismo judicial frente ao juspositivismo	182
3.3.1	O positivismo jurídico (juspositivismo) e o pós-positivismo	194
3.3.2	Panorama do voluntarismo (ativismo) judicial	204
3.3.2.1	Na garantia do direito à saúde	205
3.3.2.2	Assegurando o direito à educação	210
3.3.2.3	No âmbito previdenciário	214
3.3.2.4	No campo partidário-eleitoral	219
3.3.2.5	De forma difusa na vida comum	223
3.4	Da mutação constitucional ante a supremacia da Constituição	231
3.5	As repercussões do voluntarismo judicial	237

CONSIDERAÇÕES FINAIS 241

REFERÊNCIAS..249

LISTA DE ABREVIATURAS E SIGLAS

ADI – Ação Direta de Inconstitucionalidade
ADPF – Arguição de Descumprimento de Preceito Fundamental
AgR – Agravo Regimental
AIDS – Síndrome da Imunodeficiência Adquirida (*Acquired Immunodeficiency Syndrome*)
APC – Apelação Cível
Art. – Artigo
Arts. – Artigos
CGA – Caixa Geral de Aposentações (Portugal)
CF – Constituição Federal
CPC – Código de Processo Civil
CPI – Comissão Parlamentar de Inquérito
CRFB – Constituição da República Federativa do Brasil (Brasil)
CRP – Constituição da República Portuguesa (Portugal)
DJe – Diário da Justiça Eletrônico
EC – Emenda Constitucional
Ed. – edição
ED – Embargos de Declaração
Etc. – *etecetera*
EUA – Estados Unidos da América
INSS – Instituto Nacional do Seguro Social (Brasil)
LRF – Lei de Responsabilidade Fiscal
NCPC – Novo Código de Processo Civil (Brasil)
OCDE – Organização de Cooperação e de Desenvolvimento Econômico
P. – Página
RE – Recurso Extraordinário
REsp – Recurso Especial
RGPS – Regime Geral de Previdência Social (Brasil)
SNS – Sistema Nacional de Saúde (Portugal)
STA – Supremo Tribunal Administrativo (Portugal)
STA – Suspensão de Tutela Antecipada (Brasil)
STF – Supremo Tribunal Federal (Brasil)
STJ – Superior Tribunal de Justiça (Brasil)
STJ – Supremo Tribunal de Justiça (Portugal)
SUS – Sistema Único de Saúde (Brasil)
TC – Tribunal Constitucional (Portugal)
TCF – Tribunal Constitucional Federal (Alemanha)
TCP – Tribunal Constitucional Português
TJUE – Tribunal de Justiça da União Europeia

TNU – Turma Nacional de Uniformização
TRF – Tribunal Regional Federal
TRP – Tribunal da Relação do Porto
TSE – Tribunal Superior Eleitoral (Brasil)
TST – Tribunal Superior do Trabalho (Brasil)
TUE – Tratado da União Europeia
UE – União Europeia
UTI – Unidade de Tratamento Intensivo

PREFÁCIO

No exercício da magistratura e do magistério há quase trinta anos, não são raros os convites que recebo para participar dos mais diversos eventos jurídicos, sendo certo que, quando a agenda me permite, procuro aceitá-los, especialmente quando se trata de encontros em que a assistência é selecionada e proporciona um bom diálogo entre o palestrante e a plateia. O "Curso de Processo Civil" realizado no Tribunal de Contas do Estado de Goiás, Goiânia/GO, em abril/2018, em que abordei o tema "Vinculação aos Precedentes", foi um bom exemplo desse tipo de conclave. Ali estavam presentes conselheiros, membros do Ministério Público de Contas e servidores da Casa. Após a minha exposição, os debates foram intensos, revelando a riqueza da discussão.

Naquela ocasião, conheci *Humberto Bosco Lustosa Barreira*, Conselheiro Substituto daquela Corte de Contas, que havia servido ao Superior Tribunal de Justiça (STJ) por cerca de vinte e cinco anos, exercendo, entre outras, as atividades de Coordenador de Auditoria, Subsecretário de Orçamento e Finanças, Secretário de Controle Interno e Assistente em Gabinete de Ministro. Em face do elo com o Tribunal da Cidadania, onde atualmente exerço a minha judicatura, a empatia foi imediata, passando o Dr. Humberto a contar histórias do alegre período em que ali trabalhou.

Transcorridos pouco mais de três anos desse feliz encontro, recebo um convite, por mim aceito com muita honra: prefaciar a obra "O Voluntarismo Judicial e a Supremacia do Parlamento – Aspectos Gerais e Visão Brasileira e Portuguesa". Antes da leitura do livro, lanço o olhar no currículo do autor, que já impressiona: com duas graduações, em Ciências Contábeis e em Direito, possui pós-graduações em Análise de Sistemas, em Direito Público, em Direito Privado e em Direito Processual Civil, além de Mestrado em Ciências Jurídicas pela Universidade Autónoma de Lisboa. A dedicação à docência também chama atenção, pois o Conselheiro foi professor de Auditoria, Licitações e Contratos, Gestão de Contratos Administrativos e Tomada de

Contas Especial em várias instituições de renome, além de palestrar em diversos eventos jurídicos.

O ensaio que ora apresento cuida de tema por demais atual – o ativismo judicial –, sinônimo do voluntarismo, conforme ressalta o próprio autor na introdução. Acerca da questão, tive oportunidade de abordar os conflitos entre Constituição X lei e Parlamento X juiz, quando da tese do meu doutoramento, que resultou em livro,[1] daí a razão do meu deleite ao ler o presente trabalho. Já no primeiro capítulo, o Dr. Humberto se dedica a tópicos relevantes, como a supremacia do parlamento, o conceito de voluntarismo judicial, a experiência americana com o *judicial review*, consignando, com ponderação: "A busca do equilíbrio de forças e poderes estatais é a opção mais sensata para que o interesse coletivo seja alcançado e, em alguns momentos, a atuação do Judiciário pode ser requerida para corrigir omissões ou instigar ações executivas e/ou legislativas".

A segunda parte do livro é especialmente dedicada à soberania popular e cuida, por exemplo, da proibição do retrocesso social e da capacidade estatal sob o ângulo de visão de duas nações – Brasil e Portugal –, demonstrando a preocupação do mestre com o desprezo dos jovens pela política, os quais se abstêm de votar, e expondo sua defesa de uma adequada educação para que as pessoas tenham um efetivo interesse pelo exercício da cidadania e pela efetividade dos direitos sociais.

Na derradeira parte da obra (terceira), o autor trata da supremacia do parlamento, registrando que "a questão que envolve o Judiciário e o parlamento decorre do aumento da demanda judicial frente ao que vem sendo positivado pelo Legislativo e em decorrência da crescente constitucionalização da vida moderna. Maiores detentores dos benefícios sociais impostos pelas constituições aos Estados, os cidadãos estão cada vez mais cônscios de que podem recorrer ao Judiciário para buscar efetividade das garantias constitucionais traduzidas em políticas públicas. É certo que essa preocupação com o problema daí decorrente não se circunscreve apenas à disciplina do direito".

Fiz a promessa (e a cumpro) de que iria preparar um prefácio curto, objetivo, para que você, leitor, possa se dedicar de pronto ao que efetivamente interessa: a leitura do excelente "O Voluntarismo

---

[1] FARIA, Luiz Alberto Gurgel de. *A extrafiscalidade e a concretização do princípio da redução das desigualdades regionais*. São Paulo: Quartier Latin, 2010.

Judicial e a Supremacia do Parlamento – Aspectos Gerais e Visão Brasileira e Portuguesa", de autoria do Professor Humberto Bosco Lustosa Barreira.

Mãos, quero dizer, olhos à obra!

Brasília, junho/2021.

Luiz Alberto Gurgel de Faria
Ministro do Superior Tribunal de Justiça – STJ. Doutor e Mestre em Direito pela Universidade Federal de Pernambuco – UFPE. Professor da Universidade Federal do Rio Grande do Norte – UFRN, atualmente em colaboração com a Universidade de Brasília – UnB, e do Instituto Brasileiro de Ensino, Desenvolvimento e Pesquisa – IDP. Professor do Programa de Pós-Graduação em Direito (PPGD) da Universidade Nove de Julho (UNINOVE).

PREFÁCIO

Desde tempos imemoriais se pretende, após observação dos riscos da liberdade política, limitar o exercício do poder independentemente da forma com que se apresenta. Assim, percebe-se a partir da dita civilização ocidental de marco helênico, quer na Ágora, no *Senatus*, no *Marché*, no *Curia Regis*, no *Parliament*, no *Congress*, na *Assemlée* e em qualquer outra instituição de similar função, a tendência a reconhecer a função da lei escrita como garantidora da ordem social mediante o valor jurídico; enfim, a caracterização do "império da lei".

O precioso auxílio da Filosofia – em especial, a Política e a do Direito – contribuiu para o desenvolvimento e a formação teorética do fenômeno sobre inúmeras vertentes, tais como: a formação do Estado enquanto sociedade complexa politicamente organizada estruturado a partir da concepção maquiavélica de *status* (Teoria do Estado); a caracterização do poder político como superlativo absoluto reservado a este Estado de vinculação ao soberano regente – o *superanus* de Bodin – ou ao povo – o contratualismo liberal em Hobbes, Locke, Rousseau, Montesquieu, Siéyès entre outros –; a autoridade da Constituição como forma de limitação política das funções do Estado com absoluta (veja-se os federalistas – Hamilton, Madison e Jay – e os contratualistas – Hobbes, Locke e Montesquieu) ou relativa (*pouvoir neutre* de Constant) prevalência na ordem jurídica interna dos Estados; a autoridade, também, da Constituição como determinante e garante de direitos apostos como fundamentais (dentre outros, Bobbio) com a previsão de instrumentos de acesso direto a esses direitos pelos indivíduos (universalização dos direitos humanos); a lei como fonte única do Direito visto como Ciência na perspectiva da codificação (Pothier e Savigny), da compatibilidade vertical (Kelsen) e do Direito em dinâmica jurídica ilustrada pelo realismo do *cas law* (Hart); ou, ainda, a ideia de prevalência da liberdade individual como o grande bem social primário a ser protegido pelo Estado no âmbito das leis (pelos contemporâneos Berlin, Hayek e Rawls).

Dessa relação entre Direito e Política moderada pela filosofia é que Humberto Bosco Lustosa Barreira parte para concluir sua pesquisa científica que lhe garantiu o título de Mestre em Ciências Jurídicas perante a Universidade Autónoma de Lisboa e, agora, diligentemente transforma em livro de notório interesse para a comunidade acadêmico-científica.

De minha parte, para além do honroso convite para prefaciar a obra intitulada "O Voluntarismo Judicial e a Supremacia do Parlamento: Aspectos Gerais e Visão Brasileira e Portuguesa", importa reconhecer a dedicação e o empenho do acadêmico Humberto quando cursou, sob minha regência, a cátedra sintetizada "jurisdição constitucional" (em Portugal, "justiça constitucional"), momento em que percebi seu conhecimento e respeito pela Ciência que nos ocupa, além da inquietude intelectual com os problemas contemporâneos a ela imanentes: a tensa relação entre as funções do Estado, em especial a legiferação e a jurisdição, no âmbito do ativismo judicial, que o acadêmico preferiu denominar de "voluntarismo judicial".

Dos debates teóricos acontecidos nas aulas, plantou-se a semente da dissertação que tive a oportunidade de acompanhar como seu Orientador de Mestrado. Nessa conjunta tarefa, muito se refletiu e construiu no campo das ideias, cuja síntese depurada foi registrada na dissertação final e é, agora, recopilada e adaptada ao livro que chega ao conhecimento público. Diga-se, com acerto, que a liberdade intelectual e criativa respeitada e estimulada pelo Orientador ao seu discípulo rendeu bons frutos semeados pela observação atenta e experiência pessoal do Autor Humberto.

A obra, fiel à metodologia proposta desde a introdução, procura, como diz Humberto, "saber se o voluntarismo judicial pode permitir a desconsideração do direito positivado, a ponto de suprir eventual omissão legislativa ou de governo e obrigar a atuação estatal, na hipótese de as políticas públicas para direitos sociais se mostrarem insuficientes ou inexistentes", sendo necessário, para além de bem delimitar o referencial teórico, enfrentar temas contemporâneos e complexos como a necessária atuação dos órgãos jurisdicionais em intervenção legislativa, por vezes imprópria, em questões assentadas nos direitos à saúde e educação, no âmbito da previdência social e no campo eleitoral, bem como "uma sucinta investigação de como o voluntarismo judicial influi na vida comum dos cidadãos e, consequentemente, do Estado", com necessária abordagem de elementos pertencentes ao domínio científico do positivismo pela variação do normativismo, do eventual pós-positivismo de matriz constitucional principiológica, e da análise econômica do direito, em vias de contribuir para estabilidade do Estado de Direito.

De fato, ao concluir sua dissertação, Humberto afirma que "O fenômeno do voluntarismo (ativismo) judicial não pode ser examinado apenas quanto aos seus resultados ou somente quanto às suas consequências, pois não se pode caracterizá-lo exclusivamente como uma disfunção do exercício da atividade jurisdicional, tampouco se pode ovacioná-lo como aquele que propicia a criação de uma norma ou a inovação de um direito para suprir a lacuna deixada pela comunidade política. A preocupação com o voluntarismo (ativismo) judicial subsiste até mesmo quando os princípios constitucionais necessitam de uma melhor ou mais apropriada intepretação e, assim, o judiciário diz o direito para como adequadamente se possa acabar com uma omissão estatal".

Mas, afinal, o que é voluntarismo judicial? Esta é, em verdade, a grande angústia intelectual de Humberto: definir, para si, o fenômeno. Para consecução desse legítimo interesse, o leitor perceberá, em leitura atenta, que a abordagem sobre as teorias mais autorizadas sobre o tema desde o ativismo judicial até a judicialização da política – de Arthur Schlesinger Junior até Ran Hirschl, passando por Keenan Kmiec – permite uma visão heteromorfa sobre o tema para além do concordo ou discordo, se o ativismo é positivo ou negativo. Afinal, o ativismo judicial (ou voluntarismo judicial, como sugere Humberto) é um fenômeno consequente da necessidade de o poder judiciário encontrar seu lugar na separação de poderes, em grau de igualdade, com o mastodonte legislador e do leviatanesco administrador (Mauro Cappelletti); é consequência fática da prevalência judiciária diante de seus pares como o foram historicamente os períodos anteriores de absolutismo regente e parlamentar. Enfim, o ativismo judicial deve ser estudado em tese e observado em concreto em cada sistema jurídico, e Humberto nos estimula a fazê-lo em Portugal e no Brasil.

Se me permitirem uma sugestão, a presente obra, "O Voluntarismo Judicial e a Supremacia do Parlamento: Aspectos Gerais e Visão Brasileira e Portuguesa", deve ser lida por todos, juristas ou não, para que se perceba, com fundamento teórico, o fenômeno e, a partir de então, possa-se propor sugestões para adaptação, regulamentação e limitação do poder de julgar diante do mal democrático moderno assentado na omissão legislativa e no desvio administrativo, que impõe a inflação processual.

Boa leitura a todos!

Alex Sander Xavier Pires
Doutor em Ciências Jurídicas e Sociais com estudos pós-doutorais em justiça constitucional europeia. Doutor em Ciência Política. Professor vinculado à Universidade Autónoma de Lisboa. Investigador, Membro do Conselho Científico e Membro de Direção do Centro de Investigação em Ciências Jurídicas Ratio Legis/UAL. Membro do Conselho Científico e Colaborador no Centro de Investigação e Desenvolvimento sobre Direito e Sociedade CEDIS/FDUNL.

APRESENTAÇÃO

O Estado Democrático de Direito, fundado no princípio da soberania popular, impõe a efetiva participação do povo nas decisões políticas – participação que não se exaure na mera formação das instituições representativas. Não obstante, embora seja fonte do poder que legitima a autoridade, o princípio da soberania popular deve ser exercido nos limites consensuais do contrato social.

A abertura proporcionada pela Constituição permite uma intensa atividade criativa por parte dos seus intérpretes, que devem se manter fiéis ao seu desígnio de respeitar a Constituição e cuja atuação deve legitimar-se democraticamente. Muitas normas apresentam diversas possibilidades semânticas, e as escolhas feitas pelos intérpretes devem ser pautadas de acordo com as circunstâncias de cada situação concreta, a fim de buscarem a interpretação mais adequada.

Não se pode permitir que a abertura constitucional leve o seu intérprete a construir uma norma constitucional a seu bel-prazer, extraindo qualquer significado da Constituição, nem a transforme em uma norma *"passe-partout"*, sem coerência alguma com o sistema constitucional.

Embora, na concretização constitucional, deve-se aferir a vontade da maior parcela do povo, não se pode esquecer que algumas decisões devem estar a salvo das maiorias e não podem ser tomadas pelas instâncias eletivas.

Uma sociedade livre e democrática deve mostrar-se sempre aberta ao surgimento de novas necessidades que fundamentam novos direitos. Mas as transformações constitucionais decorrentes das transformações sociais devem se pautar em um saudável diálogo entre as instâncias majoritárias e contramajoritárias, dentro dos lindes constitucionais, para que a vontade do povo seja respeitada e para que não haja opressão das minorias nem ataque aos direitos fundamentais.

A democracia, que consiste no "poder do povo", não pode ser reduzida à concepção de autogoverno e gozo dos direitos políticos, mas assume um sentido de que o povo também é titular de um conjunto de "contrapoderes", que são os demais direitos fundamentais, aos quais todos os poderes, inclusive os da maioria, estão submetidos. E essa concepção garantista de democracia deve ser afirmada e defendida contra as degenerações majoritárias.

Como a concretização constitucional pode ocorrer mediante diversas vias, algumas majoritárias e outras contramajoritárias, especialmente considerando a existência de diversos intérpretes oficiais da Constituição, deve-se procurar harmonizar as diferentes interpretações feitas pelos diversos órgãos, às vezes em momentos distintos, de acordo com o paradigma da democracia constitucional.

Deve-se destacar que uma aprovação por ampla maioria, embora seja capaz de "facilitar" a legitimação, não proporciona necessariamente legitimidade, porque esta não se resume à vontade da maioria, pois deve estar presente, entre outros, o necessário respeito à minoria. Assim, deve-se abandonar a ideia de que todas as decisões importantes devem ser provenientes apenas de instâncias eletivas, o que é imprescindível para a aceitação da justiça constitucional.

Nesse sentido, se, por um lado, a democracia constitucional exige que as decisões políticas sejam tomadas pelos representantes escolhidos pelo povo, por outro, deve coexistir com a justiça constitucional, que, objetivando a preservação do próprio sistema constitucional, não deve sobrepujar a democracia.

A justiça constitucional deve, assim, reforçar a democracia mediante a preservação da ordem jurídica e a verificação da observância dos pressupostos da democracia na tomada de decisões. A legitimidade democrática do juiz deriva do caráter democrático da Constituição, e não da vontade da maioria. A legitimidade de sua atuação não é política, mas constitucional.

Dentro desse quadro de grande complexidade nas relações sociais, muito se discute acerca do papel do Poder Judiciário como protagonista da realização dos direitos previstos na Constituição, em uma atuação judicial que, em muitos casos, culmina na judicialização da política com o potencial de subtrair as competências do Parlamento e, com isso, ofender a própria democracia.

O livro de Humberto Bosco Lustosa Barreira, aqui apresentado, examina diversos aspectos do ativismo judicial diante da supremacia do Parlamento. O estudo constitui sua dissertação para obtenção do grau de Mestre em Direito, que foi defendida na Universidade Autónoma de Lisboa perante júri constituído pelo Professor Doutor Pedro Gonçalo Tavares Trovão do Rosário, pelo Professor Doutor Alex Sander Xavier Pires (orientador) e por mim, que tive a honra de ser o membro arguente.

A obra é muito bem estruturada em três partes, nas quais o leitor é conduzido através das ideias bem concatenadas do autor.

No capítulo inicial são apresentados diversos conceitos que são utilizados ao longo do estudo. Convém aqui destacar os conceitos de soberania popular, supremacia do Parlamento e voluntarismo judicial, entre os quais o autor identifica uma interdependência apta a estimular a sociedade na busca pela manutenção e expansão de seus direitos.

O capítulo seguinte analisa o voluntarismo judicial na perspectiva da soberania popular. O autor evidencia a educação como necessária ao pleno desenvolvimento da pessoa e seu preparo para o exercício da cidadania. Esse segundo capítulo ainda analisa os direitos fundamentais como trunfos contra a maioria e examina o princípio da proibição de retrocesso social.

O último capítulo destina-se a analisar o voluntarismo judicial em relação à supremacia do Parlamento. O autor reconhece que uma baixa qualidade da atividade legiferante pode ensejar o surgimento do ativismo judicial. No entanto, o autor compreende que a implementação ou não de políticas públicas não é própria do Poder Judiciário. Assim, as instâncias eletivas são as responsáveis por fazer as escolhas quanto a quais iniciativas, decisões e ações serão tomadas para resolver ou amenizar os problemas sociais que se apresentam. Daí as ponderadas críticas ao controle judicial de políticas públicas, especialmente em um momento de intensa judicialização que se verifica na atualidade.

O livro de Humberto Bosco Lustosa Barreira, que os afortunados leitores agora têm em mãos, é uma obra bem concebida que contribui para a reflexão em torno desses importantes temas. Tenho certeza de que a publicação será recebida com muita simpatia pela comunidade jurídica.

Parabéns ao autor!

Vitória (ES), outono de 2021.

Adriano Sant'Ana Pedra
Professor da Faculdade de Direito de Vitória
(graduação, mestrado e doutorado). Doutor em
Direito Constitucional (PUC-SP). Mestre em Direitos
e Garantias Fundamentais (FDV). Mestre em Física
Quântica (UFES). Pós-doutorado realizado na
Faculdade de Direito da Universidade de Coimbra.
Procurador Federal.

INTRODUÇÃO

A questão do voluntarismo judicial e seus reflexos quanto à autoridade do parlamento é tema de imensa preocupação do meio jurídico, acadêmico e também político, não só no Brasil como também em Portugal e, como se verá adiante, podendo abranger outras partes do mundo.

Um ponto recorrente de preocupação, portanto, é aquele que procura saber se o voluntarismo judicial pode permitir a desconsideração do direito positivado, a ponto de suprir eventual omissão legislativa ou de governo e obrigar a atuação estatal, na hipótese de as políticas públicas para direitos sociais se mostrarem insuficientes ou inexistentes.

Para se examinar aspectos gerais do voluntarismo – ou do ativismo judicial (pois se verá que podem ser sinônimas as expressões) – diante da supremacia do parlamento, a qual, em última análise, representa a soberania popular, é necessário entender como nasceram essas duas teorias.

Portanto, para que o trabalho alcance seu objetivo de discorrer sobre a interrelação existente entre as teorias construídas e o fenômeno, faz-se necessária a digressão conceitual acerca da soberania popular, da supremacia do parlamento e do voluntarismo judicial.

Nesse contexto, um relato histórico para demonstrar o surgimento dessas duas teorias e desse fenômeno que marca a vida moderna torna-se necessário para situar adequadamente as razões que levaram a vida em sociedade a demandar a instituição do Estado e a formulação do direito.

Serão examinadas sucintamente as razões pelas quais houve a delegação de autoridade por parte dos cidadãos para que o legislador passasse a regular a liberdade e garantisse a segurança da sociedade.

Ao mesmo tempo, a partir dos diversos problemas da atividade estatal, que passa a ter vida própria, evidenciando preferências dos indivíduos que se encontram em posições de destaque no Estado e formulando escolhas de como bem atender aos próprios interesses, o trabalho procurará discorrer sobre a revisão do Estado ou mesmo do pacto contratual.

A digressão conceitual abordará a soberania popular perpassando pelos aspectos de sua titularidade, pelas duas doutrinas democráticas que tratam do assunto, bem como sobre a compreensão da referida doutrina da soberania popular na atualidade.

No que concerne à supremacia parlamentar, será necessário historiar a concepção inglesa da teoria e os reflexos da experiência francesa a respeito do tema.

Ao encerrar o primeiro capítulo do trabalho, destinado à digressão conceitual, são apresentadas breves noções de como se caracteriza o voluntarismo judicial, expondo comentários sobre a separação dos poderes no contexto moderno e tratando da experiência americana com o *judicial review*, porquanto é a partir desse ambiente jurídico que se encontra a inspiração para a atuação acentuada dos juízes.

No capítulo seguinte, aborda-se o voluntarismo judicial em cotejo com a soberania popular, destacando-se que essa soberania só pode ser assim vista se a educação de um povo estiver em patamar elevado de cidadania. Para tanto, será necessário descrever os aspectos caracterizadores da cidadania, bem como a descrição de como será imprescindível preparar futuras gerações para uma nova visão de mundo, com novos valores sociais e a formação de um cidadão cada vez mais consciente do papel socioeconômico do Estado, tendo a dimensão adequada de suas obrigações e potencialidades, em razão de sua capacidade de arrecadação tributária e opções eleitas para o encargo orçamentário-financeiro.

Nesse ponto, torna-se igualmente necessário dissertar sobre a teoria dos trunfos contra a maioria, na concepção de Ronald Dworkin, vislumbrando o sopesamento conforme Robert Alexy, trazendo a tônica dos enunciados e investigações conduzidas por Jorge Reis Novais a respeito do tema.

A articulação desse tópico trará, como desfecho, o estudo do princípio da proibição do retrocesso social, examinando suas origens e a aplicabilidade no contexto da possibilidade estatal, bem como a crítica relativa ao princípio a partir, inclusive, do necessário entendimento do mínimo social e das potencialidades do Estado.

No capítulo três, o trabalho dedica-se a proceder à aferição do contraste entre o voluntarismo judicial e a teoria da supremacia do parlamento. O estudo desenvolve-se na análise da questão da representação popular e do exercício da função legiferante pelos representantes. Também será analisada a questão relativa a como se processa a formulação das políticas públicas, quais as formas e os critérios para sua implementação, bem como tecerá breves considerações acerca do controle judicial das políticas públicas.

O trabalho se encerra com o histórico surgimento do positivismo e do pós-positivismo e de como essas teorias influenciam o panorama da atuação judicial na atualidade. Será necessário exemplificar como o voluntarismo (ativismo) judicial se notabiliza no contexto dos direitos à saúde e educação, no âmbito da previdência social e no campo eleitoral, dentre vários que poderiam ter sido objeto de análise. Uma sucinta investigação de como o voluntarismo judicial influi na vida comum dos cidadãos e, consequentemente, do Estado, demonstrará que a doutrina defende que o judiciário procure valer-se cada vez mais da análise econômica do direito, dentre outros, além de evidenciar que a sociedade espera, na verdade, a estabilidade do Estado de Direito.

CAPÍTULO 1

DIGRESSÃO CONCEITUAL OBRIGATÓRIA

Necessário reportar histórico sucinto da formulação das teorias da soberania popular, da supremacia do parlamento e de como tem se apresentado o voluntarismo judicial.

Para se chegar à digressão que interessa ao propósito *deste trabalho*, necessário entender os elementos que surgiram, notadamente, a partir do fim da idade média, chegando-se à percepção contemporânea dos institutos objeto deste estudo.

Sendo assim, importante registrar que no final da idade média, consolidando-se no renascimento e firmando-se definitivamente na idade moderna, tem-se a identificação de que a formulação do Direito sofreu os reflexos do mercado como um fenômeno da vida.

Ainda que transações comerciais na Grécia antiga sejam mencionadas, ou mesmo no império egípcio ou no mercantilismo dos fenícios, somente no final da idade média, com o surgimento da burguesia, é que se tem o desenvolvimento efetivo da atividade econômica.

Portanto, a terra, o trabalho e o próprio dinheiro não eram mercadorias senão após a criação do complexo sistema de comércio, quando, então, a economia de mercado impôs que a produção saísse de dentro do lar e passasse a gerar importantíssimas transformações no mundo a partir do final da idade média.

1.1 As causas da instituição do Estado

Tais transformações foram preponderantes para trazer, ao fim da idade média, a partir de uma visão contratualista, a necessidade de criação de um outro elemento, qual seja, o Estado.

José Reis disserta sobre essa noção contratualista do Estado como sendo resultante da estrita delegação de poderes dos cidadãos que, liberalmente, firmam um contrato com o legislador a fim de verem suas propriedades e suas vidas garantidas pelo Estado. Os indivíduos concedem autorizações constitucionais para que o Estado exerça a vigilância ou a prevenção, e assim se estabeleça um futuro com segurança. O Estado, assim, é o resultado desse acordo entre a sociedade e o legislador estatal para que este assegure o bom funcionamento do mercado por meio da limitação do Estado e da garantia de liberdade dos cidadãos. A sociedade teria, então, um mercado e um Estado distintamente contidos, e "a separação das duas esferas estaria, pois, consumada".[1]

A fim de justificar a necessidade do Estado, tornou-se imprescindível instituir um anteparo às atividades econômicas desenvolvidas pelos indivíduos para, entre outros, regular as relações comerciais.

Viu-se, assim, que o mercado proporcionou a retirada do indivíduo de uma comunidade marcada pela latente imobilidade social. Antes do desenvolvimento econômico das cidades, um escravo ou plebeu nascia e morria naquela classe, e um nobre não perdia sua condição social em razão da hereditariedade.

A constatação é a de que a atividade econômica empreendida nas cidades permitiu a libertação dos indivíduos, os quais passaram a ter importância e a requererem a criação e a estruturação do elemento Estado para que seus direitos, garantias e obrigações fossem regulados.

Sendo assim, especialmente com o renascimento e o iluminismo, o indivíduo passa a ser alguém considerado em suas características pessoais, de modo que as alterações no contexto econômico forçaram o surgimento do Estado, e este passou a viabilizar e a garantir, ao menos no ocidente moderno, o exercício da liberdade para que a pessoa pudesse ser o que bem entendesse ser.

Há, como visto, a partir da modernidade, uma complementariedade entre o Estado e o indivíduo, transformando-se o cenário em

---

[1] REIS, José. Estado e mercado: uma perspetiva institucionalista e relacional. *Revista Crítica de Ciências Sociais do Centro de Estudos Sociais da Universidade de Coimbra*, nº 95, p. 11-34, Coimbra, 2011.

que um membro da comunidade – que era apenas mais um ateniense, um egípcio, um persa, um romano – tenha a possibilidade de exercer o papel que quiser desempenhar na sociedade.

A economia de mercado e o Estado surgem como elementos que desprendem o indivíduo daquelas amarras sociais. Passam a formar, então, a sociedade, que, por sua vez, é bem diferente de uma comunidade campesina. Esta é caracterizada por um sentimento de pertencimento muito forte. Aquela é formada por indivíduos que buscam, cada um, seu próprio bem. Ou seja, não há mais a necessidade de um bem comunitário, pois, em sociedade, o indivíduo pode buscar o que lhe apraz. Na percepção de Avelãs Nunes, o capital passou a ser excedente, seja pela venda da produção agrícola, seja por força dos "lucros fabulosos que o comércio e a exploração coloniais tinham propiciado à burguesia mercantil da Holanda, da França e, principalmente, da Inglaterra",[2] de modo a consolidar o capitalismo e as novas relações de produção, e tudo demandando formas de que houvesse o controle do poder político.

O Estado surge como instituição para manter a coexistência pacífica entre os indivíduos por intermédio do Direito.

E, no dizer de José Reis, o Estado é a instituição das instituições, não podendo ser visto como contraposição ou oponente do mercado econômico, devendo, antes, considerar as várias circunstâncias que deram origem à sua existência. A vida em sociedade, com suas dinâmicas materiais e relacionais, refletindo o funcionamento do mercado, parece justificar a existência do Estado (sabendo ser ele composto de indivíduos) e refletir suas dinâmicas institucionais. Na verdade, a matriz constitutiva do Estado carece de uma narrativa sobre as relações entre as dinâmicas materiais e relacionais da sociedade.[3]

Sendo constituído de uma população, ou seja, de uma reunião de indivíduos,[4] esse Estado precisará de um espaço geográfico para se estabelecer, sendo necessário, portanto, ser dotado de território.

---

[2] NUNES, António José Avelãs. *A Revolução Francesa:* as origens do capitalismo – a nova ordem jurídica burguesa. Belo Horizonte: Fórum, 2017, p. 44-45.

[3] REIS, José. Estado e mercado: uma perspetiva institucionalista e relacional. *Revista Crítica de Ciências Sociais do Centro de Estudos Sociais da Universidade de Coimbra,* nº 95, p. 11-34, Coimbra, 2011.

[4] Quando mantiver uma cultura semelhante, com o sentimento de identidade muito próximo e muito forte, pode-se dizer que há uma nação. Quando nesse território do Estado houver indivíduos de várias nacionalidades e culturas diferentes, com costumes e línguas distintos, diz-se que há um povo.

Nesse território, e frente aos demais territórios internacionais, esse Estado deverá exercer sua soberania, de sorte que não pode haver Estado se não houver soberania.

A soberania consiste, portanto, no exercício do poder, isto é, de ser capaz de se autorregular, autogovernar, autoadministrar, de fixar ou dizer o direito e, por fim, de se autorrepresentar interna e externamente.

Tem-se que o poder de se autorregular por meio do Poder Legislativo assume relevância de destaque no exercício da soberania, porquanto por intermédio das leis é que se regulam todas as relações entre os indivíduos e desses indivíduos com o Estado. Ou seja, tudo que interessa ao indivíduo é regulado pela função legislativa, que exerce o papel mais preponderante do exercício da soberania de um Estado.

Por haver sanção ou coação para que o indivíduo siga os ditames expedidos pelo legislativo, alguém deverá proceder ao juízo e determinar o cabimento ou não dessa sanção ou coação. Esse mesmo juízo poderá ser acionado pelo indivíduo quando o Estado não atender às razões de sua existência, qual seja, assegurar o bem-estar e a segurança do indivíduo.

1.2 Revisão das razões e causas do Estado

Nesse contexto, assinala José Reis, é que a visão contratualista originária tem sofrido um novo exame, dado que logo se percebeu que o Estado teria sido apropriado por políticos e burocratas egoístas, ultrapassando suas atribuições de modo ilegítimo e reproduzindo autoconscientemente seus interesses à revelia dos indivíduos que deram origem à sua existência.

> Não é, portanto, um Estado-eunuco nem um decisor bondoso e tolerante aquele que passamos a encontrar nas teorias – é antes um Estado perverso, que os indivíduos criaram para tão rapidamente lhes escapar. A perversidade do Estado é a perversidade dos seus agentes, funcionários e políticos que depressa descobrem que podem ser *rent-seekers*.[5]

A revisão feita detectou que há divergências entre as preferências estatais e as sociais, dado que os funcionários estatais e os políticos materializam suas escolhas e interesses pessoais pelo poder em políticas

---

[5] REIS, José. Estado e mercado: uma perspetiva institucionalista e relacional. *Revista Crítica de Ciências Sociais do Centro de Estudos Sociais da Universidade de Coimbra*, nº 95, p. 11-34, Coimbra, 2011.

públicas, tornando o Estado em um "paralelograma" das vontades dos seus agentes.

A partir das detecções relatadas, redundou-se na teoria da escolha pública (*public choice*) e na teoria da escolha social (*social choice*). Para ambas, pode-se dizer que as políticas sociais representam mecanismos perversos de manutenção dos burocratas desenvolvedores dessas políticas, garantindo-lhes continuidade e *status*.

A revisão a que alude José Reis contou, ainda, com a crítica veemente de "A Retórica da Reação", de Albert Hirschman, para quem uma ideia inicial boa é rapidamente modificada e transformada em soluções perversas ante o interesse de prevalência do domínio das pessoas (indivíduos) que compõem o Estado.[6]

A crítica a que alude Albert Hirschman, segundo José Reis e João Arriscado Nunes, está calcada na perturbadora experiência do indivíduo em ver-se excluído não só das opiniões, mas de toda a experiência de vida das sociedades democráticas modernas, sendo incontroverso que mesmo nas democracias mais avançadas é verificável a sistemática falta de comunicação entre grupos de cidadãos.[7]

A análise empreendida por Reis e Nunes aponta que Hirschman demonstra três tipos de argumentos utilizados por conservadores em "reacção" à tentativa dos progressistas: o da perversidade, o da futilidade e o da ameaça. Tais argumentos, de uma forma ou de outra, foram verificados (i) quando da generalização dos direitos civis decorrentes da Revolução Francesa; (ii) por ocasião da expansão do sufrágio na Inglaterra em 1832 e 1867; e (iii) em decorrência da crítica ao estado-providência que ocorre desde as leis dos pobres (*poor laws*) inglesas dos séculos XVIII e XIX até à recente ofensiva neoconservadora.

Para Albert O. Hirschman, citando várias ocorrências históricas, os reacionários à intervenção estatal defendem a tese da perversidade ao argumentar que as reformas, apesar das boas intenções dos que as promovem, acabam por não produzir os efeitos desejados, pois contrariam a dinâmica da sociedade. É como se ocorresse a "mão invisível", partindo-se do pressuposto de que o mercado se autorregula. Desse modo, a liberdade geraria a escravidão, a democracia daria azo à tirania

---

[6] REIS, José. Estado e mercado: uma perspetiva institucionalista e relacional. *Revista Crítica de Ciências Sociais do Centro de Estudos Sociais da Universidade de Coimbra*, nº 95, p. 11-34, Coimbra, 2011.

[7] REIS, José; NUNES, João Arriscado. *Recensão a Albert O. Hirschman* – The Rhetoric of Reaction – Perversity, Futility, Jeopardy. Faculdade de Economia da Universidade de Coimbra. Disponível em: http://hdl.handle.net/10316.2/25189. Acesso em: 24 maio 2019.

dos ignorantes e das massas sobre os mais capazes, e as tentativas estatais de erradicar a pobreza gerariam ainda mais pobreza.

A segunda tese de reação, de acordo com Hirschman, é a da futilidade, considerando que as reformas, antes de produzirem resultados positivos, reforçam os fenômenos objeto de sua implementação. É que há "leis naturais" desconhecidas pelos implementadores das reformas, de sorte que não se pode modificar o que não pode ser alterado. Para quem adota a tese da futilidade das reformas, a Revolução Francesa não fez nada que a evolução natural não obrigaria o antigo Regime a fazê-lo; na concepção de Gaetano Mosca, a massa, ou seja, a maioria existiria apenas para legitimar o exercício do poder dos governantes; Vilfredo Pareto e os críticos do Estado-Providência viam nas medidas de redistribuição um reforço às desigualdades já existentes.[8]

O terceiro tipo de argumento utilizado como retórica de reação é o da tese da ameaça. Assim, as reformas, ainda que desejáveis, na verdade põem em perigo as liberdades e os direitos já existentes, trocando vantagens certas da situação anterior por vantagens incertas de uma transformação desejada. Desse modo, ao alargar a hipótese de sufrágio, tem-se uma ameaça à liberdade, pois aumenta o risco de manipulação e de comportamento irracional dos eleitores ignorantes. Ou seja, a ameaça estaria evidente com a extensão das políticas sociais, pois alargaria "a intervenção do Estado para além do âmbito em que se verifica um consenso dos cidadãos, limitando a sua liberdade individual, e pondo em risco os seus direitos e liberdades".[9]

A leitura da obra de Hirschman efetuada por Reis e Nunes destaca que os três tipos de teses são usados em momentos e contextos diferentes, sendo recorrentes os mesmos tipos de argumentação quando está em curso alguma reforma de caráter "progressista".

Por outro lado, oportuno registrar que, para Paulo Trigo Pereira, a intervenção do Estado na economia, materializada pela teoria econômica do bem-estar (*welfare economics*), analisava os fracassos do mercado para justificar a intervenção corretora do Estado, enquanto que a principal crítica contrária demonstrou os fracassos do governo e os limites da intervenção estatal, a qual foi evidenciada por intermédio

---

[8] REIS, José; NUNES, João Arriscado. *Recensão a Albert O. Hirschman* – The Rhetoric of Reaction – Perversity, Futility, Jeopardy. Faculdade de Economia da Universidade de Coimbra. Disponível em: http://hdl.handle.net/10316.2/25189. Acesso em: 24 maio 2019.

[9] REIS, José; NUNES, João Arriscado. *Recensão a Albert O. Hirschman* – The Rhetoric of Reaction – Perversity, Futility, Jeopardy. Faculdade de Economia da Universidade de Coimbra. Disponível em: http://hdl.handle.net/10316.2/25189. Acesso em: 24 maio 2019.

da teoria da escolha pública. Referido autor adverte, no entanto, que a *public choice* não pode nem deve ser confundida com o pensamento neoliberal.[10]

O reexame do contratualismo não pode partir do argumento de que toda forma de Estado haverá de desrespeitá-lo, considerando que as instituições são incapazes de obedecer a limites. Essa visão parte do pressuposto de que os responsáveis pela elaboração e implementação das políticas de bem-estar sejam políticos normais. Por serem políticos comuns, com interesses que não comungam entre si, conclui-se que suas intenções de autonomia individual é que procuram prevalecer.

É inegável a necessidade de revisão do contrato inicial, limitando-o, para que se minimize o desmantelamento do Estado, porquanto é mais que justificável a construção de políticas que tornem as relações do Estado e sociedade mais interdependentes.

Supõe-se que só uma entidade estruturada como o Estado, com relativa autonomia, dotada de poder e legitimidade, pode assegurar a execução de políticas públicas que atendam à sociedade.

Nesse contexto, então, torna-se necessário entender o entrelaçamento entre a soberania popular, a supremacia do parlamento e o voluntarismo judicial, e verificar como a sociedade e o Estado podem manter uma interrelação que culmine na sobrevivência harmoniosa e vigorosa de ambos, considerando-se que adaptações, acomodações e ajustes serão necessários na caminhada que levará ao desejável convívio pacificado.

Assim é que se torna inafastável a conclusão a que nos remete José Reis:

> O seu papel na produção de normas e regras, a sua função legitimadora, o próprio facto de ser uma organização, isto é, um lugar de acumulação de saberes e competências, mostra-nos que o Estado define contextos de ação, formas de comportamento coletivo e de bem-estar individual, estabelece redes densas e complexas, produz impactos fortes em decisões não-estatais e na definição de objetivos sociais. De facto, o Estado é a-instituição-das-instituições e, por isso, é uma entidade profundamente material, relacional, interveniente em lógicas processuais cujo lugar não tem fronteiras exatamente delimitadas.[11]

---

[10] PEREIRA, Paulo Trigo. A teoria da escolha pública (*public choice*): Uma abordagem neoliberal? *Revista Análise Social*, vol. XXXII (141). Instituto de Ciências Sociais da Universidade de Lisboa, Lisboa, 1997 (2º), p. 419-442.

[11] REIS, José. Estado e mercado: uma perspetiva institucionalista e relacional. *Revista Crítica de Ciências Sociais do Centro de Estudos Sociais da Universidade de Coimbra*, nº 95, p. 11-34, Coimbra, 2011.

Eis, portanto, a razão de o trabalho tratar, a seguir, da soberania popular e da supremacia do parlamento, fazendo alusão introdutória ao fenômeno do voluntarismo judicial, haja vista a função estatal de dizer o direito atribuída ao judiciário.

1.3 A soberania popular

Associada aos filósofos contratualistas, a soberania popular é a doutrina pela qual o Estado é criado e sujeito à vontade dos indivíduos.

Na concepção de Thomas Hobbes (1588-1679), John Locke (1632-1704) e Jean-Jacques Rousseau (1712-1778), podendo incluir aí Voltaire (1694-1778) e Montesquieu (1689-1755), as pessoas é que são a fonte de todo o poder político.

A escola contratualista da soberania popular (1650 a 1750) define que a legitimidade do governo ou da lei está baseada no consentimento dos governados. Na concepção dela, o Estado é que de fato seria a instituição que garantiria os direitos básicos preexistentes. Conveniente reportar a conclusão de Paulo Gustavo Gonet Branco quanto ao tema:

> Nos séculos XVII e XVIII, as teorias contratualistas vêm enfatizar a submissão da autoridade política à primazia que se atribui ao indivíduo sobre o Estado. A defesa de que certo número de direitos preexistem ao próprio Estado, por resultarem da natureza humana, desvenda característica crucial do Estado, que lhe empresta legitimação – o Estado serve aos cidadãos, é instituição concatenada para lhes garantir os direitos básicos.[12]

Com isso, a base da democracia seria a soberania popular, sendo que os indivíduos optam por se submeter a um contrato social em que cedem voluntariamente alguns direitos em troca de proteção contra os perigos e os riscos de um estado natural.

Mas o risco pode advir do fato de que em uma república, ou mesmo em uma monarquia constitucional, um partido político, um monarca ou um dirigente ditador pode se autoproclamar o representante do anseio do povo e, em nome desse povo, fingindo possuir autoridade, exercer o governo.

Vale distinguir, nesse contexto histórico, que nos Estados Unidos da América os termos soberania popular e *squatter sovereignty* possuem

---

[12] MENDES, Gilmar Ferreira; BRANCO, Paulo Gustavo Gonet. *Curso de direito constitucional*. 12. ed. São Paulo: Saraiva, 2017, p. 133.

diferenças, pois este último referia-se ao direito reivindicado pelos posseiros ou moradores de determinado território de fazerem suas próprias leis. Essa soberania permitiu que em dado momento moradores pudessem aceitar ou rejeitar a escravidão.

Outra importante distinção é a de que soberania popular não se refere à soberania territorial, haja vista, principalmente, que divisões territoriais são celebradas por governos e não por pessoas.

Daí que a observação introdutória quanto ao Estado constitucional e democrático, feita por Gomes Canotilho, indica que a soberania popular, de onde *"todo o poder vem do povo"*, permite a igual participação na formação democrática da vontade popular, fazendo a integração entre o "Estado de direito" e o "Estado democrático", tornando viável a moderna compreensão do que se entende por Estado de direito democrático.[13]

A esse respeito, assinala Luís Roberto Barroso que a democracia pode ser vista de modo simples como a soberania popular e o governo da maioria. Entretanto a Constituição há de ser a instrumentalização por meio da qual se protege as minorias diante do poder das maiorias, que pode manipular o processo político. Porém o constitucionalismo e a democracia não devem ser vistos como antagônicos, mas como fenômenos que se complementam e dão sustento ao Estado, o qual deve prover a justiça, a segurança jurídica e o bem-estar social.

Assim, os objetivos últimos da Constituição de um Estado contemporâneo devem ser: (i) institucionalizar um Estado democrático de direito, fundado na soberania popular e na limitação do poder; (ii) assegurar o respeito aos direitos fundamentais, inclusive e especialmente os das minorias políticas; (iii) contribuir para o desenvolvimento econômico e para a justiça social; e (iv) prover mecanismos que garantam a boa administração, com racionalidade e transparência nos processos de tomada de decisão, de modo a propiciar governos eficientes e probos.[14]

1.3.1 A titularidade do direito de soberania

Paulo Bonavides enfatiza a necessidade de distinguir a soberania do Estado da soberania no Estado: (i) a soberania do Estado reflete internamente no âmbito das comunidades humanas, como a igreja, a

---

[13] CANOTILHO, José Joaquim Gomes. *Direito constitucional e teoria da Constituição*. 7. ed. Coimbra: Almedina, 2003, p. 100.

[14] BARROSO, Luís Roberto. *Curso de direito constitucional contemporâneo*: os conceitos fundamentais e a construção do novo modelo. 5. ed. São Paulo: Saraiva, 2015, p. 115.

escola, a família etc., e tem relação externa com a comunidade internacional; (ii) a soberania no Estado, por outro lado, está relacionada aos elementos do poder estatal, concentrados na autoridade suprema sobre todas as pessoas e órgãos da comunidade política, conferindo-se ao representante do Estado a titularidade desse poder supremo.[15]

Como não foi e não é fácil o emprego correto da palavra soberania para designar determinada característica do Estado nas suas relações com outros sujeitos da ordem jurídica, ou definir qual o correto papel de certas pessoas no Estado, surgiram várias doutrinas pertinentes à justificação do sujeito do direito de soberania, isto é, acerca do titular no qual se acha investida essa soberania.

Sendo necessário delimitar essa análise histórica, a fim de verificar a raiz política e sociológica do fenômeno, parte-se da soberania do monarca, quando do nascimento do Estado moderno, verificando-se as ideias mais próximas e recentes da soberania da nação, do organismo estatal e da classe. Essa análise efetuada por Paulo Bonavides foi realizada sob a perspectiva histórica, jurídica, filosófica e sociológica.

A análise efetuada por Bonavides procura identificar a explicação para a origem do poder soberano, dado que tem ensejado várias doutrinas, "começando com as que sustentam o direito divino dos reis até as que assentam no povo a sede da soberania".[16]

Daí que há pelo menos dois grupos de doutrinas quanto a essa titularidade. As teocráticas e as democráticas. As teocráticas partem da ideia de que a soberania tem origem divina, sendo o poder algo emprestado, apresentando-se variações quanto ao papel dos governantes no desempenho do poder. No que tange às democráticas, assentam-se, de modo geral, no fato de que o povo é a fonte incontroversa de todo o poder político. A essa constatação chegaram teólogos católicos medievais, Hobbes, com sua teoria contratual, os reformadores protestantes do século XVII e, em seguida, os juristas da Escola do Direito Natural e das Gentes. Nesse contexto, surge Jean-Jacques Rousseau, os enciclopedistas e os constituintes franceses da Revolução. Essas reflexões levam à necessária organização política da sociedade, amadurecendo as distintas doutrinas da soberania popular e da doutrina da soberania nacional.

Sendo assim, relativamente às doutrinas teocráticas, assinale-se que a mais exagerada e rigorosa dessas doutrinas é a que considera que os governantes são deuses vivos, sendo os monarcas detentores de

---

[15] BONAVIDES, Paulo. *Ciência política*. 24. ed. São Paulo: Malheiros, 2017, p. 163.
[16] BONAVIDES, Paulo. *Ciência política*. 24. ed. São Paulo: Malheiros, 2017, p. 162.

atributos e caráter divinos, devendo ser cultuados e venerados. É o caso dos faraós do Egito, dos imperadores romanos, dos príncipes orientais, sendo memorável o fato de que, até sua rendição na Segunda Guerra Mundial, assim se considerava o Imperador do Japão.

Alude Paulo Bonavides que no antigo regime francês, antes da Revolução Francesa, havia crença de que os reis tinham essa característica divina, havendo, inclusive, a declaração do clero galicano, segundo a qual "os reis não existem apenas pela vontade de Deus senão que eles mesmos são Deus: ninguém poderá negar ou tergiversar essa evidência sem incorrer em blasfêmia ou cometer sacrilégio".[17]

A esse respeito, também, tem-se a saudação do parlamento que se fazia a Luís XIV, comemorando o advento do novo rei: "O assento de Vossa Majestade nos figura o trono de Deus vivo... As ordens do reino vos tributam honra e respeito como a uma divindade visível".[18]

Ainda que não tão extremada, com amparo na doutrina cristã, tem-se que os reis, mesmo na condição humana, detêm o mais alto grau de eminência e majestade, porquanto partícipes na divindade, sendo delegados diretos e imediatos de Deus, o qual os investiu para o exercício do poder. Nessa concepção, esses monarcas são executores irresistíveis da vontade de Deus. Assim, os povos devem obedecer à origem divina do poder, vez que a responsabilidade do monarca é tão somente perante Deus, nunca perante os homens.

Esse pensamento teocrático em particular considera que o poder é instituído por Deus para conservação da sociedade, sendo um ato da vontade divina a designação de governantes para as diversas nações, culminando que a autoridade e as dinastias assumem um caráter sagrado.

Mesmo com a propagação da reforma, notadamente com o calvinismo, a doutrina do direito divino sobrenatural conviveu fortemente com o absolutista Luís XIV, de sorte que se alcançava o favor monárquico e diminuía a influência e o prestígio dos papas.

Assim, se antes vingava a teoria da natureza divina dos governantes, passou-se à teoria da investidura providencial, reconhecendo-se a origem divina do poder, mas abrandando a intervenção da divindade em matéria política, refletindo a interpretação de São Tomás de Aquino de que, segundo o apóstolo Paulo, o poder de origem divina, adquirido pelo príncipe, será exercido pela qualidade humana de que dispõe.

---

[17] BONAVIDES, Paulo. *Ciência política*. 24. ed. São Paulo: Malheiros, 2017, p. 163.

[18] BONAVIDES, Paulo. *Ciência política*. 24. ed. São Paulo: Malheiros, 2017, p. 163.

Desse modo, a teoria da investidura providencial designa que os governantes atuam como homens e não como divindade, tornando possível conciliar os princípios teológicos da soberania com o exercício do poder político sob a ótica democrática, ainda que vissem em Deus o guia providencial da sociedade humana.[19]

1.3.2 As duas doutrinas democráticas da soberania

A mais democrática das doutrinas relativas à origem da soberania, a doutrina da soberania popular, não postula a forma republicana de governo como necessária à sua efetividade. Vale lembrar que Hobbes, ao desenvolvê-la antes mesmo de Rousseau conceber sua teoria do contrato social, usava-a como justificativa para a existência do poder monárquico; e mesmo Rousseau, na verdade, fez com que a soberania popular, a partir do contrato social, fosse compatível com todas as formas de governo.

Quanto a isso, Paulo Bonavides acredita ser uma tentativa de justificar o equívoco de que a democracia é inseparável do liberalismo. Na verdade, entende o mencionado autor que o liberalismo "significa apenas uma de suas variantes e incontrastavelmente aquela que com menos fidelidade reproduz a imagem e expressão da vontade popular e a plenitude portanto do princípio democrático". Sobre o tema, disserta ainda:

> A soberania popular, segundo o autor do Contrato Social e seus discípulos, é tão-somente a soma das distintas frações de soberania, que pertencem como atributo a cada indivíduo, o qual, membro da comunidade estatal e detentor dessa parcela do poder soberano fragmentado, participa ativamente na escolha dos governantes. Essa doutrina funda o processo democrático sobre a igualdade política dos cidadãos e o sufrágio universal, conseqüência necessária a que chega Rousseau, quando afirma que se o Estado for composto de dez mil cidadãos, cada um deles terá a décima milésima parte da autoridade soberana.[20]

Ainda que tenha se apoiado em reflexões contraditórias de Rousseau, a concepção da soberania popular a partir de suas ideias influenciaram bastante as democracias que nasciam naquele instante, notadamente a universalização do sufrágio, tendo-se como a verdadeira espinha dorsal do sistema democrático.

---

[19] BONAVIDES, Paulo. *Ciência política*. 24. ed. São Paulo: Malheiros, 2017, p. 165.

[20] BONAVIDES, Paulo. *Ciência política*. 24. ed. São Paulo: Malheiros, 2017, p. 166.

No que concerne à doutrina da soberania popular, já na primeira fase da Revolução Francesa (1789-1791) os publicistas[21] verificaram que a posição rousseauniana, ao demonstrar que o elemento popular dava plenitude ao poder político, apresentava-se como boa e lógica. Ao enxergarem o problema do eventual despotismo e onipotência das multidões, procuraram dar solução jurídica, política e social, limitando a participação da vontade popular. Ao tempo em que evitariam o regime monárquico autocrático, teriam de criar mecanismos que coibissem os excessos que a autoridade popular incorreria no pleno exercício do poder que lhe fosse dado.

Tem-se que a revolução contra o antigo regime monárquico francês partiu de uma burguesia que pleiteava o domínio político da sociedade, dado que se julgavam preponderantes no desenvolvimento material dos últimos três séculos, nos quais ocorreram transformações relevantes nas relações da produção, com reflexos na expansão do comércio e na indústria como nunca antes vistos. Era imprescindível, na visão burguesa à época, que a antiga sociedade feudal fosse definitivamente sepultada, sobretudo por sua limitadíssima visão dos novos horizontes econômicos.

É nesse contexto que surge Emmanuel Joseph Sieyès com seu panfleto "O que é o Terceiro Estado?", tendo, naquele longínquo janeiro de 1789, vendido trinta mil exemplares. Sieyès partiu da leitura da doutrina do contrato social de Locke e Rousseau e defendeu a existência de um poder que seria inerente à nação.

Assim, procurou-se legitimar a ascensão do Terceiro Estado ao poder político (o povo – em vez do clero ou da aristocracia), sendo destacável que os revolucionários franceses acabaram por fundar e fazer prevalecer na Assembleia Constituinte a doutrina da soberania nacional. Desse modo,

> A Nação surge nessa concepção como depositária única e exclusiva da autoridade soberana. Aquela imagem do indivíduo titular de uma fração da soberania, com milhões de soberanos em cada coletividade, cede lugar à concepção de uma pessoa privilegiadamente soberana: a Nação.[22]

---

[21] De modo geral, são aqueles que rejeitam a ideia de que cidadãos tenham direitos inatos, vez que os direitos derivam do Estado. Como é o Estado o porta-voz dos direitos, os publicistas não aceitam que os cidadãos sejam portadores de direitos, sob pena de dissolver a unidade do Estado. A ideia é de que sem o Estado só restaria o atomismo burguês.

[22] BONAVIDES, Paulo. *Ciência política*. 24. ed. São Paulo: Malheiros, 2017, p. 167.

Por essa concepção, povo e nação formam uma só entidade, apresentando-se como um ser novo, com vontade própria, superior às vontades individuais, e novo corpo político vivo, real, atuante, distinto e abstratamente personificado, é o verdadeiro detentor da soberania, que passa a ser exercida por intermédio de seus representantes.

Neste ponto é que se distinguem as duas doutrinas democráticas da soberania, porquanto os efeitos da faculdade de participação política do eleitorado, universalizado com a soberania popular, resultou que cada indivíduo portador ou titular de uma parcela da soberania efetuasse sua transferência à nação, isto é, para aqueles investidos (escolhidos) na função de governantes da nação, resultando na autolimitação de seus poderes, circunscrevendo-se à soberania nacional.

O direito político da França pós-revolucionária na idade liberal de seu constitucionalismo foi dominado, então, pela doutrina da soberania nacional, proclamando esse princípio em dois artigos da Declaração dos Direitos do Homem de 1789 e da Constituição de 1791, respectivamente:

> Com efeito, o artigo 3º da Declaração assevera que "o princípio de toda a soberania reside essencialmente em a Nação" e que "nenhuma corporação, nenhum indivíduo pode exercer autoridade que dela não emane expressamente". A essa ardente profissão de fé na soberania nacional sucede o artigo 1º, título terceiro da Constituição de 1791, que reitera o mesmo pensamento, após precisar os caracteres essenciais da soberania: "A soberania é una, indivisível, inalienável e imprescritível. Pertence à nação; nenhuma seção do povo, nenhum indivíduo pode atribuir-se-lhe o exercício" (Art. 1º do Título III da Constituição Francesa de 1791).[23]

1.3.3 A soberania compreendida na atualidade

No campo político e sociológico, também no ambiente jurídico, a doutrina da soberania foi revista de modo bastante minucioso, resultando no entendimento, de muitos, de que, na atualidade, trata-se de um conceito em declínio.

Os especialistas em direito público afirmam que as ideologias pesam mais nas relações entre os Estados do que o sentimento nacional de soberania, ou seja, as ideologias são capazes de produzir solidariedade entre indivíduos de países diferentes, fazendo com que haja um vínculo mais próximo de consciência do que o laço de nacionalidade que pudesse exercer essa vinculação ou mesmo união.

---

[23] BONAVIDES, Paulo. *Ciência política*. 24. ed. São Paulo: Malheiros, 2017, p. 168.

Maurice Duverger *apud* Paulo Bonavides assevera que, hodiernamente, não poucas vezes, "indivíduos de Estados distintos atuam com mais compreensão e entendimento, à base de convicções políticas idênticas, do que tangidos por motivos de ordem pátria".[24]

Na visão de Duverger, os fundamentos nacionais da soberania estão enfraquecidos por diversos fatores no mundo atual, havendo mitigação do princípio da soberania diante da necessidade de se criar uma ordem internacional, a qual, a rigor, deve ter preferência sobre a ordem nacional. Assim, os internacionalistas veem a soberania como obstáculo à realização da comunidade internacional e à implementação de um "direito que coercitivamente se pudesse impor a todos os Estados".[25]

Friedrich Hayek, em sua obra intitulada "Direito, Legislação e Liberdade", assinala o termo "demarquia" (*"demarchy"*), cunhado por ele pela primeira vez em um artigo sobre *The Confusion of language in Political Thought*, publicado pelo *Institute of Economic Affairs*, Londres, 1968.[26]

Após demonstrar com argumentos persuasivos que houve má utilização das instituições representativas, Hayek apresenta a ideia de um modelo constitucional que corrigiria esse desvirtuamento dos ideais originários da democracia. A constituição deveria promover uma reformulação deveras revolucionária quanto às formas de governo, devendo surgir a "demarquia". Mencionado autor defende um sistema bastante peculiar de eleição, seja para uma assembleia legislativa, com um número reduzido de representantes, seja para a assembleia governamental e para um tribunal constitucional (que seria composto, inclusive, por ex-integrantes dessas duas assembleias).

Hayek critica a soberania popular, pois sua lógica enganosa decorre da premissa de que as normas existentes e as instituições advêm de uma vontade uniforme que pretendeu criá-las. Outro erro apontado diz respeito à convicção de que a soberania popular possui a fonte máxima do poder, devendo ser lembrado, no entanto, que a suposta liberdade de regular tudo não decorreu do comum acordo, mas foi fruto de desejos majoritários.[27]

---

[24] BONAVIDES, Paulo. *Ciência política*. 24. ed. São Paulo: Malheiros, 2017, p. 169.

[25] BONAVIDES, Paulo. *Ciência política*. 24. ed. São Paulo: Malheiros, 2017, p. 169.

[26] HAYEK, Friedrich August von. *Direito, legislação e liberdade*: uma nova formulação dos princípios liberais de justiça e economia política. Vol. III. São Paulo, Visão, 1985, p. 72.

[27] HAYEK, Friedrich August von. *Direito, legislação e liberdade*: uma nova formulação dos princípios liberais de justiça e economia política. São Paulo, Visão, 1985. Vol. III, p. 63.

Na esteira dessa revisão, na atualidade, o exercício da representação em uma determinada assembleia política pode se dar por meio de uma seleção aleatória de seus membros, de maneira a se entender que a "demarquia" seria uma "democracia aleatória" a partir de um *"sortition"* (sorteio).

Historicamente, Aristóteles (384-322 a.C.) já fazia alusão que a essência da democracia estava na escolha dos representantes políticos por sorteio, de maneira que a escolha por voto configuraria a perfeita oligarquia: "Para ser democrática, a seleção para a ocupação dos cargos oficiais deve ser por sorteio; quando feito por eleições é oligárquico".[28]

Antevendo-se que o poder corrompia, na Grécia Antiga já se buscava eliminar a influência de *lobbies* e dos grupos de interesse, além de impedir a perpetuação de políticos profissionais, sendo que, no Grande Conselho dos 500, os juízes e os funcionários do Estado eram nomeados por sorteio na *polis* ateniense. A democracia direta funcionava por meio da delegação do povo a um órgão representativo do *demos*. Esse órgão era a Boulé, constituída por 500 buleutas, sorteados entre os candidatos à razão de 50 por *demos* (uma *pólis* em miniatura). Argumenta-se que, com o sorteio, coíbe-se ou tenta-se dificultar que o eleitorado seja comprado ou beneficiado pelo governo.

Há registros de que a Suíça manteve tais procedimentos entre o século XVII até o século XIX. Na então República de Veneza, houve sorteio de integrantes do governo e de seus membros no período compreendido entre os séculos XII e XVIII.[29] Houve sorteio na Inglaterra até o século XVII. A escolha de jurados é efetuada atualmente em vários países a partir de uma seleção aleatória.

Há manifestações de que a soberania popular estaria renascendo a partir da "democracia aleatória", uma vez que o estágio em que se encontra a tecnologia viabiliza o sorteio de representantes em qualquer país ou em qualquer extensão territorial.

A literatura acerca do assunto tem revisitado a teoria da democracia, mais especialmente no âmbito da ciência política. Mas já há defesa jurídica de que é factível aplicar a seleção aleatória com o fim

---

[28] ARISTÓTELES. *Política*. Disponível em: http://www.dominiopublico.gov.br/download/texto/bk000426.pdf. Acesso em: 19 maio 2019.

[29] FERREIRA, Manoel Rodrigues. Município e voto distrital na constituinte. Assembleia Nacional Constituinte. *O Estado de São Paulo*, 13/02/1987, p. 38. Disponível em: https://www2.senado.leg.br/bdsf/bitstream/handle/id/116387/1987_09%20a%2014%20de%20Fevereiro_092.pdf. Acesso em: 18 ago. 2019.

de que a soberania popular materialize-se com a constituição de uma assembleia que represente o povo por inteiro.

David van Reybrouck, um belga historiador, registra em seu livro que seu país alcançou o recorde mundial ao ficar 541 dias sem governo, dividido entre socialistas e nacionalistas, sendo que desde 2014 não há senado eleito, e parte do Poder Executivo foi transferida para as administrações locais.

Para Reybrouck, "a população entendeu que as eleições não são um instrumento inquestionável para a formação das assembleias nacionais", sintetizando que seu país vive os efeitos da "síndrome da fadiga democrática" a que estão sujeitas todas as democracias liberais. Cada vez menos eleitores comparecem às eleições americanas, europeus não depositam confiança e esperança na União Europeia, além de ficar evidente a falta de apego aos partidos, de modo que, além de a legitimidade da democracia estar em crise, há cada vez mais ineficiência, sendo certo que a soberania popular esbarra na constatação de que "a impotência virou a palavra-chave do nosso tempo. Hoje o poder é uma hierarquia de maldições".[30]

Deve ser vista a distinção entre eleição e democracia, de modo que esta não está garantida com a existência daquela. Mencionado autor lembra que as eleições foram criadas no século XVIII exatamente para que a elite não perdesse o poder, ou seja, "a Revolução Francesa, como a Norte-americana, não eliminou a aristocracia para instalar uma democracia, mas eliminou uma aristocracia hereditária para instalar uma aristocracia eleita". Propõe ainda, a fim de que as nações não sofram a "patogênese do nosso fundamentalismo eleitoral", a implementação da democracia deliberativa, originariamente apresentada por Jürgen Habermas, como forma de salvaguardar a efetiva democracia.

Nada obstante, não se pode deixar de registrar que a democracia deliberativa também conta com a expoente defesa de John Rawls, numa outra perspectiva, dado que para Habermas as discussões assumem o propósito ilimitado, contemplando conteúdo econômico, político, religioso ou filosófico, enquanto Rawls, objetivando uma justiça igual, restringe as discussões para que as deliberações não se percam em assuntos metafísicos ou morais. Ademais, diferentemente de Habermas, Rawls é um contratualista, ainda que não busque legitimidade do governo, mas apresenta uma teoria da justiça.

---

[30] VAN REYBROUCK, David. *Contra as eleições*. São Paulo: Ayine, 2017.

A denominada democracia deliberativa também vem despertando o olhar acadêmico na medida em que o modelo existente tem sofrido grande contestação por parte dos eleitores, pois não se sentem devidamente representados pelos políticos e governantes. Assim, têm surgido grandes debates sobre outras possibilidades de participação política, tais como as audiências públicas e o espaço público para o discurso (debate de ideias), com o fim de que a democracia direta e o plebiscito sejam resgatados.

Registre-se que James Fishkin tem assumido o protagonismo da defesa desse conceito criando instrumentos para materializá-lo, propondo que os cidadãos não apenas votem, mas passem a discutir com seus representantes, colocando-os diante de especialistas.

Fishkin organizou várias amostras deliberativas pelo mundo, sendo por ele festejada a do Texas, em que sorteou cidadãos para deliberar sobre energia renovável em um estado americano tipicamente produtor de petróleo. As deliberações entre os sorteados fizeram elevar o percentual de pessoas favoráveis à utilização de energia limpa para 84% (esse percentual era de 52%), transformando o Texas no estado norte-americano maior produtor de energia eólica, desde 2007.[31]

James Fishkin defende a democracia deliberativa tendo em conta que talvez não eleitores ofereçam opiniões semelhantes às oferecidas pelos eleitores, mesmo que sejam mais pobres, menos instruídos e façam parte das minorias. É provável que não eleitores tenham diferentes interesses em muitas questões, em razão de onde moram e, talvez, suas posições na estrutura econômica sejam muito diferentes. Dar a eles oportunidade de pensar e discutir, tendo suas perguntas respondidas, tornando-os mais informados, pode fazer com que seus pontos de vista sejam melhorados.[32]

Por outro lado, se Fishkin defende que os sorteios devem ter regras claras, impedindo-se a autosseleção, de modo a assegurar maior diversidade e legitimidade, para David von Reybrouck é recomendável que exista a mistura de sorteio e autosseleção, podendo haver uma câmara de cidadãos sorteados convivendo com outros cidadãos eleitos

---

[31] FISHKIN, James. *Democracy when the people are thinking*: reflections on deliberative designs, micro and macro 1. Paper prepared for presentation at the ECPR meetings in Hamburg, August 22-25, 2018. Disponível em: https://ecpr.eu/Filestore/PaperProposal/ede6e45e-3a57-4098-8117-e4ede4b47c0e.pdf. Acesso em: 12 jul. 2019, p. 17-18.

[32] FISHKIN, James. *Democracy when the people are thinking*: reflections on deliberative designs, micro and macro 1. Paper prepared for presentation at the ECPR meetings in Hamburg, August 22-25, 2018. Disponível em: https://ecpr.eu/Filestore/PaperProposal/ede6e45e-3a57-4098-8117-e4ede4b47c0e.pdf. Acesso em: 12 jul. 2019, p. 17-18.

como que em "uma terapia relacional entre governantes e governados". De todo modo, as recentes experiências da Irlanda e da Islândia revelam elevadas taxas de engajamento político, sendo inevitável a constatação de que "a democracia é como a argila: adapta-se ao próprio tempo. As formas concretas que toma são sempre modeladas pelas circunstâncias históricas".[33]

A atualidade desse despertar moderno para que a soberania popular volte a ser considerada revela quão necessário é compreender o fenômeno da teoria que a seguir se estuda.

1.3.4 A vontade do povo e a democracia constitucional

Há riscos quando a aferição da vontade do povo é feita apenas pela maioria que participa de escolhas (não necessariamente nas eleições de representantes), sendo correto dizer "que algumas decisões devem estar a salvo das maiorias e não podem ser tomadas pelas instâncias eletivas".[34]

Adriano Sant'Ana Pedra faz interessante leitura de *Democracia Possível*, de Ronald Dworkin, ressaltando que o aspecto apenas formal da democracia pode restringir a preocupação apenas aos procedimentos para garantir a vontade popular da maioria, sem considerar o conteúdo das decisões tomadas pelo povo ou por seus representantes, ou seja, não se levando em conta o conteúdo moral das decisões de caráter político. A preocupação com o aspecto meramente formal da democracia só permite a aferição de quantas pessoas são beneficiadas com as políticas públicas destinadas ao bem comum. Com essa preocupação, apenas de caráter formal ou procedimental, só se consideraria o interesse da maioria, incorrendo-se no erro grave de se conceber a ideia de que a escolha dessa maioria é que conduz ao resultado da democracia, e "em algumas situações os interesses de grupos minoritários são sistematicamente ignorados pela maioria. Nesta hipótese, haveria injustiça, o que leva a concluir que esta concepção majoritária de democracia é insatisfatória".[35]

Outra distinta leitura efetuada por Sant'Ana Pedra é a que assinala o diálogo aporético conduzido por Luigi Ferrajoli no que respeita

---

[33] VAN REYBROUCK, David. *Contra as eleições*. São Paulo: Ayine, 2017.

[34] PEDRA, Adriano Sant'Ana. *Mutação constitucional*. Interpretação evolutiva da Constituição na democracia constitucional. 3. ed. Rio de Janeiro: Lumen Juris, 2017, pg.186.

[35] PEDRA, Adriano Sant'Ana. *Mutação constitucional*. Interpretação evolutiva da Constituição na democracia constitucional. 3. ed. Rio de Janeiro: Lumen Juris, 2017, pg.187

à democracia circunscrita apenas ao seu aspecto formal. É que a democracia meramente formal não traria as condições próprias de um regime que pudesse ser denominado de democrático. Haveria mesmo uma dificuldade racional decorrente da ideia de que os procedimentos democráticos calcados na maioria fossem capazes de legitimar as decisões. A primeira resposta possível é que o povo não detém a exclusividade para legitimar as decisões: "ao contrário, este poder é juridicamente limitado, não só em relação às formas, mas também aos conteúdos do seu exercício".[36] A segunda resposta possível, depreendida da primeira, é que deve realmente haver limite para os conteúdos das decisões impostas pelas maiores, pois, se isso não ocorrer, "haverá a possibilidade de que os métodos democráticos suprimam os próprios métodos democráticos, fazendo com que a democracia não sobreviva".[37]

Com isso se conclui que a soberania popular, ainda que vista como aquela que é fundada na limitação do poder do Estado e na garantia de efetividade dos direitos fundamentais, no governo da maioria e no exercício do poder do povo, deve também se caracterizar por permitir os contrapoderes. Ou seja, deve ser assegurada a participação das minorias no processo decisório ou no destino das políticas públicas. São essas ações contramajoritárias que podem impedir as degenerações da democracia. Desse modo, a dimensão substancial da democracia, em confronto com a ideia de uma democracia apenas formal, é alcançada pela coibição dos excessos de poder e pela minimização dos conflitos de interesse. A dimensão substancial, portanto, exige que as maiorias devam se submeter ao que se denomina de concretização[38] constitucional, mesmo diante da "existência de diversos intérpretes oficiais da Constituição". Para tanto, o que se almeja é que as intepretações sejam

---

[36] PEDRA, Adriano Sant'Ana. *Mutação constitucional*. Interpretação evolutiva da Constituição na democracia constitucional. 3. ed. Rio de Janeiro: Lumen Juris, 2017, pg.188.

[37] PEDRA, Adriano Sant'Ana. *Mutação constitucional*. Interpretação evolutiva da Constituição na democracia constitucional. 3. ed. Rio de Janeiro: Lumen Juris, 2017, pg.188.

[38] O processo de concretização constitucional, situado na "nova hermenêutica", parte da ideia de uma abertura das normas constitucionais e da multiplicidade semântica que demanda certa dinamicidade do exercício de interpretação. O intérprete constitucional deve proceder à modificação ou alteração semântica que se encaixe à realidade encontrada e concretizar a aplicação da norma. Citando Marcio Pugliesi, Sant'Ana Pedra alude ao fato de que "a interpretação constitui uma tarefa possível e infinita". Possível, pois "não se pode excluir o surgimento de interpretações mais adequadas que as existentes". Infinita, pois a interpretação pode ser cabível no momento, mas se mostrar despropositada ou incabível em outros tempos, em que se "podem encontrar interpretações novas e mais adequadas" (PEDRA, Adriano Sant'Ana. *Mutação constitucional*. Interpretação evolutiva da Constituição na democracia constitucional. 3. ed. Rio de Janeiro: Lumen Juris, 2017, p. 87.)

harmonizadas por esses diversos órgãos, em respeito ao "paradigma da democracia constitucional".[39]

1.4 A supremacia do parlamento

Para entender no que consiste a teoria ou a doutrina da supremacia ou soberania do parlamento, há que se proceder a um sucinto histórico.

Nesse histórico, inicialmente é imperioso reconhecer as lutas em favor da implementação da democracia, notadamente nos países europeus ocidentais. Ao reconhecer essas circunstâncias de oposição conflituosa e, às vezes, violenta, constata-se o quão duro se trabalhou por alcançá-la e, por isso mesmo, mais que justificável a tentativa de conservar suas conquistas.

Forçoso é reconhecer que uma democracia não existe sem que a soberania popular, devidamente representada, faça valer sua voz por meio de um parlamento respeitado e respeitável.

O mundo ocidental assistiu, mais marcantemente a partir do século XVI, a formação da sociedade organizada e da necessidade da estruturação do Estado.

A esse respeito, conveniente a anotação de Avelãs Nunes de que, em contrapartida, "os modernos estados nacionais deram ao grande comércio e à indústria capitalista nascente" apoio e proteção contra feudos ainda insurgentes bem como perante a concorrência dos produtores estrangeiros.[40]

As liberdades conquistadas historicamente fizeram com que houvesse, por parte do povo soberano, uma demanda por representatividade parlamentar perante esse Estado garantidor de direitos.

1.4.1 A origem inglesa e a concepção da teoria

Neste ponto é oportuno registrar que o segmento estatal do parlamento tem, inegavelmente, sua origem inglesa no âmbito das instituições da monarquia feudal, das quais, também, procede a germinação do poder representativo.

---

[39] PEDRA, Adriano Sant'Ana. *Mutação constitucional*. Interpretação evolutiva da Constituição na democracia constitucional. 3. ed. Rio de Janeiro: Lumen Juris, 2017, p.190.

[40] NUNES, António José Avelãs. *A Revolução Francesa:* as origens do capitalismo – A nova ordem jurídica burguesa. Belo Horizonte: Fórum, 2017, p. 53.

Antonio Padoa Schioppa registra que a Magna Carta, datada do século XIII, indo em linha oposta aos privilégios que soberanos medievais do continente europeu gozavam à época, passou a ser evocada nos séculos subsequentes, adquirindo significados novos e mantendo-se viva no reino inglês.[41]

Com isso, de maneira incipiente, havia o Conselho Permanente ou Conselho Privado, sendo antecessor histórico do parlamento inglês, assistindo o rei nas suas deliberações até o começo do século XIV, permeado pelo poder feudal da alta aristocracia. Na verdade, traduzia-se mais em uma luta dos barões feudais com o soberano.

Com a criação da Câmara dos Comuns, advinda da associação da burguesia ascendente com a pequena e média nobreza rural, surge, de fato, o parlamento. Havia, à época, os deputados burgos e o dos condados, sendo que estes eram mais influentes. Os burgos, no entanto, eram mais numerosos.

Sendo assim, o Parlamento inglês já contava, nessa época, com uma composição bicameral. No século XVI, a Câmara dos Lordes era composta de expoentes da alta aristocracia, dos bispos e dos abades maiores. A Câmara dos Comuns (*commonners*) representava os 37 condados (com dois membros cada qual), as cidades e os burgos (*boroughs*) do reino.

Os Comuns contavam com 298 membros no início do reinado de Henrique VIII, mas entre os séculos XVI e XVII foi acrescentada mais uma centena. Mesmo havendo a intervenção do *sheriff*, que era nomeado pelo rei, havia eleição de representantes nos condados, nos burgos e nas cidades, os quais eram escolhidos entre os cavaleiros (*knights*) e os proprietários da classe média. Tratava-se de um sistema rígido de estratificação social, de caráter hereditário, que fornecia, além desses representantes, o pessoal para os júris e para os juízes de paz. Eram, nesse momento, tão abastados e suficientemente sólidos em seus direitos, que a dependência da monarquia era apenas indireta.[42]

A propósito, em razão de despesas militares para o domínio da Irlanda, a monarquia, a cargo do rei Jaime I, passou a ter crescentes necessidades financeiras e criou novos impostos e taxas extras, valendo-se,

---

[41] SCHIOPPA, Antonio Padoa. *História do direito na Europa*: da Idade Média à Idade Contemporânea. Tradução Marcos Marcionilo, Silvana Cobbucci Leite. Revisão da Tradução Carlo Alberto Dastoli. São Paulo: Editora WWF Martins Fontes, 2014, p. 159.

[42] SCHIOPPA, Antonio Padoa. *História do direito na Europa*: da Idade Média à Idade Contemporânea. Tradução Marcos Marcionilo, Silvana Cobbucci Leite. Revisão da Tradução Carlo Alberto Dastoli. São Paulo: Editora WWF Martins Fontes, 2014, p. 176.

para tanto, do amparo de decisões aprovadas pelos tribunais (tendo, por exemplo, a do Tribunal de Contas, no *Bates Case* de 1606, e a decisão do *Shipmans Case*, de 1637). Entretanto Jaime I não havia requerido o consenso prévio do parlamento para tanto. Somado ao *Darnel's Case*, em que o monarca obteve o reconhecimento do "poder emergencial" para detenção de cidadãos particulares, viu-se, também, a tentativa da monarquia de impor o catecismo episcopal, o que resultou na intervenção armada na Escócia presbiteriana e a instalação da guerra civil na Inglaterra (1640-1642).

Em 1642, ao fim dessa reviravolta, o parlamento, que não era convocado pelo rei há cerca de onze anos, aprovou com voto quase unânime uma série de medidas que diminuíam a influência da monarquia, entre elas, o direito de autoconvocação do parlamento, a abolição dos tribunais especiais e a ilicitude de impostos e taxas introduzidos sem aprovação do parlamento.

Em 1649, houve a execução capital do rei Carlos I durante um rápido governo republicano, mas a monarquia foi restaurada por Carlos II Stuart em 1660 e, por fim, em 1688 houve a expulsão de Jaime II e consequente subida de sua filha Maria (ao lado de seu marido Guilherme de Orange), quando da chamada "Revolução Gloriosa".

É com a remoção definitiva dos Stuart que o parlamento passa a ter algumas prerrogativas fundamentais, reconhecidas explicitamente, na maior parte, na Carta dos Direitos de 1689 (*Bill of Rights*), contando com o assentimento da monarquia, cujo conteúdo reiterava e acrescia outras prerrogativas, como de autoconvocação do parlamento, de legislar sobre taxas e empréstimos públicos (contemplando aí o poder de determinar a destinação dos fundos e a fiscalização de seu uso), bem como a necessidade de o rei obter autorização do parlamento para convocar e manter o exército. Foram determinantes como demonstração de poder do parlamento "a proibição de o rei poder suspender a aplicação de uma lei, a plena liberdade de expressão e a proteção contra prisões arbitrárias, garantidos pela jurisdição exclusiva sobre os próprios membros".[43]

O efeito disso é o primado da lei (estatuto) e do parlamento, que saiu vencedor dessa disputa com a monarquia, ainda que restasse ao rei um poder de codecisão legislativa por meio do mecanismo da promulgação. Assim, incontrastável o início da soberania legislativa ou da

---

[43] SCHIOPPA, Antonio Padoa. *História do direito na Europa*: da Idade Média à Idade Contemporânea. Tradução Marcos Marcionilo, Silvana Cobbucci Leite. Revisão da Tradução Carlo Alberto Dastoli. São Paulo: Editora WWF Martins Fontes, 2014, p. 177.

supremacia do parlamento, como posteriormente foi denominada pela doutrina por Albert Venn Dicey em a "Lei e a Constituição", de 1885.

Para Schioppa, neste momento a Inglaterra evidencia a efetiva distinção entre o Poder Legislativo, o Poder Executivo e o Poder Judiciário, cuja contemporaneidade significativa é a teorização levada a efeito por John Locke em seu Segundo Tratado do Governo Civil, de 1690. Saliente-se que meio século mais tarde essa teoria seria reelaborada na Europa continental por Montesquieu em "O Espírito das Leis", de 1748, "que assinala a superação do absolutismo e está na base do constitucionalismo moderno".[44]

No que respeita a Locke, é consabido que sua teoria preconiza que a supremacia última pertence ao povo. Mas quando esse povo está sob um governo, é ao legislativo que cabe essa supremacia, uma vez que, se cabe a esse poder fazer as leis, nada mais necessário do que atribuir a ele um poder superior.

Convém neste ponto dissertar, então, quanto à concepção da teoria da supremacia do parlamento, cuja autoria, ou pelo menos sua defesa, é atribuída a Albert Dicey, que apresentou três características conhecidas como soberania parlamentar ortodoxa, a saber: (i) não existe lei que o parlamento não possa mudar; (ii) não há distinção entre leis constitucionais ou ordinárias; e (iii) não há pessoa ou corpo que possa pronunciar uma lei do parlamento como nula.

> O princípio da soberania parlamentar significa nem mais nem menos que isto, ou seja, que o Parlamento tem, ao abrigo da Constituição inglesa, o direito de fazer qualquer lei; e, além disso, que nenhuma pessoa ou órgão é reconhecido pela lei da Inglaterra como tendo o direito de anular ou anular a legislação do Parlamento.[45]

Os principais aspectos dessa doutrina ortodoxa da supremacia do parlamento é que o parlamento é sempre soberano e, como tal, não pode limitar os seus próprios poderes.

Os tribunais ingleses são obrigados a dar cumprimento à expressão mais recente da vontade do parlamento, apoiando, com isso, um reflexo da referida doutrina, qual seja, a ideia de revogação expressa e implícita.

---

[44] SCHIOPPA, Antonio Padoa. *História do direito na Europa*: da Idade Média à Idade Contemporânea. Tradução Marcos Marcionilo, Silvana Cobbucci Leite. Revisão da Tradução Carlo Alberto Dastoli. São Paulo: Editora WWF Martins Fontes, 2014, p. 177.

[45] DICEY, Albert Venn. *Introduction to the study of the law of the Constitution*. Reprint. Originally published: 8th ed. London: Macmillan, 1915. Indianapolis-USA: Liberty Class, 1982, p. 36.

Quando uma lei mais recente do parlamento declara que uma lei anterior foi revogada, há a revogação expressa, e isso demonstra que o parlamento não pode ficar vinculado ou impedido, por exemplo, de contrariar qualquer ato que ele tenha criado.

Por sua vez, um tribunal poderá verificar se houve ou não uma revogação implícita em que uma lei do parlamento mais recente contradiz uma lei anterior, embora não revogue expressamente a lei anterior. Ou seja, os poderes de revogação do parlamento não se limitam a expressar revogações, sendo de se esperar que um tribunal possa estabelecer que a vontade do parlamento mudou por uma lei posterior.

A esse respeito, tratando do aspecto híbrido das regras constitucionais inglesas, destaca Jorge Miranda que elas não são apenas consuetudinárias, pois existem ainda as *Conventions of the Constitution*, lembrando que "numerosas são as leis constitucionais escritas (...)", nada obstante não se qualificarem formalmente como constitucionais e não possuírem força jurídica específica de Constituição.

O fenômeno, nesses termos, decorre do processo de formação do sistema político britânico, com fontes distintas dos Direitos romanísticos, concluindo que "nestes, prevalece a lei sobre o costume; em Inglaterra, o *Common Law* sobre o *Statute Law*".

> E não se diga que em Inglaterra é também apenas nos limites da lei que o costume pode funcionar – porque a prática não o corrobora; nem se invoque o princípio da "soberania do Parlamento" (ou de que o Parlamento pode dispor sobre quaisquer matérias, embora sem vincular o legislador futuro), porque este princípio ainda se funda no costume.[46]

Como se sabe o *statute law* não é senão a legislação feita pelos órgãos do governo ou pelo parlamento. Por outro lado, o *common law* é o que surge das decisões tomadas pelos juízes no tribunal de justiça. De fato, esse tem sido um dilema jurídico vivenciado pelos ingleses e questionado doutrinariamente. Entretanto o que se depreende, inclusive da crítica inglesa, é que o *statute law* tem se mostrado mais poderoso do que o *common law*, uma vez que o primeiro sistema pode anular ou modificar o segundo. Portanto, não obstante questionamentos, defende-se que a supremacia dos representantes do povo, isto é, do parlamento, ainda subsiste, pois em caso de qualquer contradição entre os dois, o *statute law* tende a ser prevalente, ainda que nos domínios do judiciário

---

[46] MIRANDA, Jorge. *Manual de direito constitucional*, Tomo I, 6. ed. Coimbra: Coimbra Editora, 1997, p. 128-129.

inglês o que prevaleça para suas próprias decisões seja o *common law*. Porém, isso só perdura até que o parlamento não altere o direito comum.

> Como diz o professor Tomkins no parágrafo 6 de sua evidência escrita: "O que a doutrina estabelece é a supremacia legal do estatuto. Isso significa que não há nenhuma fonte de lei maior do que – ou seja, mais autorizada do que – uma Lei do Parlamento. O Parlamento pode, por lei, fazer ou desfazer qualquer lei, incluindo uma lei que viole o direito internacional ou que altera um princípio do direito comum. E os tribunais são obrigados a mantê-lo e a fazê-lo".[47]

A doutrina da supremacia do parlamento, no entanto, vem sendo questionada por vários doutrinadores britânicos. O próprio parlamento tem atenuado sua ênfase nessa supremacia, notadamente porque ao longo dos anos tem aprovado leis que limitam a aplicação da soberania parlamentar, refletindo dentro e fora do Reino Unido, tais como: a devolução do poder ao Parlamento escocês e à Assembleia Galesa, aprovando o Estatuto dos Direitos Humanos em 1998; a aprovação da entrada do Reino Unido na União Europeia em 1973; a decisão de criar uma Suprema Corte do Reino Unido em 2009 (nos termos do *Constitucional Reform Act* de 2005), deixando a Câmara dos Lordes de exercer o papel de última instância de apelação do Reino Unido.

Contudo, fundamentalmente o princípio da soberania parlamentar não se sente ameaçado, uma vez que, pelo menos em teoria, o parlamento poderia revogar qualquer das leis que implementam essas mudanças.

Sempre houve, quando integrante da União Europeia-UE, grande debate jurídico acerca da soberania parlamentar inglesa em razão de a legislação da entidade externa minimizar ou excluir a aplicação de leis nacionais, haja vista a Inglaterra ter se submetido à legislação comunitária por tratado.

A expectativa decorrente é a de que uma lei do parlamento que entre em conflito com a legislação da UE não deve ser aplicada pelos tribunais do Reino Unido. Assim, a visão ortodoxa de que a palavra do parlamento é lei, podendo revogar o ato de adesão à UE ocorrido em 1972, ensejaria muitas dúvidas quanto a se haveria consequências jurídicas no Tribunal de Justiça Europeu.

---

[47] REINO UNIDO. House of Commons. *The EU Bill and Parliamentary Sovereignty*: tenth report of Session 2010 – 11. Volume II, Written Evidence. Londres: European Scrutiny Committee. Disponível em: https://publications.parliament.uk/pa/cm201011/cmselect/cmeuleg/633ii/633.pdf. Acesso em: 18 nov. 2017.

Houve casos em que o judiciário da UE já havia mitigado a supremacia do parlamento do Reino Unido, ainda que esse parlamento tenha dado interpretação de que fora ele quem havia mudado de opinião. Cite-se, por exemplo a situação em que o Ato de Navegação Mercante de 1988 foi suplantado por decisão judicial do Tribunal de Justiça da União Europeia (TJUE), que asseverou que um tribunal nacional era obrigado a afastar disposições de direito interno que pudessem impedir a força e o efeito completos de disposições da UE. Neste caso, por meio de uma determinação da Câmara dos Lordes ao Secretário de Governo (após essa deliberação do TJUE, obrigando o Reino Unido a suspender a aplicação dos requisitos da residência e do domicílio britânicos no citado *Merchant Shipping Act*), facultando, essencialmente, que nacionais de outros Estados-membros pudessem praticar a pesca e a comercialização em terras britânicas.[48]

Em tempos mais recentes, no entanto, a teoria em estudo tem merecido maior reflexão quanto ao seu futuro.

Em 23 de junho de 2016, o governo do Reino Unido realizou um referendo para decidir se o país deveria deixar a UE. A maioria dos cidadãos votou pela retirada da Grã-Bretanha da UE, o que acabou se convencionando em chamar de *Brexit*. Com um comparecimento de 72% dos eleitores, 51,89% optaram pela saída. Esperava-se, a partir daí, que o Governo acionasse o artigo 50º do Tratado da União Europeia (TUE), ainda que sem a permissão expressa do parlamento. O primeiro-ministro da época, David Cameron, havia prometido que daria seguimento à saída se ela se sagrasse vencedora.[49]

Mas o princípio da soberania parlamentar foi evocado, porquanto o resultado do referendo não ensejava vinculação legal, nos termos do que arguiu o jornalista David Pannick, pois em seu entender somente o parlamento poderia revogar o ato e retirar-se da UE. O caso Miller, como era conhecido informalmente o jornalista, teve como base que, ao promulgar a Lei de 1972, o parlamento entregou aspectos da sua soberania legislativa e conferiu às instituições da EU, de modo que tal atribuição não pode ser desfeita, por meio do *Brexit*, sem o consentimento parlamentar. Por outro lado, contrapôs-se o argumento de que a regra de criação e o desfazimento de tratados é da competência do governo.

---

[48] REINO UNIDO. House of Commons. *The EU Bill and Parliamentary Sovereignty:* Tenth Report of Session 2010 – 11. Volume II, Written Evidence. Londres: European Scrutiny Committee. Disponível em: https://publications.parliament.uk/pa/cm201011/cmselect/cmeuleg/633ii/633.pdf. Acesso em: 18 nov. 2017.

[49] UKESSAYS. November 2018. *Parliamentary Sovereignty in the UK in the Wake of Brexit.* Disponível em: https://www.ukessays.com/dissertation/examples/politics-examples/brexit-parliamentary-sovereignty.php?vref=1. Acesso em: 23 jul. 2019.

No primeiro momento, o caso foi debatido no Supremo Tribunal (*High Court of Justice*), com decisão em novembro de 2016 a favor de Miller, fazendo com que o governo tivesse de obter autoridade parlamentar para desencadear o artigo 50º do TUE, refutando, inclusive, a hipótese de o governo usar a prerrogativa real (normalmente utilizada para declarar guerra, dissolver o parlamento e exercer o governo em colônias).

A apelação seguiu para a Suprema Corte (*Supreme Court of the United Kingdom*), que negou provimento ao recurso do governo, citando os mesmos argumentos da corte inferior. Deu-se, então, a decisão no âmbito do parlamento (com aval dos três órgãos: a Rainha, a Câmara dos Lordes e a Câmara dos Comuns), aprovando a Lei de Notificação de Retirada, de sorte que, em 29 de março de 2017, a Primeira-Ministra notificou o Presidente do Conselho Europeu acerca da intenção de o Reino Unido abandonar a UE.[50] Ou seja, o *Brexit* deixou de ser uma questão hipotética, passando a ser um fato concreto.

Analisando o ocorrido, antes de ver nisso uma fraqueza, há quem diga que o princípio da soberania parlamentar foi mais uma vez testado e fortalecido, na medida em que o poder supremo coube ao parlamento, não ao público, em razão do resultado dos referendos, nem ao governo.

O público só tem o poder de eleger deputados e, uma vez eleitos, os deputados podem ir contra os desejos dos seus eleitores e tomar as suas próprias decisões, se assim o desejarem.

Os deputados podem até ir contra um resultado do referendo, apesar da possibilidade de causarem grande raiva ao público britânico. Nada obstante, o que não se deve esquecer é do célebre ensinamento de Albert Dicey, pois lá adiante, mais uma vez, "os eleitores podem, a longo prazo, sempre impor sua vontade".[51]

A constatação desse fato é a de que o governo britânico entendia que teria o direito de avançar sem o consentimento do parlamento, calcado na ideia de que a democracia direta deveria suplantar a vontade parlamentar representativa, demonstrando, com isso, o desejo não tão discreto de querer exercer o controle sobre o parlamento.[52]

---

[50] UKESSAYS. November 2018. *Parliamentary Sovereignty in the UK in the Wake of Brexit.* Disponível em: https://www.ukessays.com/dissertation/examples/politics-examples/brexit-parliamentary-sovereignty.php?vref=1. Acesso em: 23 jul. 2019.

[51] DICEY, Albert Venn. *Introduction to the Study of the Law of the Constitution.* Reprint. Originally published: 8th ed. London: Macmillan, 1915. Indianapolis-USA: Liberty Class, 1982, p. 34.

[52] UKESSAYS. November 2018. *Parliamentary Sovereignty in the UK in the Wake of Brexit.* Disponível em: https://www.ukessays.com/dissertation/examples/politics-examples/brexit-parliamentary-sovereignty.php?vref=1. Acesso em: 23 jul. 2019.

Porém, o referendo é produto da autoridade parlamentar e deve basear-se no estatuto que o habilita, e o que foi estatuído não contemplou como abordá-lo ou como tratar as consequências potenciais. Ora, como neste caso, a implementação do resultado do referendo requer uma mudança na lei, que não previu como o resultado seria implementado. Assim, a regulamentação do assunto deve ser feita da única maneira autorizada pela Constituição do Reino Unido, ou seja, por meio da legislação parlamentar.

Nessa perspectiva, não há que se falar em subversão do referendo ou da decisão popular. O que se tem é a reafirmação de um dogma básico: em uma democracia, as pessoas falam por intermédio dos seus representantes no parlamento.

Assim, parece que o princípio da soberania parlamentar foi testado na esteira do *Brexit*, sendo respeitado pelos tribunais que deram ao parlamento o poder final sobre se a Grã-Bretanha deveria ou não deixar a UE.

No entanto, o futuro ainda é incerto, pois não se tem a dimensão jurídica exata de como se processará o *Brexit*, sendo possível, talvez, que um futuro parlamento reverta a decisão de saída da UE, eis que a soberania parlamentar dá aos futuros parlamentos o direito de reverter as decisões de parlamentos anteriores.

Para a prevalência da soberania, a fim de que fique intacta conforme seus idealizadores e os ainda atuais defensores, o parlamento precisa continuar a ser uma parte central do processo, tal qual ocorreu com essa autorização para o *Brexit*.[53]

1.4.2 A experiência francesa e seus reflexos

Noticia Paulo Gustavo Gonet Branco que Rousseau (1712-1778), um pouco depois de Locke (1632-1704), na Inglaterra, acabou por provocar grandes reações entre os franceses em razão dos aspectos revolucionários de sua ideia de que a soberania nasce da decisão dos indivíduos, sendo que seus escritos chegaram a ser queimados em público, tal a reação que provocaram.[54]

---

[53] UKESSAYS. November 2018. *Parliamentary Sovereignty in the UK in the Wake of Brexit*. Disponível em: https://www.ukessays.com/dissertation/examples/politics-examples/brexit-parliamentary-sovereignty.php?vref=1. Acesso em: 23 jul. 2019.

[54] MENDES, Gilmar Ferreira; BRANCO, Paulo Gustavo Gonet. *Curso de direito constitucional*. 12. ed. São Paulo: Saraiva, 2017, p. 44.

Com a publicação de "O Contrato Social", Rousseau sustentava que o poder soberano pertencia diretamente ao povo, de modo que os indivíduos se transformam, com o pacto social, em um corpo político. O resultado disso é a renúncia à liberdade natural. Em seu lugar, nasce a liberdade civil, sendo os indivíduos governados por uma lei genérica advinda da totalidade do corpo soberano.

Na concepção de Rousseau, os governos devem ser limitados para que não se desvirtuem e busquem os fins particulares, apartando-se dos objetivos gerais que lhes seriam típicos. Desse modo, o povo deve ter sempre a possibilidade de retomar o que havia delegado aos governantes, daí concluindo que "não existe nem pode existir nenhum tipo de lei fundamental obrigatória para o corpo do povo, nem sequer o contrato social".[55]

A Constituição, a rigor, só deveria tratar dos poderes constituídos, não tendo função limitadora ou garantidora, porquanto o que não se poderia fazer era restringir a expressão da vontade do povo soberano, ante a visão radical da soberania popular.

Assim é que a Revolução Francesa, cujo mote maior era a desconfiança no poder absolutista e concentrado na mão de uma pessoa, apresenta-se como executora da tarefa de superar todo o ambiente político e social do Antigo Regime e com a ideia de que o povo não poderia ser apenas o autor da Constituição, mas deveria ser o soberano, sem se limitar por um documento escrito.

Para suplantar o problema de como a soberania popular seria expressa publicamente na sociedade, são reconhecidos os representantes no legislativo, e este, sendo a expressão do povo soberano, não poderia ser limitado por nenhuma regra, nem mesmo pela Constituição.

Neste momento também se defende a consagração da separação de poderes, pois os valores da liberdade só contariam com garantia eficaz se houvesse uma esfera do poder capaz de frear os excessos de outro poder, ou seja, um órgão que elaborasse normas gerais estaria impedido de implementá-las na prática.

Desse modo, ainda que as Constituições de 1791 e 1795 previssem a separação de poderes, viu-se uma preponderância do legislativo, mesmo que o rei dispusesse do poder de veto suspensivo, na qualidade de representante da unidade nacional. Na verdade, o exercício do governo era pelo legislativo, cabendo ao executivo apenas dispor

---

[55] MENDES, Gilmar Ferreira; BRANCO, Paulo Gustavo Gonet. *Curso de direito constitucional.* 12. ed. São Paulo: Saraiva, 2017, p. 44.

dos meios para dar aplicação à lei. Tudo isso era guiado pelo norte da restrição dos excessos do Antigo Regime, de modo a exercer enorme influência na resistência sobre as monarquias absolutas.

Os revolucionários traziam, à época, a máxima de que o povo devia contar com representantes para fortalecer o parlamento contra a vontade do rei, resultando em "enorme prestígio do órgão, com a sua efetiva supremacia sobre os demais poderes".[56]

Com isso se construiu a fórmula de que a lei é a expressão da vontade geral, que se dá a conhecer por meio do corpo legislativo do Estado, o qual representa a totalidade dos cidadãos. Então, o parlamento era soberano perante todas as autoridades do Estado, pois representava o povo. Ao mesmo tempo, tornava-se soberano perante o próprio povo, que expressava sua vontade por meio da assembleia dos seus deputados. Em consequência, passa-se a confundir o princípio da soberania da nação com o da soberania do parlamento.[57]

Mas o que se viu foi a predominância de uma facção decidida a dominar e eliminar as outras facções pela força, chegando ao ponto da execução de Luís XVI em 1792, evidenciando um perfeito contraste com as afirmações da Declaração dos Direitos outrora disseminada para o mundo. Notabilizou-se, ao contrário, o regime de uma verdadeira ditadura da Assembleia.[58]

A obstinação pelo poder colocou a França numa espiral do terror, marcada por condenações sumárias, seguidas de imediata execução de milhares de indivíduos considerados inimigos pela facção que dominava a Assembleia. Foram desprezadas as garantias de proteção da liberdade anteriormente defendidas por Robespierre em 1791, o qual passou a apoiar uma lei sobre "os suspeitos" e aprovou uma lei que dispunha sobre a decretação sumária dos "fora da lei", com execução imediata e sem processo daqueles acusados de traírem os interesses da nação. Ele próprio seria vítima de sua ideia, guilhotinado sem processo em 1794, na tarde do 9 de Termidor (27/7/1794 – quando se encerra a segunda e mais sangrenta fase da Revolução Francesa).

---

[56] MENDES, Gilmar Ferreira; BRANCO, Paulo Gustavo Gonet. *Curso de direito constitucional.* 12. ed. São Paulo: Saraiva, 2017, p. 45.

[57] MENDES, Gilmar Ferreira; BRANCO, Paulo Gustavo Gonet. *Curso de direito constitucional.* 12. ed. São Paulo: Saraiva, 2017, p. 45-46.

[58] SCHIOPPA, Antonio Padoa. *História do direito na Europa:* da Idade Média à Idade Contemporânea. Tradução Marcos Marcionilo, Silvana Cobbucci Leite. Revisão da Tradução Carlo Alberto Dastoli. São Paulo: Editora WWF Martins Fontes, 2014, p. 316.

Com a Revolução, inaugura-se uma série de doutrinas e de processos, entre eles o de qualificação de "inimigo do povo", com inapelável condenação de quem não guardasse consonância com o poder do momento, seguindo-se a execução sumária e sem processo, os quais terão desdobramentos assustadores no século XX.[59]

Tendo-se em conta o objetivo do trabalho, a síntese do que se sucede é a ascensão de Napoleão, com sucessivas constituições, como se verá. Surge uma Constituição em 1802, tornando o consulado de Napoleão como vitalício, e outra em 1804, quando o texto constitucional formaliza o império.

A queda de Napoleão assinalou a Constituição de 1814 e outra em 1830, como consequência da revolução em que se nomeia Luis Felipe de Orleans tenente-geral do reino, dando-se continuidade a um processo de entendimento o qual assinalava uma onda contrarrevolucionária ditada pelo ultrarrealismo,[60] que caracterizou os anos que se seguiram à queda de Napoleão Bonaparte.

Em 1848, a partir das novas jornadas revolucionárias, o povo volta às ruas, e é proclamada a segunda República Francesa por meio de uma nova Constituição. Elegeu-se um sobrinho de Napoleão, que restaurou o império e, encabeçando o golpe de estado de 1851, foi coroado Napoleão III no segundo império francês.

Após 20 anos, o imperador cai por conta da guerra franco-prussiana de 1871, havendo nova Constituição em 1875.

Por ocasião da Segunda Guerra Mundial, percebe-se uma liderança dividida quando, a partir do exílio, o General Charles de Gaulle contrapunha-se ao Marechal Pétain, que havia sido nomeado primeiro-ministro da França em 1940 e procurava restabelecer a desacreditada República Francesa com a implantação de um regime autoritário alinhado com a Alemanha nazista. O General de Gaulle, com o fim da ocupação nazista, retorna de forma apoteótica a Paris, e em 1946 é anunciada uma nova constituição.

---

[59] SCHIOPPA, Antonio Padoa. *História do direito na Europa*: da Idade Média à Idade Contemporânea. Tradução Marcos Marcionilo, Silvana Cobbucci Leite. Revisão da Tradução Carlo Alberto Dastoli. São Paulo: Editora WWF Martins Fontes, 2014, p. 317.

[60] Também chamada de ultras, era a corrente monárquica que, vinda das forças contrarrevolucionárias da Revolução Francesa, constituiu a força política dominante durante a Restauração dos Bourbon na França, de 1814 a 1830. Sua influência diminuiu durante a Monarquia de julho (1830-1848), mas permaneceu até 1879. Eles defenderam a restauração dos valores do Antigo Regime, as prerrogativas da nobreza e da Igreja Católica e uma forma de governo em que o poder do rei era absoluto. Conf. PRADA, Antonio Moliner, A pressão ultra-realista na França em 1818. *In: Professor Nazario González*: uma história aberta. Universitat Autònoma de Barcelona, Serviço de Publicações, 1998, p. 275-285.

Durante as turbulências da Guerra de Independência da Argélia (1954-1962), Charles de Gaulle retorna às responsabilidades políticas após uma ausência de dez anos. Seguem-se os acontecimentos que levariam à criação da Quinta República Francesa, com a Constituição de 4 de outubro de 1958, adotada por referendo de 28 de setembro de 1958. É o décimo quinto texto fundamental da França (ou o vigésimo segundo, se contarmos os textos que não foram aplicados) desde a Revolução. Esse texto, no entanto, já foi modificado vinte e quatro vezes desde sua publicação pelo poder constituinte, seja pelo parlamento reunido no Congresso, ou diretamente pelo povo, por intermédio do referendo. A última modificação se deu pela lei constitucional nº 2008-724, de 23 de julho de 2008, cuidando da modernização das instituições da Quinta República.[61]

Esse histórico vem ao encontro da constatação de Bonavides de que foi a Revolução Francesa quem consolidou a "doutrina da duplicidade", consistente na absoluta independência do representante em relação ao seu eleitorado, dado que, em nome da nação e sem mais vínculos, estariam aptos a discutir os negócios do Estado.

Dos franceses, foi Montesquieu sem dúvida o primeiro que apresentou na Europa a versão continental do sistema representativo, doutrinando que a maior vantagem dos representantes é que eles, em substituição do povo, são aptos a discutir os negócios. Dos eleitores, no entender de Montesquieu, bastava o representante trazer uma orientação geral. Nada de instruções particulares acerca de cada assunto, como se praticava nas dietas da Alemanha.

A incapacidade do povo para debater a coisa pública ou gerir os negócios coletivos, atuando como poder executivo, foi ressaltada de modo vigoroso por Montesquieu em vários lugares de sua obra capital – Do Espírito das Leis. No sistema representativo cabe ao povo tão somente escolher os representantes, atribuição para a qual o reputa sobejamente qualificado.[62]

Emmanuel Joseph Sieyès *apud* Paulo Bonavides chegou a declarar que "é para a utilidade comum que os cidadãos nomeiam representantes, bem mais aptos que eles próprios a conhecerem o interesse geral e a interpretar sua própria vontade".[63] Na percepção de Sieyès, os cidadãos não dispunham de tempo e instrução adequados para o exercício do

---

[61] FRANÇA. Secretaria-Geral do Governo. *La Constitution:* Présentation générale. Disponível em: https://www.legifrance.gouv.fr/Droit-francais/Constitution. Acesso em: 23 jul. 2019.

[62] BONAVIDES, Paulo. *Ciência política.* 24. ed. São Paulo: Malheiros, 2017, p. 220.

[63] BONAVIDES, Paulo. *Ciência política.* 24. ed. São Paulo: Malheiros, 2017, p. 221.

poder, tampouco poderiam ter a compreensão dos projetos de lei, de forma a justificar a representatividade.

O próprio orador do povo, o conde de Mirabeau, defendia que a representação não se achava vinculada às instruções originárias da sociedade, do contrário, melhor seria voltar para casa. Por sua vez, o Marquês de Condorcet teria afirmado que, como mandatário do povo, procuraria fazer o que seria consentâneo com seus interesses, nada obstante esse mandato lhe conferisse a exposição de suas ideias e não as do povo, porquanto esposava a ideia de que "a absoluta independência das minhas opiniões é o primeiro de meus deveres para com o povo".[64]

A doutrina da duplicidade ou dualidade (ainda que defendida entre os ingleses) notabilizou-se no âmbito francês, como já assinalado. Houve na França inúmeros defensores desse entendimento. Bonavides, em seu livro "Ciência Política", assinala que o sistema representativo se institucionaliza no século XIX e faz alusão a citações de Benjamin Constant extraídas de seu *De la liberté des anciens comparée à celle des modernes*", destacando-o como expoente da doutrina liberal, o qual assim escreveu:

> O sistema representativo outra coisa não é senão uma organização, mediante a qual a nação incumbe alguns indivíduos de fazerem aquilo que ela não pode ou não quer fazer por si mesma. (...) O sistema representativo é uma procuração dada a certo número de pessoas pela massa do povo, que deseja que seus interesses sejam defendidos e que nem sempre têm tempo de defendê-los por si mesma.[65]

A dualidade, consistente em representatividade sem vinculação a quem lhe houvesse repassado o mandato, apareceu na obra de Carl Schmitt, denominada "Teoria da Constituição". Referido constitucionalista alemão asseverou que num "acordo tão universal e sistemático como a representação, o que enfim parece haver ficado na consciência da Teoria do Estado é que o representante não se acha sujeito às instruções e diretrizes de seus eleitores".[66]

Neste ponto, relevante anotar que, embora o arcabouço constitucional francês tenha inspirado a Constituição Portuguesa, ressalta Canotilho que a Constituição de 1911, em seu art. 63º, não incorporou

---

[64] BONAVIDES, Paulo. *Ciência política*. 24. ed. São Paulo: Malheiros, 2017, p. 222.
[65] BONAVIDES, Paulo. *Ciência política*. 24. ed. São Paulo: Malheiros, 2017, p. 222.
[66] BONAVIDES, Paulo. *Ciência política*. 24. ed. São Paulo: Malheiros, 2017, p. 223.

de todo a ideia de soberania do parlamento, havendo evidências de manifestações doutrinárias e mesmo a tentativa de o parlamento, antes mesmo de 1911, instituir o controle judicial das leis:

> Não obstante a vincada influência do constitucionalismo francês no constitucionalismo português e do dogma, associado àquele, da preponderância do parlamento, o problema da fiscalização, pelos tribunais, dos "abusos legislativos" expressos em leis inconstitucionais, não deixou de colocar-se. O dogma de que só ao parlamento ou ao órgão por ele dominado competia avaliar da constitucionalidade ou inconstitucionalidade das leis – "o criador" e só ele pode ajuizar dos pecados das "criaturas" por ele geradas (leis) – tinha, mais tarde ou mais cedo, de se confrontar com o conhecido dilema que se colocava aos órgãos aplicadores das mesmas: ou afastar as normas desconformes com a constituição em nome da constituição considerada como lei superior, ou afastar a constituição por amor às leis e à soberania do parlamento.[67]

Feita a anotação relativa à dualidade no âmbito francês, tem-se que a ideia de supremacia do legislativo parece ter prevalecido até a alteração ocorrida por meio da lei constitucional nº 2008-724, de 23 de julho de 2008. Até essa data, manteve-se o compromisso do juiz com a lei mais do que deveria ter com a Constituição, dado que o povo, os juristas e os doutrinadores franceses permaneciam com o entendimento de validade da lei após sua promulgação.

Como enfatizado até aqui, desde a Revolução Francesa prevalecia o dogma da soberania da lei sem submissão ao controle judicial, pois que se convencionava que a lei traduzia a expressão da vontade do povo, além de pairar a ideia contrária a um "governo de juízes". Na França, até a citada alteração constitucional ocorrida em 2008, a opção era pelo controle prévio de constitucionalidade, ou seja, antes de sua promulgação.[68]

---

[67] CANOTILHO, José Joaquim Gomes. *Direito constitucional e teoria da Constituição*. 7. ed. Coimbra: Almedina, 2003, p. 913.

[68] Por intermédio da Lei Constitucional nº 2008-724, de 23 de julho de 2008 (arts. 29 e 30), foram inseridos dispositivos na Constituição francesa, que passou a prever um controle de constitucionalidade "*a posteriori*", sendo oportuno transcrever (em tradução livre) o que se encontra Disponível em: https://www.legifrance.gouv.fr/affichTexte.do;jsessionid=91B F2E6766698681C132880E263AB365.tplgfr36s_2?cidTexte=JORFTEXT000019237256&dateT exte=20080724. Acesso em: 25 Jul 2019.
"Após o artigo 61 da Constituição, o artigo 61-1 é inserido como segue:
'Art. 61-1. Quando, num processo pendente perante um tribunal, se alegue que uma disposição legislativa viola os direitos e liberdades garantidos pela Constituição, o Conselho Constitucional pode ser tomado por esta questão sobre Remessa do Conselho de Estado ou do Tribunal de Cassação, que decide dentro de um prazo especificado.

Com a regulamentação infraconstitucional ocorrida por meio da lei orgânica nº 2009-1523, de 10 de dezembro de 2009, admitiu-se que o controle previsto nos artigos 61-1 e 62 da Constituição Francesa, introduzidos pela reforma citada de 2008, fosse efetuado com a "questão prioritária de constitucionalidade", que pode agora ser suscitada por qualquer pessoa, parte em um processo administrativo ou judicial, quando sofrer violação a direitos e liberdades de cunho constitucional, havendo a obrigatória remessa ao Conselho Constitucional, o qual poderá, se procedente a impugnação, ab-rogar o dispositivo questionado.

1.5 A conceituação do voluntarismo judicial

O que se pretende neste tópico é introduzir o conceito do voluntarismo judicial, também denominado ativismo judicial, analisando perfunctoriamente, neste ponto, como se dá o fenômeno ora em estudo, sobretudo se forem levados em consideração os aspectos até aqui expostos das teorias da soberania popular e da supremacia do parlamento, as quais, direta ou indiretamente, influenciam na ocorrência desse ativismo.

Impõe-se, de início, uma observação importante acerca da terminologia, explicando, talvez, a preferência pelo termo ativismo. É que a definição filosófica para voluntarismo se funda na vontade como o elemento determinante da ação humana em detrimento da razão e do intelecto. O filósofo alemão Arthur Schopenhauer (1788-1860) defendia a doutrina segundo a qual na base de toda a natureza está uma vontade irracional e todo-poderosa. Nada obstante, este trabalho utilizará as duas terminologias como se sinônimas fossem, vez que a doutrina ora utiliza um termo, ora outro.

Ao discorrer sucintamente como a doutrina caracteriza a referida ocorrência, é necessário destacar que a diferença de como é exercida a função jurisdicional no Estado em que o voluntarismo ou ativismo é

'Uma lei orgânica determina as condições de aplicação deste artigo.'

(...)

O primeiro parágrafo do artigo 62 da Constituição é substituído por dois parágrafos com o seguinte teor:

"Uma disposição declarada inconstitucional com base no artigo 61 não pode ser promulgada ou implementada."

"Uma disposição declarada inconstitucional com base no artigo 61-1 é revogada com base na publicação da decisão do Conselho Constitucional ou numa data posterior fixada por esta decisão. O Conselho Constitucional determina as condições e limites dentro dos quais os efeitos que a provisão produziu são susceptíveis de serem contestados."

identificado é razão preponderante da caracterização do mencionado fenômeno, haja vista as diferentes percepções ou interpretações acerca do papel do Poder Judiciário nos países em que isso se notabiliza.

Daí que é digno de registro o levantamento empreendido pelo Juiz do Tribunal da Relação do Porto, António José da Ascensão Ramos, dando conta de que "nunca existiu uma definição única e aceite de 'ativismo judicial', tendo a expressão sempre incorporado uma variedade de significados".[69]

A pesquisa empreendida pelo referido juiz aponta que a expressão ativismo judicial teria sido empregada, pela primeira vez, por Arthur Schlesinger, quando, em 1947, teria publicado um artigo na revista Fortune abordando a Suprema Corte Norte Americana.

No livro que discute o ativismo judicial e seus reflexos no âmbito da seguridade social no Brasil, Fernanda Souza Hutzler alude a que Schlesinger teria dissertado, no citado artigo, sobre o termo "ativismo judicial" e "autorrestrição judicial", atribuindo ao ativismo, para aquela época, uma conotação negativa. Nada obstante, a autora destaca que atualmente o termo tem sido utilizado sob vários enfoques.[70]

O que se depreende, então, é que a origem do termo "ativismo" se entrelaça ao sistema jurídico norte-americano (marcado pelo seu *common law*, que ainda guarda diferença com o britânico),[71] no qual os precedentes judiciais são fonte do direito, de modo que a atividade jurisdicional implica criação do Direito.

O que movia os juízes ativistas (voluntaristas) no contexto norte-americano, consoante ao trabalho de Schlesinger, era a substituição da vontade do legislador, promovendo as liberdades civis e os direitos das minorias e corrigindo, por via judicial, o que entendiam como erro dos legisladores. Na ocasião, Schlesinger tratou também de outro fenômeno, o da autorrestrição judicial, que ocorria quando a Suprema Corte decidia

---

[69] RAMOS, António José da Ascenção. *Ativismo judicial*. Disponível em: https://www.verbo-juridico.net/doutrina/2012/antonioramos_ativismojudicial.pdf. Acesso em: 30 maio 2019.

[70] HUTZLER, Fernanda Souza. *O ativismo judicial e seus reflexos na seguridade social*. Série Monografias do CEJ, nº 33. Brasília: Conselho da Justiça Federal. Centro de Estudos Judiciários, 2018, p. 65-66.

[71] O sistema *common law* tem origem na Inglaterra, e a história demonstra que ele foi se aperfeiçoando ao longo do tempo, tendo por parâmetro o uso de precedentes judiciais para a solução de conflitos, em um ambiente em que não há uma constituição escrita. Por outro lado, a formação do direito norte-americano adaptou o mencionado sistema ao seu regime presidencialista e ao conjunto de estados que formam uma confederação. Assim, o governo federal concorre com 50 governos estaduais para dispor sobre o direito, tendo, no entanto, uma Constituição escrita. A partir dela, os EUA têm um controle de constitucionalidade exercido difusamente, quando, na Inglaterra, há a supremacia do parlamento.

por não intervir no campo da política, fazendo prevalecer a vontade do legislador. Em sua conclusão, por ser crítico do ativismo, deveria haver sempre a autorrestrição judicial, esperando-se que a Suprema Corte retraísse seu poder ao invés de expandi-lo, vez que o poder de decisão deveria ser daquelas instituições submetidas ao controle popular. Entretanto, admitiu ser cabível o ativismo para aqueles casos em que se constatar que foram "ameaçadas as liberdades que garantem a própria participação política dos indivíduos".[72]

Para Bianor Arruda Bezerra Neto, que faz uso da expressão voluntarismo judicial, pouco importa se o ordenamento jurídico é decorrente de tradição romântica ou anglo-saxônica; o fato é que ele parte de um direito escrito ou de um direito comum (consuetudinário), de maneira que pode sempre demandar alguma discricionariedade na aplicação desse direito ao caso concreto. Porém o que se tem como voluntarismo judicial diz respeito a como o magistrado age no campo discricionário, de modo a adotar, a partir dos enunciados normativos ou factuais, critérios de sua exclusiva escolha, ou seja, ditados por sua vontade. Para o autor, o juiz voluntarista é aquele que deixa de lado os elementos objetivos presentes ou admitidos no ordenamento jurídico e faz uso da discricionariedade judicial.[73]

Maria Sylvia Zanella Di Pietro *apud* Cristóvam e Cipriani assevera que, por força de grande influência da doutrina alemã, o judiciário brasileiro passou a considerar que os direitos fundamentais não dependem de lei nem de decisão administrativa para serem aplicados, devendo haver obrigatória aplicação direta das garantias previstas na Constituição, base desse núcleo essencial assecuratório de aplicação imediata, não sendo correto, por isso, atribuir inovação a essa atitude, eis que a previsão é constitucional. Estaria na Constituição a fundamentação para que o judiciário emita, por exemplo, decisões impositivas ao Estado para o fornecimento de medicamentos, custeio de tratamentos de saúde etc.[74]

---

[72] HUTZLER, Fernanda Souza. *O ativismo judicial e seus reflexos na seguridade social*. Série Monografias do CEJ, nº 33. Brasília: Conselho da Justiça Federal. Centro de Estudos Judiciários, 2018, p. 66-67.

[73] BEZERRA NETO, Bianor Arruda. Voluntarismo judicial: quais são as regras do jogo? *Revista Consultor Jurídico*, 23/mar/2019. Disponível em: https://www.conjur.com.br/2019-mar-23/bianor-arruda-voluntarismo-judicialquais-sao-regras-jogo#author. Acesso em: 31 maio 2019.

[74] CRISTÓVAM, José Sérgio da Silva; CIPRIANI, Manoella Peixer. Sobre o ativismo judicial nas questões relacionadas ao direito à saúde: mensageiro da boa nova ou lobo em pele de cordeiro. *Revista Brasileira de Direito*, Passo Fundo, vol. 13, nº 3, p. 163-188, Set.-Dez., 2017 – ISSN 2238-0604. Disponível em: https://seer.imed.edu.br/index.php/revistadedireito/article/view/1944. Acesso em: 31 maio 2019.

As consequências são os crescentes números de ações judiciais a reclamar prestações positivas do Estado, provocando desarmonia entre o texto constitucional e as finanças públicas. Tangenciando essa constatação, o voluntarismo judicial parte da percepção das condições socioeconômicas vivenciadas pela maioria da população e impõe ao Estado cumprir a promessa constitucional. De modo empírico, verifica-se dissonância entre as "promessas" da Constituição e a capacidade de viabilização do Estado-brasileiro, mormente suas insuficientes finanças públicas, que não se referem apenas à saúde, mas também à educação, à segurança, ao lazer etc.

Cumpre, então, neste tópico, assinalar que o ativismo judicial, por assumir diversas formas e necessitar entender o sistema jurídico no qual se insere, apresenta dificuldades para teorizá-lo ou produzir sua definição conceitual.

A pesquisa empreendida por Hutzler aponta que não há consenso nem mesmo nos dicionários jurídicos norte-americanos quanto ao tema. Segundo a autora, o *Merriam-Websters Dictionary of Law*, a partir de seu elemento finalístico, define o ativismo judicial como a expansão dos direitos fundamentais. Para o *Black Law Dictionary*, o fenômeno está vinculado ao aspecto pessoal e comportamental dos magistrados ao expressarem suas compreensões e suas maneiras de dar interpretação às normas constitucionais. Assinala, ainda, que é usual nos Estados Unidos da América do Norte, evidenciando seu aspecto negativo, atribuir-se à expressão ativismo judicial para designar uma decisão da qual não se gosta.[75]

William Marshall *apud* Hutzler demonstra como pode haver diversas concepções de ativismo judicial, enumerando-as em sete formas: (i) o contramajoritário, caracterizado pela discordância dos tribunais quanto às decisões tomadas pelos poderes democraticamente eleitos; (ii) o não originalista, marcado pela não vinculação à interpretação judicial que se restringe ao texto legal, buscando identificar a intenção dos autores da Constituição; (iii) o de precedentes, caracterizado pela rejeição à aplicação de julgados anteriormente estabelecidos; (iv) o jurisdicional, evidenciado pela desobediência dos tribunais aos limites formais estabelecidos para sua atuação, violando as competências a eles conferidas; (v) o criativo, quando os tribunais se valem da doutrina

---

[75] HUTZLER, Fernanda Souza. *O ativismo judicial e seus reflexos na seguridade social*. Série Monografias do CEJ, nº 33. Brasília: Conselho da Justiça Federal. Centro de Estudos Judiciários, 2018, p. 68.

constitucional para criar novos direitos e teorias; (vi) o correcional/ remediador (ou remedial), caracterizado pelo uso do Poder Judiciário para impor obrigações positivas aos outros poderes ou para controlar o cumprimento das medidas impostas; e (vii) o partidário, marcado por decisões judiciais cuja finalidade tenha sido a de atingir objetivos nitidamente partidários ou de determinado segmento social.[76]

Percebe-se nessas concepções que o ativismo resulta da disfunção no exercício da atividade jurisdicional, evidenciando a recusa dos tribunais de se aterem ao exercício do poder constitucional a eles atribuídos.

Para Luiz Flávio Gomes *apud* Hutzler há o ativismo judicial inovador e o revelador. Neste, o juiz cria uma regra, um direito, valendo-se de princípios constitucionais ou da interpretação de uma norma que necessita de uma complementação de entendimento do princípio ou da regra que oferece a lacuna. Naquele, o juiz simplesmente cria uma norma, inova mesmo um direito.

O que se verifica, no entanto, é que o ativismo judicial não está adstrito ao *common law*, sendo hoje uma preocupação do ambiente caracterizado pelo *civil law*, vez que a positivação de vários princípios facultou a ampliação de suas interpretações por intermédio da jurisdição, de maneira que a Corte alemã, paradigma de cortes constitucionais do *civil law*, passou a realizar ponderações de proporcionalidade, designando o mínimo existencial para garantia de direitos fundamentais ante a reserva do possível, projetando conceitos que muitas vezes são importados por sistemas jurídicos distintos e sem levar em conta o sistema político e a sociedade nos quais foram criados.[77]

Neste ponto, importa fazer alusão ao trabalho de Keenan Kmiec, que elaborou circunstanciado estudo acerca das origens do termo "ativismo judicial", notadamente considerando o ambiente norte-americano. Sua pesquisa foi em busca do uso mais precoce do termo, assegurando que a primeira referência a ele não é a de Arthur Schlesinger. Também considerou que a precocidade de utilização do termo ensejou incorreta interpretação, haja vista a confusão com a expressão "ativismo civil". Seu trabalho procurou ir atrás das corretas

---

[76] HUTZLER, Fernanda Souza. *O ativismo judicial e seus reflexos na seguridade social*. Série Monografias do CEJ, nº 33. Brasília: Conselho da Justiça Federal. Centro de Estudos Judiciários, 2018, p. 68-69.

[77] HUTZLER, Fernanda Souza. *O ativismo judicial e seus reflexos na seguridade social*. Série Monografias do CEJ, nº 33. Brasília: Conselho da Justiça Federal. Centro de Estudos Judiciários, 2018, p. 70.

CAPÍTULO 1
DIGRESSÃO CONCEITUAL OBRIGATÓRIA | 71

definições de ativismo judicial, especialmente por identificar diversos significados para a expressão em razão dos diferentes contextos. Assim, segundo apontou, seu principal intuito era "para que aqueles que usam o termo possam comunicar suas ideias de forma mais eficaz. Para alcançar esse objetivo, este Comentário começa explorando os aspectos negligenciados pela história (...)".[78]

O artigo de Kmiec contribuiu sobremaneira para apontar (especialmente na segunda parte) uma síntese de como o ativismo judicial pode ser visto: (i) como quando um tribunal intervém e atinge uma parte da legislação promulgada, indo contra ela; (ii) ao ignorar precedentes verticais (de cortes superiores) ou de caráter horizontal (desprezando decisões anteriores do mesmo tribunal, indo de encontro ao *"stare decisis"*);[79] (iii) quando o tribunal ocupa o lugar do legislativo e faz com que a decisão judicial ocupe o papel do legislador e do governo na formulação das políticas públicas; (iv) pelo fato de um juiz não se valer de ferramentas interpretativas usuais e esperadas, notadamente as de caráter textual, histórico e estrutural; e (v) quando a decisão judicial pode ser orientada ao alcance de determinados resultados, os quais serão difíceis de ser identificados, pois que os motivos podem ser ocultos e, com isso, tornar-se difícil a avaliação de quão distante da decisão "correta" o juiz (supostamente) ativista se desviou.[80]

As conclusões de Keenan Kmiec revelam que a expressão "ativismo judicial" não pode ser vista como um conceito monolítico. Ao contrário disso, pode representar a imprescindibilidade de uma investigação mais acurada, pois, por exemplo, ao contra-argumentar ou obtemperar cada um dos modos como o ativismo é apresentado, ter-se-ia, no entender do citado autor, um verdadeiro convite à formulação de estudos para subsidiar questões difíceis de resolver:

> Hoje, uma isolada acusação de "ativismo judicial" pode significar pouco ou nada porque o termo apresenta vários significados distintos e até contraditórios. Mesmo assim, quando explicado com cuidado, o

---

[78] KMIEC, Keenan. The origin and current meanings of "judicial activism". *In: California law review*. Vol. 92:1441-1477. 2004. Disponível em: https://scholarship.law.berkeley.edu/cgi/viewcontent.cgi?article=1324&context=californialawreview. Acesso em: 20 dez. 2019.

[79] Convém destacar que o *"stare decisis"* faz parte de um brocardo um pouco maior, qual seja, *stare decisis et non quieta movere*, que significa essencialmente respeitar as coisas decididas e não mexer no que está estabelecido.

[80] KMIEC, Keenan. The origin and current meanings of "judicial activism". *In: California law review*. Vol. 92:1441-1477. 2004. Disponível em: https://scholarship.law.berkeley.edu/cgi/viewcontent.cgi?article=1324&context=californialawreview. Acesso em: 20 dez. 2019.

termo pode ser um ponto de partida para uma discussão sobre o ofício judicial, uma oportunidade de se buscar os subsídios para questões que vão além do superficial.[81]

Ran Hirschl, por sua vez, expõe sua preocupação com o ativismo judicial ao estudar o novo constitucionalismo e a judicialização da política, destacando que tem havido enorme transferência de poder de instituições representativas para os tribunais.

A pesquisa empreendida por Hirschl abrangeu países do bloco oriental, do sul da Europa, da América Latina e da Ásia, contemplando ainda o Canadá, Israel, Reino Unido e Nova Zelândia, Singapura, Venezuela e Argentina, entre outros, constatando que tribunais superiores têm sido conclamados "a resolver uma série de problemas", envolvendo liberdades religiosa e de expressão, questões atinentes à igualdade, privacidade, liberdade de reprodução, bem como acerca de "políticas públicas relacionadas à justiça criminal, à propriedade, ao comércio, à educação, à imigração, ao trabalho e à proteção ambiental". São várias as manchetes jornalísticas contemplando decisões judiciais sobre temas controversos, tais como "casamento entre pessoas do mesmo sexo, limites para o financiamento de campanhas e ações afirmativas, para dar apenas alguns exemplos", de modo que tais tribunais estão "exercendo um papel significativo na elaboração de políticas públicas".[82]

Na visão de Ran Hirschl, esse voluntarismo judicial se deve ao fato de que diversos problemas políticos de alto caráter de controvérsias foram dimensionados para se apresentarem como se fossem problemas constitucionais, fazendo supor "que os tribunais – e não os políticos, nem a própria população – seriam os fóruns apropriados para a tomada dessas cruciais decisões". Daí a constatação de que "nenhum dilema de política pública ou desacordo político que não se torne, cedo ou tarde, um problema judicial".[83]

Mencionado autor também adverte quanto ao fato de que "o discurso acadêmico sobre a judicialização da política ao redor do mundo permanece surpreendentemente superficial", de modo geral entabulando um discurso que trata de direitos fundamentais e não poucas

---

[81] KMIEC, Keenan. The Origin and Current Meanings of "Judicial Activism". In: *California law review*. Vol. 92:1441-1477. 2004. Disponível em: https://scholarship.law.berkeley.edu/cgi/viewcontent.cgi?article=1324&context=californialawreview. Acesso em: 20 dez. 2019.

[82] HIRSCHL, Ran. O novo constitucionalismo e a judicialização da política pura no mundo. *Revista de Direito Administrativo*, Rio de Janeiro, nº 251, p. 139-178, maio/ago. 2009.

[83] HIRSCHL, Ran. O novo constitucionalismo e a judicialização da política pura no mundo. *Revista de Direito Administrativo*, Rio de Janeiro, nº 251, p. 139-178, maio/ago. 2009.

vezes "confundida com uma versão genérica do ativismo judicial". Seu trabalho procura destacar a "judicialização da megapolítica ou da política pura", nada obstante considere que o efeito dessa ocorrência, ainda que nem sempre desejada pelos próprios juízes, notabilize-se, na verdade, como um ativismo judicial:

> Em suma, em numerosos países ao redor do mundo tem havido uma crescente deferência legislativa ao Judiciário, uma crescente intrusão do Judiciário em prerrogativas de legislaturas e executivos, e uma correspondente aceleração do processo por meio do qual agendas políticas têm sido judicializadas. Juntos, tais desenvolvimentos contribuíram para a crescente confiança em meios judiciais para clarificar e resolver controvérsias morais fundamentais e questões políticas altamente controversas, transformando tribunais superiores nacionais em importantes órgãos de decisões políticas. A onda de ativismo judicial que inundou o mundo nas últimas décadas não poupou os problemas mais fundamentais que uma comunidade democrática deve enfrentar – seja acertar as contas com seu frequentemente pouco admirável passado ou lidar com conflitos de identidade coletiva.[84]

1.5.1 (In)Suficiência da separação dos poderes

Para Paulo Gustavo Gonet Branco a ideia de supremacia do parlamento não se conjuga com a ideia de supremacia da Constituição, o que talvez justificasse o desinteresse dos revolucionários da Europa continental em resguardar a incolumidade da ordem constitucional, sobretudo com a sobrevalorização da supremacia da lei e do parlamento, debilitando, assim, o valor efetivo da Constituição, uma vez que o legislativo tinha a última palavra em tudo.

Nesse ambiente, o controle judiciário das leis era estéril, especialmente na França, na qual os revolucionários tinham especial desconfiança dos juízes, tidos como adversários potenciais da Revolução, pois a aplicação da lei era mecânica, tendo-a por premissa maior que os fatos, resultando a decisão judicial em algo inexorável à época.

A propósito, naquele período, tinha-se a ideia de que o poder de julgar era restrito a pronunciar as palavras da lei, seguindo a concepção de Montesquieu de que "nenhum juiz tem o direito de interpretar a lei segundo a sua própria vontade".[85]

---

[84] HIRSCHL, Ran. *O novo constitucionalismo e a judicialização da política pura no mundo.* Revista de Direito Administrativo, Rio de Janeiro, nº 251, p. 139-178, maio/ago. 2009.

[85] MENDES, Gilmar Ferreira; BRANCO, Paulo Gustavo Gonet. *Curso de direito constitucional.* 12. ed. São Paulo: Saraiva, 2017, p. 46.

Resulta daí que o princípio da separação dos poderes impunha uma posição de menor influência ao poder de julgar, sendo impensável que um juiz criticasse, contrariasse ou censurasse um ato do parlamento.

A subordinação do judiciário ao parlamento perdurou até 1837, quando foi revogada a necessidade do referendo do legislativo, consistente no fato de que um tribunal de cassação deveria submeter ao crivo do parlamento toda vez que uma lei fosse atacada ao menos três vezes, de maneira que seria emitido um decreto declaratório da lei, que fazia com que o tribunal de cassação ficasse vinculado a ele. Isso vigorou na França, durante esse período, ao argumento de que a vontade do povo, expressa por seus legítimos representantes, os seus deputados, deveria ser respeitada. A tarefa de interpretar também era atribuída à função legislativa. O que o legislativo decidia evidenciava a vontade do povo, de modo que não era questionado.[86]

Tem-se que os direitos fundamentais assegurados por uma Constituição não gozavam de valor jurídico na Europa continental, perdurando até a queda dos regimes monárquicos e na progressiva adoção do parlamentarismo. Nesse caso, a proximidade ou mesmo a simbiose ou consortismo entre o executivo e o legislativo enfraqueceu a ideia de que a separação dos poderes seria o mecanismo suficiente para garantir a defesa das liberdades. Nascia, neste momento, a necessidade de proteção dos indivíduos, e era necessário que houvesse novas fórmulas de controle do poder do Estado.

Na Alemanha do início do século XX, houve um marcante debate entre Carl Schmitt e Hans Kelsen quanto à necessidade de emprestar força à Constituição, tendo Schmitt concentrado-se bastante no perfil do guardião da Constituição (ou seja, na figura do Presidente do Reich), enquanto Kelsen defendia que houvesse um tribunal exclusivo para cuidar da guarda constitucional sob pena de permitir que o Presidente do Reich fosse o único defensor da Constituição em clara violação às normas da Constituição de Weimar.

Desta época, segundo Roberto Bueno Pinto, é recomendável que se extraia que, de um cenário típico das crises institucionais, haverá sempre quem defenda a instituição de poderes singulares, personificados como "salvadores de males sem-fim", guardando ressonância com "a teoria política schmittiana, convictamente antidemocrática e antiparlamentar e, logicamente, avessa ao pluralismo característico

---

[86] MENDES, Gilmar Ferreira; BRANCO, Paulo Gustavo Gonet. *Curso de direito constitucional.* 12. ed. São Paulo: Saraiva, 2017, p. 47.

da teoria política kelseniana". Portanto, a história ensina que a crise econômica, somada à crise política, é propícia para o surgimento de grupos filofascistas, tanto de direita como de esquerda, que "engrossam a vida pública e encontram nas vias populistas e demagógicas o espaço para cultivar seu perigoso caldo ideológico".[87]

Registre-se a abordagem de Canotilho quanto ao tema, destacando que Carl Schmitt pretendeu justificar o poder do presidente do Reich para decretar ordenanças com valor de lei, nos termos do artigo 48º, nº 2, da Constituição de Weimar, em tese que foi aproveitada por Forsthoff que considerava "inevitável a adopção, por parte do legislador, de medidas legais destinadas a resolver problemas concretos, económicos e sociais". Neste caso, nem era mais o legislador extraordinário de Schmitt, mas o legislador ordinário forçado a emanar leis. A conclusão do autor é de que:

> (...) sob o ponto de vista da garantia dos cidadãos e da estrutura do poder político, as leis-medida representariam uma invasão de autonomia do poder executivo, violando o princípio da separação dos poderes. Daqui derivaria o perigo de uma maior desprotecção dos particulares, dada a maior dificuldade do controlo das leis do que dos actos administrativos.[88]

Com o fim da Segunda Guerra Mundial, foi reavivado o ímpeto pela busca de soluções de preservação da dignidade humana contra os abusos dos poderes estatais, principalmente após a revelação dos horrores do autoritarismo, o que levou os países a tentarem proteger as declarações liberais das suas constituições, atribuindo-lhes eficácia.

Viu-se que o parlamento se apresentou de forma débil ante os abusos contra os direitos humanos, vindo a perder a supremacia ou ao menos a primazia de que dispunha anteriormente.

Nessas circunstâncias, surge a jurisdição constitucional como forma de instrumentalizar a proteção da Constituição e consequentemente da democracia, requerendo-se que ela passasse a ter hierarquia superior no ordenamento jurídico e contasse com mecanismo jurídico que viesse a emitir uma espécie de censura sobre os atos do executivo ou do legislativo que a desrespeitassem. Referida teoria foi encampada

---

[87] PINTO, Roberto Bueno. Carl Schmitt x Hans Kelsen: Defensor ou Senhor da Constituição? *Revista da Faculdade de Direito* – UFPR, Curitiba, vol. 60, nº 3, set./dez. 2015, p. 103-136. Disponível em: https://revistas.ufpr.br/direito/article/view/42346/26942. Acesso em: 31 maio 2019.

[88] CANOTILHO, José Joaquim Gomes. *Direito constitucional e teoria da Constituição*. 7. ed. Coimbra: Almedina, 2003, p. 718.

pelos países europeus que se democratizaram, como foi o caso de Portugal e Espanha, nos anos 1970 e, nos anos 1990, com a queda do dualismo político-econômico baseado na tensão entre capitalismo e socialismo, as antigas ditaduras do Leste Europeu também procuraram estabelecer uma superioridade constitucional.

O poder constituinte originário, então, passa a ser a voz primeira do povo, sendo a Constituição a expressão máxima de sua origem.[89]

1.5.2 A experiência americana com o *judicial review*

Ao se tratar de voluntarismo ou ativismo judicial, bem como do necessário equilíbrio que se objetiva com a separação dos poderes, não se pode deixar de remontar a história que ensejou a criação da doutrina do *judicial review*, notadamente porque nasceu sob a perspectiva de enfrentamento dos dois outros poderes pelo judiciário norte-americano, fazendo valer a supremacia da Constituição, e não do parlamento ou do executivo.

Paulo Gustavo Gonet Branco disserta sobre a temática destacando haver peculiaridades que concorreram para esse fato no âmbito dos EUA, diferentemente do que ocorria na Europa, cujo temor maior era dos monarcas e, por isso mesmo, o objetivo era o fim do absolutismo. Nos EUA, onde o dirigente era eleito para a Presidência da República, pairava a desconfiança para com o parlamento, vez que leis britânicas editadas antes da independência, aumentando tributos, provocaram a indignação dos colonos. Esse sentimento advinha da percepção que tinham de um parlamento corrompido e que se proclamava detentor de um poder ilimitado sendo, de fato, uma ameaça à liberdade que sonhavam. Logo, a novel nação não poderia se submeter a um legislativo que pudesse expedir medidas tirânicas, devendo ser imposto um limitador.[90]

Anote-se neste ponto que Alexander Hamilton, contribuindo para o *"The Federalist Papers"*, destacou que os tribunais deveriam fazer a interface entre o povo e o legislativo, de maneira que, a partir da Constituição, os juízes exercessem a proteção do povo ante as eventuais investidas dos legisladores:

---

[89] MENDES, Gilmar Ferreira; BRANCO, Paulo Gustavo Gonet. *Curso de direito constitucional.* 12. ed. São Paulo: Saraiva, 2017, p. 47-48.

[90] MENDES, Gilmar Ferreira; BRANCO, Paulo Gustavo Gonet. *Curso de direito constitucional.* 12. ed. São Paulo: Saraiva, 2017, p. 48-49.

De outro modo, não há por que supor que a Constituição poderia pretender capacitar os representantes do povo a substituir a vontade de seus eleitores pela sua própria. É muito mais sensato supor que os tribunais foram concebidos para ser um intermediário entre o povo e o Legislativo, de modo a, entre outras coisas, manter este último dentro dos limites atribuídos a seu poder. A interpretação das leis é o domínio próprio e particular dos tribunais. Uma Constituição é de fato uma lei fundamental, e como tal deve ser vista pelos juízes. Cabe a eles, portanto, definir seu significado tanto quanto o significado de qualquer ato particular procedente do corpo legislativo. Caso ocorra uma divergência irreconciliável entre ambos, aquele que tem maior obrigatoriedade e validade deve, evidentemente, ser preferido. Em outras palavras, a Constituição deve ser preferida ao estatuto, a intenção do povo à intenção de seus agentes.

Esta conclusão não supõe de modo algum uma superioridade do poder judiciário sobre o legislativo. Supõe apenas que o poder do povo é superior a ambos, e que, quando a vontade do legislativo, expressa em suas leis, entra em oposição com a do povo, expressa na Constituição, os juízes devem ser governados por esta última e não pelas primeiras. Devem regular suas decisões pelas leis fundamentais, não pelas que não são fundamentais. [91]

O cenário para construção da doutrina do *judicial review* estava propício ante a necessidade de estabelecimento dos limites dos poderes por meio de um "documento vinculante, insuscetível de ser alterado pelas mesmas maiorias contra as quais as limitações eram dispostas".[92]

Eis porque a concepção da Constituição norte-americana, como norma jurídica suprema, viabilizou que juízes pudessem ter a função de controlar a legitimidade constitucional das leis, tendo o poder de retirar do ordenamento jurídico norma eventualmente contraditória com a Carta Maior.

Mas como se assinalou neste tópico, a doutrina do *judicial review* não estreou sem que houvesse certo voluntarismo ou ativismo da Suprema Corte norte-americana na ocasião em que foi inteligente e astuciosamente concebida. Sabidamente, a Constituição americana aprovada em 1787 não previa de forma clara e indiscutível o controle de constitucionalidade. E foi pelo embate institucional que o Poder

---

[91] MADISON, James; HAMILTON, Alexander; JAY, John. *Os artigos federalistas* – 1787-1788: Edição Integral. Apresentação Isaac Kramnick; Tradução Maria Luiza X. de A. Borges (The Federalist Papers). Rio de Janeiro: Nova Fronteira, 1993, p. 481.

[92] MENDES, Gilmar Ferreira; BRANCO, Paulo Gustavo Gonet. *Curso de direito constitucional.* 12. ed. São Paulo: Saraiva, 2017, p. 49.

Judiciário americano procedeu à construção constitucional de que trata a doutrina ora em estudo.

Em rápida digressão do caso Marbury *versus* Madison, determinante para a fixação da doutrina do *judicial review*, tem-se que William Marbury foi um dos quase cinquenta juízes de paz nomeados pelo Presidente da República John Adams. Marbury era banqueiro, proprietário de terras e descendente de proeminente família do atual estado de Maryland.[93]

Antes, porém, é preciso registrar que John Adams havia perdido a eleição em 1800 para Thomas Jefferson e teria se empenhado pela aprovação do *Judiciary Act* até março de 1801, quando então passaria a Presidência da República. Os federalistas ainda tinham a maioria, mas prestes a perdê-la no Congresso a ser empossado em 1801. Desse modo, criaram dezesseis novos tribunais federais com a justificativa de liberar os juízes da Suprema Corte americana, que passavam boa parte do ano em viagens na companhia de juízes estaduais, para o julgamento das apelações em casos federais nos Estadosmembros.

João Carlos Souto narra esse cenário e, embora entenda que provavelmente a motivação de Adams fosse mais nobre, como a manutenção estratégica da filosofia federalista de Estado, as atitudes do então Presidente:

> (...) contribuíram para incendiar ainda mais o clima político então reinante, tendo o jornal Philadelphia Aurora, pro-jefferson, afirmado que os atos legislativos aprovados nos últimos dias da administração federalista tinham o claro objetivo de assegurar uma sinecura e pensões para os partidários do presidente federalista (*sinecure places an pensions for thoroughgoing federal partisans*).[94]

Como dito, os federalistas criaram quase cinquenta cargos de juiz de paz no distrito de Colúmbia, em que se situa a capital dos EUA, o qual não era vitalício e era provido para um mandato de cinco anos.

Neste ínterim, em decorrência do surgimento de uma vaga na Suprema Corte, John Adams indicou seu próprio Secretário de Estado, John Marshall, para ocupá-la, o qual, no desempenho das funções desse cargo, foi responsável pela colocação do selo nos diplomas de

---

[93] SOUTO, João Carlos. *Suprema Corte dos Estados Unidos* – principais decisões. 2. ed. São Paulo: Atlas, 2015, p. 13.

[94] SOUTO, João Carlos. *Suprema Corte dos Estados Unidos* – principais decisões. 2. ed. São Paulo: Atlas, 2015, p. 11.

nomeação dos juízes dos tribunais federais, como dos juízes de paz, mas neste último caso, tudo teria ocorrido às pressas, como adiante se verá. Assim, alguns juízes foram nomeados na noite anterior à posse dos republicanos, vindo daí a alcunha de "juízes da meia-noite".

Os juízes federais já haviam sido indicados e aprovados pelo Senado, bem como empossados com antecedência. Mas o trâmite final pelo Senado aprovando os juízes de paz ocorreu apenas em 3 de março de 1801, tendo-se menos que 24 horas para que houvesse a nomeação e posse, dado que Thomas Jefferson assumiria a Presidência da República em 4 de março.

Ao assumir o cargo, Jefferson determinou que seu Secretário de Estado, James Madison, suspendesse a posse dos que restavam, e entre eles estava William Marbury.

Neste ponto nasce o caso Marbury *versus* Madison. Marbury impetrou um *writ of mandamus* que havia sido criado por uma lei de 1789, adicionando-o à lista das ações cometidas à competência originária da Suprema Corte – e assim o banqueiro "pretendia obter uma ordem para que Madison lhe enviasse o diploma indispensável para a sua posse".[95]

O cenário político norte-americano vivia uma intensa crise institucional, tendo o Presidente Jefferson expressado que a Suprema Corte não tinha como obrigar o executivo a dar posse à Marbury. O Secretário Madison sequer exerceu seu direito de defesa.

É preciso contextualizar o fato de que a aprovação de Marshall pelo Senado, de maioria federalista até aquele momento, ocorreu de forma rápida, e, embora empossado como presidente da Suprema Corte, em 4 de fevereiro de 1801, o Presidente Adams lhe pediu que permanecesse como Secretário de Estado até 3 de março daquele ano, sendo ele, então, o responsável legal pelos trâmites para nomeação e posse dos *midnight judges*, inclusive com a colocação do *the Great Seal of the United States*.

Já como magistrado, Marshall teria vislumbrado a chance de afirmar o poder da Suprema Corte, tangenciando o fato de que teria ele próprio participado ativamente da nomeação de Marbury e mesmo assim não teria se afastado do processo, o que certamente ensejaria um desfecho bastante distinto para o caso.

Mas o que se viu, no entanto, foi a afirmação histórica da supremacia da Constituição, atribuindo a ela o máximo valor jurídico para

---

[95] SOUTO, João Carlos. *Suprema Corte dos Estados Unidos* – principais decisões. 2. ed. São Paulo: Atlas, 2015, p. 14.

o efetivo controle jurisdicional, passando a ser referencial para o constitucionalismo moderno. O desfecho da questão como se deu supera eventuais questionamentos acerca do impedimento ou suspeição de Marshall, tornando-se em evidente caso de ativismo judicial.

Outro relevante contexto histórico diz respeito ao fato de que a Suprema Corte havia marcado o julgamento do *writ* para 1802, mas o Congresso, em 8 de março de 1802, aprovou nova lei revogando as nomeações dos juízes, desprezando, inclusive, a vitaliciedade assegurada pela Constituição. Ademais, em 29 de abril de 1802, a Lei do Judiciário não se restringiu a alterar sua estrutura, mas suprimiu o funcionamento da Corte no decorrer do ano de 1802. Isto é, a Suprema Corte americana deixou de se reunir de dezembro de 1801 a fevereiro de 1803, por interferência do Congresso, contrariando o espírito da Constituição recém-aprovada que solenemente acolheu o princípio da separação e independência dos poderes.

> Tratou-se da mais grave intimidação que uma Corte poderia sofrer e, segundo a autorizada interpretação de Sanford Levinson e Jack Balkin, essa medida implementada pelo Poder Legislativo (controlado por Jefferson) constituía-se num ataque antecipado, preventivo, a uma possível reação da Suprema Corte ("controlada" pelos federalistas) em eventualmente julgar inconstitucional, já em 1802, a lei (de 8 de março) revogadora da legislação que nomeou os juízes "federalistas".[96]

Assim, na decisão do caso, Marshall assevera ser imprópria a retenção do título necessário para a posse de Marbury, ainda que lhe tenha negado ordem impetrada calcado no fato de que uma lei infraconstitucional não poderia ampliar a competência originária da Suprema Corte, cuja matriz havia sido fixada pela Constituição. A tese desenvolvida foi a de que se a lei inconstitucional é inválida, cabe ao judiciário declará-la. O julgamento, como se sabe, passou a se constituir em precedente decisivo para o fortalecimento do judiciário. Com maestria, Marshall não compeliu a entrega do diploma a Marbury e, sem provocar retaliação do executivo, fixou a autoridade do Poder Judiciário no que concerne à interpretação e aplicação da Constituição.

> A doutrina do controle judicial articula, portanto, três assertivas básicas: a) a Constituição é concebida para ser a lei principal do país;

---

[96] SOUTO, João Carlos. *Suprema Corte dos Estados Unidos* – principais decisões. 2. ed. São Paulo: Atlas, 2015, p. 21.

b) cabe ao Judiciário a função de interpretar e aplicar a Constituição nos casos trazidos à sua apreciação, podendo recusar valia ao ato que infringe a Constituição;
c) a interpretação judicial é final e prepondera sobre a avaliação dos demais Poderes.[97]

Ao findar este tópico, convém destacar que o *judicial review* foi utilizado com cautela por muito tempo, levando mais de cinquenta e cinco anos para ser suscitado pela segunda vez, em 1857, quando a Suprema Corte voltou a julgar uma lei do Congresso Nacional incompatível com a Constituição no caso Dred Scott.

O precedente se encontra no rol das decisões malafamadas da história judiciária americana. A Suprema Corte disse inconstitucional lei que garantia a liberdade de negros que passassem por Estados não escravagistas. A decisão é tida como um dos estopins da guerra de secessão.[98]

No ambiente em que o judiciário se firmara como defensor das garantias constitucionais, tem-se o caso Dred Scott *v.* Sandford como página negativa na história da Suprema Corte americana, revelando-se um dos maiores equívocos do órgão responsável pela supremacia constitucional.

De início, Dred Scott ajuizou a ação contra Eliza, viúva de um cirurgião militar. Entretanto John Sanford, irmão de Eliza, pleiteou a propriedade sobre o escravo Dred, passando a figurar no processo.

O enredo de fundo é que Dred Scott fora escravo do cirurgião militar John Emerson no estado do Missouri (onde a escravidão era admitida). Mencionado militar foi designado para Illinois e Wisconsin, estados onde a escravidão teria sido abolida. Mesmo voltando ao Missouri, Dred Scott requereu sua liberdade, porquanto havia residido em locais onde a escravidão teria sido abolida, calcado no precedente do judiciário do Missouri de que uma vez livre, sempre livre (*once free, always free*). Seu pedido de alforria foi negado, e Dred ajuizou ação em 1846, mas só depois de 11 anos, em 1857, é que a Suprema Corte examina o caso e, por maioria, considera que o ato legislativo federal que assegurava a liberdade dos negros nos novos territórios era inconstitucional.

---

[97] MENDES, Gilmar Ferreira; BRANCO, Paulo Gustavo Gonet. *Curso de direito constitucional.* 12. ed. São Paulo: Saraiva, 2017, p. 52.

[98] MENDES, Gilmar Ferreira; BRANCO, Paulo Gustavo Gonet. *Curso de direito constitucional.* 12. ed. São Paulo: Saraiva, 2017, p. 53.

A Corte resistiu à deliberação do Congresso dizendo que o legislativo americano não tinha poderes para banir a escravidão, mesmo em território federal. Ademais, enfatizou que Dred Scott nem deveria ser considerado cidadão.

Roger Taney, que presidia a Suprema Corte e foi responsável por elaborar o voto inicial, valeu-se (sendo ele um escravocrata convicto) de argumentos escravocratas europeus da época para firmar o entendimento de que era impossível que um negro escravo fosse considerado cidadão, pois seriam "seres de uma classe inferior", incapazes de manter relações sociais ou políticas com a raça branca. Para ele, que foi acompanhado por seis outros membros, era aceitável ou mesmo benéfico para o próprio negro "ser justa e legalmente reduzido à escravidão".[99]

Ampliado o debate após a reprovável decisão, foi aprovada a Emenda Constitucional nº XIII, em 1865, com o fim de abolir a escravatura. Eclodiu daí a Guerra da Secessão, uma vez que os estados do Sul (escravocratas e agrários) e os do Norte (antiescravagistas e industriais) entraram em guerra.

Macula ou mesmo decepciona a constatação de que o berço da supremacia da Constituição, promotor da doutrina do *judicial review*, seja ao mesmo tempo notabilizado por comportamentos equivocados e reacionários por parte da Suprema Corte americana. É que, mesmo com a aprovação, em 1868, da XIV Emenda, que concedeu aos negros a cidadania negada no caso Dred Scott, e em 1875 do *Civil Rights Act*, assinala João Carlos Souto que:

> os afrodescendentes permaneceram, na maioria dos Estados e especialmente no Sul dos Estados Unidos, até a década de 60 do século XX, na condição de cidadãos de segunda classe, proibidos de ter acesso aos bares, restaurantes, supermercados, vagões e escolas freqüentadas por brancos ou, quando permitido esse acesso, ficavam confinados em espaços prévia e legalmente definidos para os *coloreds*, ou de cor. Não podiam sequer residir nos mesmos bairros ou utilizar os assentos do transporte coletivo, ainda que esses estivessem vagos. Até a década de 60, os casamentos inter-raciais eram proibidos, e os que intentassem quebrar essa regra eram severamente punidos.[100]

---

[99] SOUTO, João Carlos. *Suprema Corte dos Estados Unidos* – principais decisões. 2. ed. São Paulo: Atlas, 2015, p. 57.

[100] SOUTO, João Carlos. *Suprema Corte dos Estados Unidos* – principais decisões. 2. ed. São Paulo: Atlas, 2015, p. 59.

1.6 Interdependência dos elementos da digressão

Viu-se, desse modo, que o presente capítulo identificou a interdependência entre a soberania popular, a supremacia do parlamento e o fenômeno do voluntarismo judicial.

O Estado surgiu para dar anteparo às atividades econômicas e também assegurar uma coexistência pacífica dos indivíduos por intermédio do direito. Embora esse Estado tenha migrado de sua forma absolutista para a democrática, com o passar do tempo verificou-se que seu crescimento registrou comportamentos indesejáveis dos grupos que passaram a dirigi-lo. Nesse momento é que também surge a discussão sobre se a sociedade precisa de um estado-providência, um estado-social ou mesmo se deve haver uma redução a um estado-mínimo.

A soberania popular está vinculada à democracia, e o avanço tecnológico atual permite o repensar de novas formas do exercício dessa democracia. A atualidade do mundo ocidental apresenta um cenário de fadiga democrática, tendo como causa a apatia da sociedade para com a política. Por isso, há quem pregue que deve haver um resgate e um estímulo a essa democracia, sendo palco, dentre outros, os experimentos da democracia deliberativa e do sorteio de representantes. Há considerações de que o debate entre representados e representantes pode caracterizar uma espécie de terapia relacional entre governantes e governados. Um imprescindível cotejo entre a soberania popular e a democracia formal (ou procedimental) indicará que a democracia substancial é aquela capaz de viabilizar a verdadeira democracia constitucional.

Quanto à supremacia do parlamento, viu-se que seu nascedouro foi no ambiente inglês no qual surgiram documentos, doutrinas e institutos que marcaram e marcam a própria história do direito moderno. Embora tenha sido historiado que a força do parlamento britânico sofreu certa mitigação com as decisões da EU, foram elencadas decisões da Suprema Corte do Reino Unido acerca do *Brexit* que tiveram o condão de despertar as defesas da doutrina originariamente concebida por Dicey.

Os reflexos da experiência francesa, fazendo-se uma concisa trajetória de como foi tratada a transferência da soberania popular para a soberania da Nação e de como se via a supremacia do parlamento naquele país, mesmo com suas constantes mudanças constitucionais, foi grande, e influente a contribuição francesa para a formulação do direito do mundo ocidental.

A conceituação do voluntarismo ou ativismo judicial não é tarefa fácil, haja vista as diferentes percepções ou interpretações acerca do papel desempenhado pelo Poder Judiciário nos diversos países em que o voluntarismo ocorre. Uns entendem que o juiz não pode substituir o legislador. Outros defendem que é mais que desejável que os direitos suprimidos, omitidos ou não reconhecidos pelo governo ou pelo legislativo possam ser implementados pela via judicial.

A constatação da interdependência, portanto, serve como estímulo a que a detentora da soberania popular, ou seja, a sociedade, seja vigilante e constante na busca pela manutenção e expansão de seus direitos, nem sempre ensejadores de qualquer resolução vertical do Estado, pois que resultam em medidas provocadoras de grandes impactos orçamentários, e a concessão de benefícios é tarefa para a qual o judiciário vem sendo cada vez mais acionado.

Na verdade, o que interessa, muitas vezes, é a ampliação de medidas públicas no plano horizontal da garantia de direitos individuais perante os outros concidadãos. Porém, com a difusão de que os direitos de uns resultam na profusão de deveres de outros, presume-se que haverá enormes embates no governo e no parlamento por conta dos custos de implementação das políticas públicas garantidoras de direitos no âmbito dos diversos serviços oferecidos pelo Estado ao cidadão, por exemplo.

A busca do equilíbrio de forças e poderes estatais é a opção mais sensata para que o interesse coletivo seja alcançado, e, em alguns momentos, a atuação do judiciário pode ser requerida para corrigir omissões ou instigar ações executivas e/ou legislativas.

Apresenta-se daí a necessidade de estudo e aprofundamento, com a delimitação correta do que se deve entender por interesses coletivos – e se esses interesses abarcariam os individuais em detrimento da sociedade ou se os individuais podem ser sobrepujados pelo princípio maior da solidariedade.

A investigação que se dará nos capítulos seguintes é uma tentativa de descortinar as diversas percepções que se tem sobre o assunto, não significando que o êxito será alcançado, dado que para a questão posta pode não haver uma única solução, e tampouco pode-se esperar que ela seja universal, porquanto já se sabe que fatores culturais e regionais afetam sobremaneira as ditas percepções.

CAPÍTULO 2

O VOLUNTARISMO JUDICIAL E O RESPEITO À SOBERANIA POPULAR

É desejável que os representantes do povo tenham maior consciência das suas responsabilidades perante os representados, cuja vontade deve ser soberana.

Mas o alcance da efetiva soberania popular demanda o conhecimento do funcionamento estatal e da relação entre os poderes ou, no caso de Portugal, dos órgãos de soberania.

A devida compreensão das atribuições administrativas dos governantes permitirá que o povo soberano, por meio dos instrumentos de que dispõe constitucionalmente, possa reivindicar e fiscalizar o cumprimento de suas obrigações estatais para com os direitos consagrados.

Embora haja uma cartela de serviços e direitos constitucionais à disposição do povo soberano, foi determinado um em especial, para os fins deste trabalho, por considerar que a cidadania plena (pressuposto da soberania popular) só se alcança por meio da educação.

Desse modo, para os fins deste estudo, procura-se, a seguir, verificar de que modo a soberania popular pode ser alcançada com a observância do direito à educação e como essa educação obtida pelo cidadão pode influir na implementação das políticas públicas, além de verificar em que medida o cidadão educado pode exercer o controle das políticas a cargo do Estado.

2.1 Direito à educação e a soberania popular

A observação empírica da política no Brasil, mas que em certos aspectos também é constatada em Portugal, demonstra que não há participação efetiva da sociedade na tomada de decisões coletivas, caracterizando-se em efetiva ofensa à democracia na medida em que o indivíduo passa a ser um alienado em matéria política.

Essa exclusão do processo político, longe de tão somente derivar da desilusão com os casos de corrupção, bem como pelo fato de seus representantes se portarem de modo incoerente ou mesmo injusto, por exemplo, ocorre porque o cidadão não é dotado do conhecimento adequado desse cenário democrático que poderia torná-lo, na verdade, proativo se, desde a tenra idade, nos assentos escolares, houvesse a explicação de que essas ocorrências poderiam surgir e, ao mesmo tempo, fossem demonstradas as ferramentas para lidar com o referido problema.

A desilusão com o ambiente político português pode ser mensurada com a pesquisa da Plataforma Barómetro Social do Instituto de Sociologia da Universidade do Porto, que apontou, ainda nos idos de 2012, uma abstenção sempre crescente da democracia, eis que, em 1975, as eleições legislativas contaram apenas com 8,5% de abstenção, dobrando em 1980, com 15,2%, e em 1991, com 32,6% de abstenção nas eleições legislativas. Em meio à crise de 2011, a abstenção atingiu 41,9%. Essa abstenção da cidadania portuguesa advém de campanhas eleitorais marcadas por um vazio ideológico, por promessas eleitorais esquecidas no futuro e sem qualquer consequência para seus atores. Ademais, essa abstenção decorre da constatação de que "a meritocracia foi substituída por carreirismos em juventudes partidárias e compadrios partidários". Com isso, os políticos não possuem autenticidade "para dizer aquilo que realmente pensam, nem assumir erros passados de membros do partido sob pena de não poderem progredir dentro do aparelho".[101]

Referida pesquisa chega a uma constatação relevante acerca da inércia da justiça e, como tal, merece ser transcrita:

> Os problemas da nossa democracia estão também intimamente ligados à inércia da justiça, que não mostra à sociedade que quem prevarica é julgado, independentemente do seu estatuto social ou político. Nem

---

[101] COELHO, Sara Otto. *A desilusão democrática como solução para uma melhor democracia*. Plataforma Barómetro Social do Instituto de Sociologia Universidade do Porto. Porto, 04 Out 2012. Disponível em: http://www.barometro.com.pt/2012/10/04/a-desilusao-democratica--como-solucao-para-uma-melhor-democracia/. Acesso em: 17 maio 2019.

haverá democracia real enquanto se continuarem a tentar seguir políticas que aumentem a desigualdade económica num país que já é dos mais desiguais da OCDE, de acordo com o Coeficiente de Gini.[102]

A esse respeito, importante reportagem produzida em 2016 pelo Expresso em Portugal aponta para o seguinte quadro obtido da Organização de Cooperação e de Desenvolvimento Econômico – OCDE quanto ao levantamento efetuado entre 2012 e 2014, o qual corrobora com a pesquisa efetuada pela Plataforma Barómetro Social:

FIGURA 1: População sem interesse na política

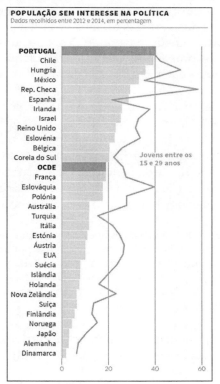

Fonte: OCDE, 2016.

---

[102] COELHO, Sara Otto. *A desilusão democrática como solução para uma melhor democracia*. Plataforma Barómetro Social do Instituto de Sociologia Universidade do Porto. Porto, 04 Out 2012. Disponível em: http://www.barometro.com.pt/2012/10/04/a-desilusao-democratica-como-solucao-para-uma-melhor-democracia/. Acesso em: 17 maio 2019.

Boaventura de Sousa Santos adverte para o fato de que houve uma espetacularização da política, com o esvaziamento ideológico que foi substituído por uma sociedade midiática. O reflexo disso é uma política que vai a uma nova e desconhecida direção, pois, diferentemente dos anos de 1960, em que se discutiam diferentes opções ideológicas, ou dos anos de 1980, com a propagação da visão neoliberalista que se apresentava como alternativa entre as diferentes opções, o que se tem hoje é que a política dominante evidencia uma luta pelo poder, sem ideologia.[103]

Note-se que são os jovens que mais se abstêm, o que evidencia uma terrível falha educacional por não impingir não uma linha ideológica qualquer, mas um nível de consciência aguçado pelo conhecimento do funcionamento dos variados organismos estatais e suas razões. O conhecimento disseminado haverá de despertar o interesse pela solução dos diversos problemas conjunturais, haja vista que a atuação meramente privada depende substancialmente da correta e pertinente atitude estatal.

Novamente, em Portugal, entre os que têm entre 18 e 24 anos de idade, apenas 19% admitiram ter votado na última eleição presidencial. E esse é um problema de toda a Europa, pois na mesma faixa etária apenas 28% admitiram ter participado de um processo eleitoral. Daí que Nuno Garoupa, presidente da Fundação Francisco Manuel dos Santos, fez a seguinte observação quanto ao grau de obscuridade e seriedade com que os candidatos debatem as questões essenciais do Estado:

> Votam normalmente cinco milhões de portugueses. Basta somar 2,5 milhões de pensionistas e 800 mil funcionários públicos e fica claríssimo onde está o centrão, a convergência dos grandes partidos. Não havia nas últimas eleições um único partido que dissesse que ia cortar nas pensões dos mais velhos para salvar as pensões dos mais novos. Por quê? Porque essa gente não vota.[104]

No caso brasileiro, não há diferença, inclusive nas razões, sendo observado que a taxa de abstenção na eleição presidencial de 2018 foi a

---

[103] REIS, Carolina. *Que política queremos hoje*. Expresso. Lisboa, 27 Nov 2016. Disponível em: https://expresso.pt/politica/2016-11-27-Que-politica-queremos-hoje. Acesso em: 17 maio 2019.

[104] PENA, Paulo. *Eleições presidenciais*. Os jovens estão a desistir da política, e a política parece prescindir deles. Público. PT, Lisboa, 31 Jan 2016. Disponível em: https://www.publico.pt/2016/01/31/politica/noticia/os-jovens-estao-a-desistir-da-politica-e-a-politica-parece-prescindir-deles-1721887. Acesso em: 17 maio 2019.

maior desde 1998, perfazendo 21,3% do eleitorado brasileiro. Somados aos votos brancos (7,43%) e nulos (2,14%), tem-se que quase 31% dos eleitores não participaram, na essência, do processo democrático.[105]

O modelo democrático deve, portanto, contemplar a educação como forma de fomentar a participação popular. Entender como esse indivíduo é moldado pela sociedade é etapa crucial para identificar o concreto investimento na educação para cidadania. Não basta a alocação de recursos orçamentário-financeiros e a elevação do contingente de docentes (ou até de suas especializações) se não houver a clara identificação de aonde se deseja chegar quanto à efetividade do exercício de cidadania que compreenda o dever do indivíduo para com o Estado.

Acerca dessa identificação é que se pretende, a seguir, dissertar nos dois subtópicos que se apresentam.

2.1.1 Aspectos caracterizadores da cidadania

A definição do verbete feita pelo Dicionário Houaiss é de que cidadania é a condição da pessoa que, como membro de um Estado, acha-se no gozo de direitos que lhe permitem participar da vida política.

Assim, o cidadão é aquele indivíduo detentor de direitos civis e políticos e que, em contrapartida, possui deveres para com outros indivíduos e, certamente, para com o Estado.

Essas concepções de cidadania e de cidadão refletem, especialmente, na organização e na estruturação da sociedade política, de modo que a soberania será mensurada a partir da observância das regras de convívio dessa sociedade.

Ao dissertar sobre a unidade do povo e as distinções políticas entre os cidadãos, Jorge Miranda se vale de Georges Burdeau para destacar que a unidade do povo não significa a igualdade de participação no poder político e, portanto, a cidadania pode ser vista de forma abstrata ou efetiva (real), sendo esta última alcançada de modo gradual:

> Cidadão abstracto é o que é somente cidadão de um Estado livre; cidadão real aquele cuja vontade pessoal, cujas determinações particulares, cujas originalidades incomensuráveis têm a possibilidade de pesar nas opções que valerão como decisões do Estado.

---

[105] DAMÉ, Luiza. *Taxa de abstenção na eleição presidencial é a maior desde 1998*. Agência Brasil-EBC, Brasília, 28 Out 2018. Disponível em: http://agenciabrasil.ebc.com.br/politica/noticia/2018-10/taxa-de-abstencao-na-eleicao-presidencial-e-maior-desde-1998. Acesso em: 17 maio 2019.

(...)

Como se vê, a contraposição que faz entre cidadão abstracto e cidadão real situa-se num plano histórico, diferente do de ROUSSEAU: não são duas faces da mesma pessoa, mas duas etapas de uma evolução.[106]

Como registrado, espera-se que a comunidade instituída sob a ordem jurídica de uma nação ou povo, constituindo-se em um Estado, deve servir ao cidadão, assegurando-lhe a plenitude de sua natureza e permitindo o alcance do bem comum.

Nesse sentido, Gomes Canotilho, tratando dos pressupostos dos direitos econômicos, sociais e culturais, leciona que a concepção de "cidadania social" deriva basicamente de uma "conquista individual", de maneira que resulta da efetividade da dignidade da pessoa humana alcançada por intermédio do livre desenvolvimento da personalidade. Esse livre desenvolvimento pode ter origem num ativismo político de realização de direitos sociais ou mesmo derivar de uma "política quietista e resignada consoante se considere que, abaixo de um certo nível de bem-estar material, social, de aprendizagem e de educação, as pessoas não podem tomar parte na sociedade como cidadãos e, muito menos, como cidadãos iguais".[107]

A democracia nasceu com a ideia de igualdade, dado que, na antiguidade, nem todos os indivíduos detinham a capacidade política nem eram considerados iguais, pois só alguns, os livres, podiam participar de atividades públicas, sendo-lhes assegurada a participação na tomada de decisões da comunidade.

Desse modo, na Grécia Antiga, apenas os que participavam das cerimônias religiosas da cidade é que tinham os direitos civis e políticos. Ficavam de fora das cerimônias as mulheres, os escravos e os estrangeiros. Na democracia da época só gozavam da cidadania os que detivessem igualdade política frente aos demais concidadãos.[108]

E, à época, questões de guerra poderiam tomar todo o tempo do homem político de então, lembrando-se que o exercício desse poder era direto, e não por intermédio de representantes. Claro que isso só era possível na antiguidade pelo fato de a população, comparativamente

---

[106] MIRANDA, Jorge. *Manual de direito constitucional, Tomo III*. Estrutura constitucional do Estado. 4. ed. Coimbra: Coimbra Editora, 1998, p. 56.

[107] CANOTILHO, José Joaquim Gomes. *Direito constitucional e teoria da Constituição*. 7. ed. Coimbra: Almedina, 2003, p. 473-474.

[108] ARISTÓTELES. *Política*. Disponível em: http://www.dominiopublico.gov.br/download/texto/bk000426.pdf. Acesso em: 19 maio 2019.

aos Estados modernos, ser bastante diminuta, de modo que era possível a deliberação coletiva em praça pública. Portanto, os homens antigos tinham pouca dedicação ao comércio, destinando seu tempo quase que exclusivamente às questões estatais, resultando, por assim dizer, no exercício de um autogoverno real. O cidadão grego antigo entregava-se integralmente à *polis*, sendo impensável que ele pudesse abandonar as questões públicas por conta de seus interesses pessoais. A conclusão que nos remete é a de que a democracia direta da antiguidade não pôde subsistir, fazendo com que o Estado moderno passasse a se estruturar e se organizar a partir da democracia representativa.

Por outro lado, o mundo moderno experimentou um acréscimo populacional imenso, com reflexos no campo econômico, político e social, exigindo-se do Estado maior liberdade ao indivíduo, inclusive no que tange a sua participação na condução estatal, surgindo, em favor disso, o sistema representativo.

A consequência inevitável é que o exercício da soberania do indivíduo é repassado aos mandatários, isto é, aos representantes de um grupo de cidadãos, porquanto o acréscimo populacional e a maior demanda por liberdade redundaram em uma democracia representati-va, caracterizada por deliberação coletiva por meio de pessoas eleitas.[109]

O indivíduo passa a participar da atividade política por inter-médio de seu voto, no exercício de sua cidadania, mostrando-se impra-ticável, pelo incremento populacional e pelas diversas atividades de caráter pessoal que a sociedade passou a desenvolver, que a democracia seja exercida de modo direto como o era na antiguidade. Quanto a isso, pode-se concluir que o excesso de participação, o exercício da cidadania total, poderia levar até mesmo à apatia política.[110]

O oposto dessa apatia, a despeito da liberdade para atuação no que bem entender, é que o cidadão que transferiu sua participação nos comandos da *polis* a seus representantes entenda a essência da demo-cracia participativa e exerça efetiva supervisão e vigilância sobre eles, porquanto o poder poderá cair nas mãos de representantes que cum-pram apenas seus próprios interesses no campo político e legiferante.

Ao estudar e refletir sobre o desenvolvimento da cidadania in-glesa até o século XIX, Thomas Humphrey Marshall dividiu o conceito

---

[109] BOBBIO, Norberto. *O futuro da democracia* – uma defesa das regras do jogo. São Paulo: Paz e Terra, 2017, p. 56.

[110] BOBBIO, Norberto. *O futuro da democracia* – uma defesa das regras do jogo. São Paulo: Paz e Terra, 2017, p. 39.

de cidadania em três partes, contemplando os aspectos, ou elementos, civil, político e social.[111]

Em sua concepção, o elemento civil abarca os direitos necessários à liberdade individual, aí envolvidas a liberdade de ir e vir, a liberdade de imprensa, o pensamento e a fé, além do direito à propriedade e de ver os contratos válidos serem concluídos e executados, bem como o direito de buscar a justiça para fazer valer seus direitos civis.

Em seu aspecto político, a cidadania deve ser tida como o direito de participar do poder político, de exercê-lo, sendo investido da autoridade política. Se assim não for, que o cidadão possa ser eleitor dos membros do organismo estatal, como eram o parlamento inglês e os conselhos do governo local.

No que tange ao elemento social, o exercício da cidadania pressupõe um mínimo de bem-estar econômico, podendo até participar de toda a herança social, além de ter acesso a uma vida civilizada, de acordo com os padrões que prevalecem na sociedade. Para tanto, devem, no mínimo, ser disponibilizados direito educacional e demais serviços sociais.

De se reconhecer, então, que o Estado tem um compromisso com seu cidadão e deve, entre outros, buscar a redução das desigualdades sociais, na medida em que deve ser incrementada a articulação do Estado com a comunidade, notadamente com a participação estatal na "gestão do espaço e nas formas de consumo colectivo, na saúde e na educação, nos transportes e na habitação, enfim na criação do Estado-Providência".[112]

Hans Kelsen, por outro lado, ainda que a considere como instituição comum a todas as ordens jurídicas nacionais modernas, questiona se a cidadania é uma instituição necessária. É que em seu pensamento não há indispensabilidade em que a ordem jurídica nacional distinga entre os que são cidadãos e os que não o são para que indivíduos tenham direitos civis, políticos e sociais. A rigor, na democracia os cidadãos possuem direitos políticos, e na autocracia os indivíduos ficam sujeitos à ordem jurídica imposta sem participar de sua criação, de modo que a maioria do povo não dispõe de quaisquer direitos políticos. Citando Rousseau, na autocracia haveria *sujets*, mas não *citoyens*.[113]

---

[111] MARSHALL, Thomas Humphrey. *Cidadania, classe social e* status. Rio de Janeiro: Zahar Editores, 1967, p. 63-74.

[112] SANTOS, Boaventura de Sousa. *Pela mão de Alice*: o social e o político na pós-modernidade. 7. ed. Lisboa: Edições Afrontamento, 1999, p. 85.

[113] KELSEN, Hans. *Teoria geral do direito e do Estado*. Tradução de Luís Carlos Borges. 3. ed. São Paulo: Martins Fontes, 1998, p. 345.

CAPÍTULO 2
O VOLUNTARISMO JUDICIAL E O RESPEITO À SOBERANIA POPULAR | 93

Assim, em uma democracia efetiva a diferença entre cidadãos e não cidadãos não possui qualquer importância, vez que a inclinação natural das coisas é ampliar, tanto quanto possível, o círculo dos que possuem direitos, tornando a necessidade do que se define essencialmente como cidadania algo bastante diminuto.[114]

Nada obstante, esses conceitos, seja para a sociedade brasileira ou mesmo para a portuguesa, devem ser repassados de geração em geração, a fim de reforçar as organizações estatais vigentes, de maneira a serem pulverizados como forma de garantir a construção do cidadão diante do Estado Democrático de Direito, fazendo com que a população suplante o conhecimento superficial e instintivo e seja conscientizada de maneira sistemática, didática e planejada, a fim de terem as devidas condições para serem inseridas na tomada de decisões políticas.

Veja-se que essa preocupação acerca do ensino encontra-se na concepção portuguesa quanto ao futuro cidadão, sendo destacável a análise empreendida por reconhecido grupo de educadores que fizeram uma retrospectiva, em 2014, de 40 anos de investimentos em educação, tendo como premissa o fortalecimento da cidadania portuguesa, sendo oportuno assentar neste trabalho o seguinte depoimento:

> (...) introduzindo práticas de cidadania de direitos mas, simultaneamente, de responsabilidades. Um local de práticas éticas considera as crianças individual e coletivamente, sabendo que todas têm o direito à educação, à qualidade de vida e à excelência. Mas este direito tem de necessariamente ser regulado por uma "ética do cuidado" e não por uma "ética de mercado". Nesses espaços, as crianças aprendem sobre a "cidade" (no sentido grego de *polis*), participam ao seu nível na vida dessa mesma cidade, experimentando e apendendo um sentido de responsabilidade (...)[115]

2.1.2 Exercício da cidadania participativa decorrente da educação

Desde a sociedade grega antiga de Sócrates, Platão e Aristóteles que se tem a compreensão de que a educação é o eixo central de uma sociedade justa que se preocupa com a melhor formação humana.

---

[114] KELSEN, Hans. *Teoria geral do direito e do Estado*. Tradução de Luís Carlos Borges. 3. ed. São Paulo: Martins Fontes, 1998, p. 345.

[115] RODRIGUES, Maria de Lurdes *et al. 40 Anos de políticas de educação em Portugal*: a construção do sistema democrático de ensino. 1º v. Coimbra: Almedina, 2014.

Na perspectiva de Sócrates, não era ele quem ensinava, mas apenas ajudava as pessoas a tirarem de si mesmas as opiniões próprias. Em sua concepção, o verdadeiro conhecimento deveria vir do íntimo da pessoa, a partir de sua consciência corretamente construída.[116]

Sócrates exaltou sobremaneira o conhecimento, mas diferentemente dos sofistas, que proclamavam dar integral informação para quem se dispusesse a ter conhecimento, a transferência a que Sócrates se referia inevitavelmente remetia à moral, abarcando uma concepção mais ampla que o conhecimento a que os filósofos se referiam à época.

Essencialmente contrário aos métodos dos sofistas, que disseminavam informações de maneira formal, apresentou a maiêutica,[117] consistente no método dialético ou de conversação (socrático, como hoje se denomina), a fim de propiciar o poder de pensar, conduzindo as pessoas a uma reflexão, de modo a não se deixarem guiar apenas pela tradição, pelos costumes ou pelas opiniões dos outros. A verdadeira cidadania, então, seria alcançada por meio de indivíduos capazes de formular conclusões corretas, encontrando a verdade por si próprios, ao contrário da entrega ou disseminação de conclusões já elaboradas.

Ainda assim, tal qual os sofistas, Sócrates acreditava que a educação tornaria o homem um melhor cidadão e, consequentemente, alguém feliz, mas não pensando nele apenas como uma pessoa isolada, senão como integrante de um grupo. Desse modo, se o saber era a coisa mais importante, era possível eliminar as diferenças entre os indivíduos e descobrir a essência das coisas.

Nesse método particular, Sócrates ia às ruas de Atenas e conversava com as pessoas, mostrando serem inverídicas ou artificiais as suas crenças sobre determinado assunto, examinando a essência das questões até descobrir a verdade. Isso consistia em analisar a declaração feita pelo interlocutor, verificando sua inconsistência e, após o reconhecimento da outra parte, Sócrates expunha-lhe as perguntas que o conduzia àquilo que entendia ser a verdade.

Ademais, em seu método de busca da verdade, Sócrates levava seu interlocutor a "dar à luz ao conhecimento", a concretizar "o parto da verdade", a materializar a maiêutica (merece ressalva a forma real do

---

[116] POMBO, Olga. *O método socrático*. Disponível em: http://www.educ.fc.ul.pt/docentes/opombo/hfe/momentos/escola/socrates/metodosocratico.htm. Acesso em: 27 dez. 2019.

[117] PIRES, Alex Sander Xavier. *Justiça na perspectiva de Hesíodo, Platão e Sócrates* – Do mito hesiódico ao logos platônico, nos limites de Górgias e de A República. Rio de Janeiro, 2016, p. 76.

CAPÍTULO 2
O VOLUNTARISMO JUDICIAL E O RESPEITO À SOBERANIA POPULAR | 95

método que, valendo-se da dialética como refutação, pendia aos micrologos – discursos breves – em anteposição aos macrologos reinantes à época.[118]

Neste ponto, imprescindível a transcrição de um diálogo entre Sócrates e Mênon no qual se evidencia a anamnese, a saber, que uma lembrança pouco precisa, uma reminiscência ou recordação, pode voltar à lembrança, de modo que isso fundamenta a necessidade de transferência do conhecimento:

(...) SÓCRATES: (...) não é fácil, mas ainda pretendo fazer o máximo por você. Apenas chame um dos seus serviçais, o que você quiser, para ajudar na minha demonstração.

MÊNON: Certamente. Você aí venha cá.

SÓCRATES: (...) E agora, Mênon, vê que progressos ele já fez em termos de memória? (...) mas antes achava que sabia e respondeu confiante como se soubesse, sem ter consciência das dificuldades; ao passo que agora sente a dificuldade em que se encontra (...) você acha que ele teria tentado investigar ou aprender o que pensava saber, quando não sabia, se não fosse reduzido à perplexidade de perceber que não sabia e sentisse então o desejo de saber?[119]

Alex Sander Xavier Pires ensina que Sócrates via tanto a riqueza como a pobreza como atentatórias à estrutura social, uma vez que aquele que atinge o estágio da riqueza não quererá mais contribuir com o seu ofício para a satisfação do todo. Por outro lado, o que está à mercê da pobreza haverá de impedir que a tarefa social seja realizada, ainda que não seja essa a sua vontade, mas por impossibilidade de fazê-la, visto que não disporá das ferramentas adequadas. Assim, Sócrates adverte aos guardiães da cidade para que nem a riqueza nem a pobreza entrem por ela, "pois uma engendra o luxo, a preguiça e o gosto pelas novidades; a outra, a baixeza e a maldade e, da mesma forma, o gosto pelas novidades".[120]

---

[118] PIRES, Alex Sander Xavier. *Justiça na perspectiva de Hesíodo, Platão e Sócrates* – Do mito hesiódico ao logos platônico, nos limites de Górgias e de A República. Rio de Janeiro, 2016, p. 76.

[119] MARCONDES, Danilo. *Textos básicos de filosofia*: dos pré-socráticos a Wittgenstein. 7. ed. Rio de Janeiro: Zahar, 2011, p. 35-36.

[120] PIRES, Alex Sander Xavier. *Justiça na perspectiva de Hesíodo, Platão e Sócrates* – Do mito hesiódico ao logos platônico, nos limites de Górgias e de A República. Rio de Janeiro, 2016, p. 110-111.

Para tanto, Sócrates sugere duas maneiras de se proceder ao controle efetivo dessa entrada: (i) o controle de crescimento da cidade, que não deveria ser grande nem tão pequena; e (ii) a reformulação do sistema educacional.

Alex Pires extraiu excertos dos ensinos de Sócrates para o que importa ao presente trabalho, ou seja, as recomendações de Sócrates acerca da reformulação do ensino, as quais contemplam que, se nossos jovens forem convenientemente educados a se tornarem homens esclarecidos, contando com um bom sistema de educação e instrução, que não seja sujeito a alterações de ocasião, antes propicie a criação de bons caracteres, ou seja, se receberem esse tipo de educação, haverão de tornar-se melhores do que aqueles que os precederam. Com esse resultado, sob diversos aspectos, ter-se-ia uma espécie de boa procriação. Necessário, então, que os responsáveis pela cidade façam com que a educação não se altere, que haja controle intermitente sobre ela, de maneira que, o quanto possível, evitem que nada de novo seja introduzido contra as regras estabelecidas.[121]

Platão, tal como Sócrates, rejeitava a educação a cargo dos sofistas.[122] Na verdade, no entender dos dois, a decadência da cultura e do pensamento grego é atribuída aos sofistas. Os sofistas eram capazes de defender teses contrárias, dependendo do jogo de interesses. Alex Pires menciona o destaque de Edson Bini de que a "crítica acirrada" não se referia à divergência de doutrinas ou de pensamentos, mas essencialmente às "posturas e condutas" dos sofistas, sendo que Platão fará uso de "sua maestria literária" e os retratará "humorística e comicamente", também de forma dramática, ou, ainda, adotando uma postura

---

[121] PIRES, Alex Sander Xavier. *Justiça na perspectiva de Hesíodo, Platão e Sócrates* – Do mito hesiódico ao logos platônico, nos limites de Górgias e de A República. Rio de Janeiro, 2016, p. 111-112.

[122] Oportuno o registro de Bittar e Almeida quanto ao enfrentamento de Sócrates, Platão e Aristóteles aos sofistas: "Na sequência do pensamento socrático, Platão incorpora esse antagonismo intelectual e o transforma em compromisso filosófico, e lega para a posteridade uma visão dicotômica que opõe diretamente as pretensões da filosofia (essência, conhecimento, sabedoria...) às pretensões da sofística (aparência, opinião, retórica...). Chega mesmo a conceber os sofistas como homens desconhecedores das coisas, pseudo-sábios, que têm em vista somente contraditar a tudo e a todos, criar disputas, fomentar debates inócuos e vazios de sentido; aí mora o desprestígio da arte retórica sofística. Aristóteles dá continuidade ao mesmo entendimento, sedimentando-o no contexto do pensamento filosófico, de modo que se incorpora ao mundo ocidental a leitura socrático-platônica da sofística. Ademais, o que robustece a facilidade de manutenção desta imagem que a filosofia formou dos sofistas é a carência de textos e manuscritos a seu respeito, bem como a sobrevivência dos textos platônicos e aristotélicos como textos de majoritária leitura no panorama filosófico ocidental". BITTAR, Eduardo Carlos Bianca; ALMEIDA, Guilherme Assis de. *Curso de filosofia do direito*. 11. ed. São Paulo: Atlas, 2015, p. 105.

incisiva, contestando-os, denunciando-os ou ridicularizando-os.[123] Mas o que importa destacar em Platão é que sua ideia era a de que o Estado deveria preocupar-se com a formação daqueles que seriam os futuros cidadãos, bem assim com o ensino das virtudes e da verdade (estimulada, conforme sua concepção, pela aritmética).[124]

No que se refere a Aristóteles, também sua ideia era a de que a educação "tanto a maneira de criá-los como as suas ocupações deveriam ser fixadas pela lei".[125] Para ele, deveria haver um bom adestramento e cultivo de bons costumes, devendo o tempo dos educandos ser alocado com "ocupações dignas e não praticando ações más nem voluntária, nem involuntariamente". Para tanto, sua ideia era a de que "o governo paterno em verdade não tem a força ou o poder coercitivo necessários", concluindo que a educação deveria ficar a cargo do Estado.[126] Depreendem Bittar e Almeida que seria a educação ética, com "prática à conduta diuturna", o que conduziria ao comportamento virtuoso desejado por Aristóteles. O que o filósofo grego intentava era demonstrar, "por suas investigações, que a noção de felicidade (eudaimonía)" era perfeitamente realizável, sendo que o caminho para tanto residia na prática ética.[127]

Claro que a austeridade proposta por Aristóteles, cujo fim maior era a pátria, acabou por macular sua proposição, uma vez que se valeu de exemplo de boa educação aquilo que era exageradamente praticado na cidade-Estado de Esparta.

As crianças recém-nascidas eram apresentadas a uma comissão avaliadora que decidia se morreria ou continuaria vivendo, conforme fosse ou não forte, perfeita e saudável. Passando por esse crivo, a criança era mantida com a família até os sete anos de idade, quando então o Estado se apropriava dela e lhe garantia educação até os vinte anos de idade, sob a autoridade de um magistrado responsável por sua formação física, moral e cívica.

---

[123] PIRES, Alex Sander Xavier. *Justiça na perspectiva de Hesíodo, Platão e Sócrates* – Do mito hesiódico ao logos platônico, nos limites de Górgias e de A República. Rio de Janeiro, 2016, p. 77.

[124] POMBO, Olga. *O método de ensino no estado ideal de Platão*. Disponível em: http://www.educ. fc.ul.pt/docentes/opombo/hfe/momentos/escola/academia/academia4.htm. Acesso em: 27 dez. 2019

[125] ARISTÓTELES. *Ética a Nicômaco*. Tradução de Leonel Vallandro e Gerd Bornheim da versão inglesa de W. D. Ross. 4. ed. São Paulo: Nova Cultural, 1991, Livro X, nº 9, p. 238.

[126] ARISTÓTELES. *Ética a Nicômaco*. Tradução de Leonel Vallandro e Gerd Bornheim da versão inglesa de W. D. Ross. 4. ed. São Paulo: Nova Cultural, 1991, Livro X, nº 9, p. 239.

[127] BITTAR, Eduardo Carlos Bianca; ALMEIDA, Guilherme Assis de. *Curso de filosofia do direito*.11. ed. São Paulo: Atlas, 2015, p. 145-146.

No livro II de "Ética a Nicômaco", Aristóteles classifica a virtude em (i) intelectual, que tem origem e desenvolvimento por meio do ensino, demandando experiência e tempo; e (ii) moral, decorrente do hábito, do *ethos*, uma pequena variação do radical *ēthikē*. A virtude moral, portanto, não advém da natureza humana; ela passa a existir por conta de um hábito, e essa prática reiterada lhe deve ser imposta, contrariando, não poucas vezes, esse ser.[128]

Então, como o homem pode desenvolver uma disposição virtuosa? A resposta de Aristóteles é que as virtudes se desenvolvem no homem por intermédio da educação e da ética, esta, também ensinada.

Contemporaneamente, com amparo na teoria aristotélica, a educação do caráter, com o propósito de incutir virtudes morais, é uma das tendências mais proeminentes na tentativa de exemplificar bons hábitos nos estágios iniciais da infância e juventude.

Considerando, também, que a sociedade alimenta certo ideal humano, a educação assume papel socializador relevante, requerendo-se dos pais e educadores que ensinem esse ideal às crianças e aos jovens, procurando manter a coesão social.

Nessa linha, a posição de Émile Durkheim acerca do papel da educação é de que: ela tem como objetivo suscitar e desenvolver na criança um certo número de estados físicos, intelectuais e morais exigidas tanto pelo conjunto da sociedade política quanto pelo meio específico ao qual ela está destinada em particular.[129]

Outro entendimento de Durkheim que importa a este trabalho é o de que a consciência humana abarca os pensamentos individuais e o pensamento coletivo. O pensamento coletivo vincula-se a um sistema de ideias, sentimentos e hábitos adotados pelos grupos nos quais se está inserido, designando o ser social que deve ser o objetivo da educação, consoante Durkheim.

> A sociedade não somente eleva o tipo humano à dignidade de modelo para o educador reproduzir, como também o constrói, e o constrói de acordo com suas necessidades. (...) O homem que a educação deve realizar em nós não é o homem tal como a natureza o criou, mas sim tal como a sociedade quer que ele seja.[130]

---

[128] SIQUIEROLI, Rosane Rocha Viola. Aristóteles: educação moral e a formação do caráter. *Revista Primordium*, v. 3, nº 5 jan./jul.2018. ISSN: 2526-2106. Disponível em: http://www. seer.ufu.br/index.php/primordium. Acesso em: 19 jul. 2019.

[129] DURKHEIM, Émile. *Educação e sociologia*. 5. ed. Rio de Janeiro: Vozes, 2014, p. 13.

[130] DURKHEIM, Émile. *Educação e sociologia*. 5. ed. Rio de Janeiro: Vozes, 2014, p. 107.

Apesar de opiniões divergentes, pois há quem diga que ela apenas serve de engodo dos defensores do mercado para cegar as grandes massas, a educação é a razão da sobrevivência humana e da consolidação do Estado Democrático de Direito. Não é por outro motivo que tanto o Estado brasileiro como o português têm a noção exata da importância do fomento à educação.

Mas é necessário concretizar a educação que interessa à formação do verdadeiro cidadão participativo da sociedade, de sua continuidade e de seus rumos. Daí que a noção exata do alcance fiscal do Estado, contemplando nessa compreensão, na verdade, o conhecimento exato das potencialidades da administração e das finanças públicas, deve ser o conteúdo essencial e imprescindível para formação do cidadão participativo.

A propósito disso, em seu "Reinventar a Democracia", Boaventura de Sousa Santos adverte quanto aos riscos de erosão do contrato social, devendo a sociedade buscar alternativas que neutralizem ou previnam esses riscos, sendo necessário abrir caminho para novas possibilidades democráticas.[131]

Considerando os limites estatais, cujo conhecimento é de todos, dissertando sobre duas formas de coibir essa erosão citada, Boaventura faz alusão a duas formas de prevenção e neutralização, quais sejam, a redescoberta democrática do trabalho e a transformação do Estado como novíssimo movimento social.

Nesta última forma, circunscrevendo-nos ao que importa ao presente trabalho, pinça-se que a lógica participativa da sociedade, que sempre buscou a democracia redistributiva, há de enxergar uma nova realidade em razão da limitação estatal. Ou seja, "a lógica participativa da democracia redistributiva deve incidir também na obtenção de recursos estatais e, portanto, basicamente na fiscalidade".[132]

O mote de sua construção quanto ao segundo elemento de transformação do Estado se deve à necessidade de um novo contrato social, pois é visível o desvirtuamento do Estado que está esvaindo, inclusive, seu poder regulatório. Isso tem tornado obsoletas as teorias de caráter liberal e marxista, porque cada vez mais o Estado vai perdendo o aspecto positivo da política, e há uma busca pela desestatização, também, da regulação social. Mas Boaventura reconhece que "o Estado é o articulador e que integra um conjunto híbrido de fluxos, redes e

---

[131] SANTOS, Boaventura de Sousa. *Reinventar a democracia*. 2. ed. Lisboa: Gradiva, 2002, p. 43.
[132] SANTOS, Boaventura de Sousa. *Reinventar a democracia*. 2. ed. Lisboa: Gradiva, 2002, p. 63.

organizações em que se combinam e interpenetram elementos estatais e não estatais, nacionais e globais".[133]

Por isso é que a democracia redistributiva se apresenta no viés da solidariedade fiscal. Há, como dito por Boaventura, a necessidade da redescoberta democrática do trabalho e do entendimento de um novo Estado sob a ótica de articulador social. Sendo assim, solidariedade fiscal do Estado moderno, na medida em que existe, é uma solidariedade de difícil compreensão e, no marco da nova organização política, dada a necessidade ou tentativa de diminuição do Estado, tal solidariedade torna-se ainda mais ininteligível ao comum dos cidadãos, devendo contar com a educação infanto-juvenil preparatória para esse ambiente.

> Tenho vindo a propor uma alteração radical na lógica da fiscalidade adequada às novas condições de dominação política. Trata-se do que designo por fiscalidade participativa. Cabendo ao Estado mais funções de coordenação do que funções de produção directa de bem-estar, o controle da vinculação da obtenção de recursos a destinações específicas por via dos mecanismos da democracia representativa torna-se virtualmente impossível. Daí a necessidade de a complementar com mecanismos de democracia participativa.[134]

Já se registrou neste trabalho que a educação é deveras importante, embora seja necessário consignar que ela não se traduz no caminho mais curto para a inclusão social. Por sua vez, essa inclusão social faz parte de um contexto histórico de enfrentamento entre Estado e sociedade, evidenciando interesses do poder circunstancial. O que nos remete à reflexão de Boaventura trazida anteriormente e que nos leva à conclusão de que devem ser eliminados ou ao menos minimizados os conflitos de interesse requerendo-se a construção de uma nova visão de mundo e a construção de novos valores para essa relação conflituosa.

É aceitável tecnicamente que nenhum país haverá de superar seu atraso e suas desigualdades sociais se não se concentrar na educação como prioridade. Ainda que o mundo viva sob a ameaça do contínuo crescimento do desemprego, consoante assinala Jeremy Rifkin, que vislumbra um futuro bastante incerto a partir do fato de que a economia global de alta tecnologia está caminhando para além do trabalhador.

A mão de obra humana, segundo analisa, está sendo cada vez menos necessária, ao passo que o papel do governo está passando por

---

[133] SANTOS, Boaventura de Sousa. *Reinventar a democracia*. 2. ed. Lisboa: Gradiva, 2002, p. 59.
[134] SANTOS, Boaventura de Sousa. *Reinventar a democracia*. 2. ed. Lisboa: Gradiva, 2002, p. 63.

uma diminuição semelhante. O papel das nações como último recurso está em espiral decrescente, porquanto suas crescentes dívidas e *deficit* orçamentários estão tolhendo suas tarefas tradicionais de garantir mercado e de promover o bem-estar de seus próprios cidadãos.[135]

> Nas próximas décadas, o papel cada vez mais contraído do mercado e dos setores públicos afetará as vidas dos trabalhadores de dois modos significativos. Aqueles que permanecerem empregados provavelmente verão a redução da sua semana de trabalho, deixando-lhes mais tempo livre. Muitos em regime de horário de trabalho reduzido serão pressionados pelo mercado para passarem seu tempo livre entregando-se ao entretenimento de massa e ao maior consumo. Em contraste, as pessoas desempregadas e subempregadas, em número cada vez maior, vão se encontrar afundando inexoravelmente e permanentemente para a subclasse. Desesperadas, muitas recorrerão à economia informal para sobreviver. Algumas trocarão trabalho esporádico por comida e abrigo. Outras se voltarão para o crime e para os furtos de pouca monta. O tráfico de drogas e a prostituição continuarão a aumentar à medida que milhões de seres humanos fisicamente aptos, abandonados por uma sociedade que não precisa ou não quer mais seu trabalho, procurarem melhorar sua sorte. Suas súplicas por ajuda serão ignoradas na medida em que os governos forem reduzindo seus gastos e trocarem suas prioridades de assistência social e a criação de empregos pela segurança policial inchada e a construção de mais prisões.[136]

É certo que a educação escolar não pode tangenciar esse problema, e o povo soberano não pode deixar de ser informado e devidamente formado para o enfrentamento dessa realidade. Especialmente na idade escolar é que se potencializa a capacidade de discernimento e criticidade preparando a criança e o adolescente para a dúvida sistemática e, de modo desejável e bem programado, propiciando a consciência dos direitos e deveres como cidadãos a serem considerados na formulação de julgamentos futuros.

Ou seja, o que se espera do cidadão contemporâneo é que seu nível de consciência, sensibilidade e responsabilidade tenha uma dimensão ao mesmo tempo global e local, de modo que ele seja capaz de, eventualmente, intervir para modificar a realidade da sociedade em que vive.

---

[135] RIFKIN, Jeremy. *O fim dos empregos*: o contínuo crescimento do desemprego em todo o mundo. São Paulo: M. Books, 2004, p. 236-238.

[136] RIFKIN, Jeremy. *O fim dos empregos*: o contínuo crescimento do desemprego em todo o mundo. São Paulo: M. Books, 2004, p. 238-239.

Defende-se, portanto, que seja instituída uma tal educação que propicie a formação de um cidadão mais sensível à função socioeconômica do Estado, que, por óbvio, arrecada tributos e deve retornar bem-estar social à sociedade. Havendo educação de qualidade nesse quesito, mencionado cidadão, em um futuro próximo, entenderá o verdadeiro sentido da democracia, porquanto consciente da importância da arrecadação dos tributos e da necessária fiscalização da aplicação dos recursos arrecadados.

É certo que se deve almejar o cumprimento voluntário das obrigações tributárias e a consequente minimização da sonegação, mas o que se pretende é que o nível de educação enseje maior participação do cidadão na gestão pública.

Considerando que no Brasil, por meio do art. 48 da Lei de Responsabilidade Fiscal – LRF (lei complementar nº 101/2000),[137] exige-se do Estado que haja transparência da gestão fiscal, com ampla divulgação, inclusive em meios eletrônicos de acesso público, bem como que haja incentivo à participação popular e realização de audiências públicas durante os processos de elaboração e discussão dos planos, lei de diretrizes orçamentárias e orçamentos, há evidente necessidade de intercambiar o ensino da tecnologia com a educação fiscal, a fim de que, desde o início da construção do conhecimento, a criança e o adolescente sejam capacitados a fazer uso adequado e consciente das informações e dos dados contábeis, orçamentários e fiscais.

É preciso que o Estado permita a formação de um ser humano integral que seja instrumento de transformação social a partir de um mundo inevitavelmente globalizado. É imperioso que suas competências e habilidades, contemplando, entre outros, a tecnologia, a educação fiscal e a ética, sejam estimuladas pela transferência efetiva de conhecimentos que lhe permitam, inclusive, exercer o controle democrático do Estado em verdadeiro estágio de soberania popular.

Haverá, diante do cenário aqui exposto, a exigência de participação individual e coletiva na definição de políticas públicas e na elaboração das leis para sua execução. O exercício do controle da gestão

---

[137] A regra da transparência orçamental em Portugal (artigo 10º C da Lei de Enquadramento Orçamental) obriga a que todos os subsectores do sector público administrativo melhorem qualitativa e quantitativamente a informação que devem prestar para garantir um perfeito e exato conhecimento da forma como cada um está a executar o seu próprio orçamento. Visa criar condições para um controlo mais efetivo, atualizado e imediato de eventuais desvios e evitar a cumulação de défices visando cumprir as regras que decorrem para Portugal do artigo 126º do Tratado sobre o Funcionamento da União Europeia. Disponível em: https://www.cfp.pt/pt/glossario/transparencia-orcamental. Acesso em: 19 jul. 2019.

pública eficiente, transparente e honesta não pode mais ficar a cargo apenas daqueles com vínculos estatais, havendo clara necessidade de atuação da sociedade para que haja a correta alocação e aplicação dos recursos e realização dos gastos públicos. Ou seja, espera-se que o cidadão integre e exerça a governança da gestão pública, para que ela seja responsável, transparente e voltada à justiça social.

De fato, há que se reconhecer que, na atualidade, a sociedade dispõe de muitos direitos, e isso é muito mais que qualquer cidadão que integrasse a elite do século XIX dispunha.

Ainda assim, é desejável que o progresso da humanidade resulte no interesse por mais e mais direitos no ambiente democrático, sem prejuízo da efetividade e da garantia dos direitos fundamentais já conquistados. Por outro lado, as incertezas que se apresentam diante do futuro requerem o exercício pleno da cidadania, considerando aí o elevado nível educacional que deverá ser propiciado, garantido ou incentivado pelo Estado, com o fim de evitar retrocessos, aos quais todas as sociedades pelo mundo afora estão sujeitas, sem que, com isso, necessariamente, devam ocorrer demandas judiciais sem limites ou em número excessivamente descontrolado.

Parte-se dessas observações para a análise do embate na implementação dos direitos sociais.

2.2 Trunfos contra a maioria e direitos sociais

Algo que se questiona é como assegurar a observância do princípio da dignidade humana diante da decisão da maioria. Como fazer com que a carta de serviços constitucionais a que o Estado está sujeito seja respeitada pela maioria, e assim a dignidade humana seja assegurada? Como fazer com que a soberania popular seja respeitada nesses casos?

A propósito disso, adverte Jorge Reis Novais que, tendo em conta a força normativa de uma Constituição, quando a dignidade da pessoa humana é formalmente acolhida no texto constitucional, aquele Estado vincula-se a atuar com todos os seus poderes com vistas a concretizar esse dever jurídico.[138]

Espera-se, desse modo, que a dignidade da pessoa, que é própria de um indivíduo integrado a uma comunidade, possa se tornar oponível ao Estado e aos seus concidadãos (se considerarmos que o

---

[138] NOVAIS, Jorge Reis. *Os princípios constitucionais estruturantes da República Portuguesa.* Coimbra: Coimbra Editora, 2014, p. 52.

Estado é de todos) em decorrência dos direitos fundamentais de que é titular, claro, sendo cumpridor de seus deveres e obrigações, dado que esses direitos advêm do fato de que "a decisão popular soberana lhe impõe como condição da possibilidade de realização da dignidade e dos direitos de todos".[139]

Os direitos fundamentais insculpidos na Constituição, considerando-a como produto da soberania popular, devem ser vistos como instrumentos de proteção contra abusos estatais e, certamente, uma espécie de salvaguarda contra o poderio econômico, político, social e, inclusive, contra a tentativa sorrateira, mas não menos destemida, dos ditadores.

Na perspectiva do Tribunal Constitucional alemão, os direitos fundamentais tornam-se um conjunto protetivo contra o poderio estatal, pelo que são chamados de "direitos de resistência" (*abwehrrecht*) a servir de escudo tutelador contra as vontades privadas, firmando-se contra o arbítrio de certos indivíduos e instituições.

Ainda que não elogiável o momento, dado que se prestava a rever posição de instâncias inferiores que impediam a veiculação de filme de conteúdo e promoção nazista, referido sodalício assim se pronunciou, em 1958, na fundamentação de sua decisão, enfatizando que os direitos previstos na Lei Fundamental criam uma espécie de esfera protetiva contra o poder público, de modo a garantir o livre desenvolvimento do indivíduo no âmbito da sociedade e fazendo com que o Estado legislador, executivo e judicial seja impulsionado e dirigido a dar a devida proteção aos direitos fundamentais:

> Sem dúvida, os direitos fundamentais servem, em primeira linha, para assegurar uma esfera de liberdade do indivíduo contra intervenções do poder público; eles são, por isso, direitos de resistência (Abwehrrechte) do indivíduo contra o Estado. (...) Da mesma maneira, é correto afirmar, todavia, que a Lei Fundamental, no seu capítulo dos direitos fundamentais, não pretendendo ser um ordenamento axiologicamente neutro, estabeleceu um ordenamento axiológico objetivo (objektive Wertordnung) e que, justamente por isso, se reforçou a eficácia dos direitos fundamentais. Este sistema axiológico, cujo ponto central corresponde à personalidade humana e sua dignidade, as quais devem se desenvolver livremente dentro da sociedade, deve valer como uma decisão fundamental constitucional para todas as áreas do

---

[139] NOVAIS, Jorge Reis. *Os princípios constitucionais estruturantes da República Portuguesa.* Coimbra: Coimbra Editora, 2014, p. 53.

CAPÍTULO 2
O VOLUNTARISMO JUDICIAL E O RESPEITO À SOBERANIA POPULAR | 105

Direito. Legislação, administração e jurisdição recebem dela diretrizes e impulsos" (grifos do trad.).[140]

Jorge Reis Novais tem defendido, tanto quanto Dworkin, que "o reconhecimento constitucional dos direitos fundamentais em Estado de Direito lhes confere uma natureza de trunfos contra a maioria", na medida em que o indivíduo passa a ter uma proteção jurídica de caráter magno, gozando de primazia perante a maioria que governa democraticamente, e daí possa requerê-los dos poderes constituídos. Ou seja, por força constitucional de um direito fundamental, o argumento da maioria é incapaz de impedir seu gozo ou exercício, pois que não há de prevalecer "sobre a posição jurídica individual garantida por um direito fundamental".[141]

A partir dessa ideia, Novais suscita importantes questões relativas aos direitos de liberdade e direitos sociais, quais sejam: (i) são também os direitos sociais trunfos contra a maioria?; (ii) esta ideia de que os direitos fundamentais constituem-se em trunfos pode funcionar, também, como orientadora para a solução dos problemas decorrentes da implantação dos direitos sociais?[142]

Pode-se questionar se os direitos vistos como trunfos não poderiam se tornar uma tentação individualista a ponto de prejudicar a realização dos direitos sociais em sua forma comunitária. Como primeiro argumento a rebater o questionamento, tem-se que "os direitos sociais só são racionalmente sustentáveis numa ideia de luta colectiva bem sucedida de emancipação das camadas ou classes sociais excluídas". Como segundo argumento, tem-se que os direitos sociais devem ser vistos como "a ajuda estatal aos mais desfavorecidos", funcionando como condicionante e estabilizador tanto da democracia como do Estado democrático, sendo "factor da integração e da cooperação social".[143]

Os direitos sociais precisam fazer parte de um projeto político e de integração social para que possam ser partilhados coletivamente;

---

[140] MARTINS, Leonardo. Do vínculo do poder judiciário aos direitos fundamentais e suas implicações práticas. *Revista da Escola Paulista da Magistratura*, ano 5, nº 2, p. 89-127, julho/dezembro – 2004. Disponível em: https://api.tjsp.jus.br/Handlers/Handler/FileFetch.ashx?codigo=20528. Acesso em: 02 jun. 2019.

[141] NOVAIS, Jorge Reis. *Direitos sociais:* teoria jurídica dos direitos sociais enquanto direitos fundamentais. 1. ed. Coimbra: Coimbra Editora, 2010, p. 319.

[142] NOVAIS, Jorge Reis. *Direitos sociais:* teoria jurídica dos direitos sociais enquanto direitos fundamentais. 1. ed. Coimbra: Coimbra Editora, 2010, p. 319.

[143] NOVAIS, Jorge Reis. *Direitos sociais:* teoria jurídica dos direitos sociais enquanto direitos fundamentais. 1. ed. Coimbra: Coimbra Editora, 2010, p. 320.

eles não se coadunam com a individualização ou a subjetivação, nem poderiam se transformar em trunfos contra o Estado ou contra a maioria política, porquanto a implementação desses direitos depende dos recursos orçamentários e da vontade parlamentar. Por outro lado, os trunfos não poderiam ir de encontro à maioria social, pois "se imporia uma reivindicação individual com prejuízo efectivo da prossecução estatal dos interesses assistenciais das camadas sociais em nome dos quais a própria ideia de direitos sociais se construíra".[144]

Reis Novais faz importante advertência quanto ao fato de os direitos sociais como trunfos contra a maioria poder privar a maioria política, às vezes o próprio agente governamental, de estar em conformidade com a Constituição, criando conflito na separação de poderes, reclamando atuação do Tribunal Constitucional ou do poder judicial para que dê a última palavra quanto às políticas públicas associadas a esses trunfos.

Registra Novais que, para alguns, melhor seria que os tribunais fossem afastados da realização e efetivação dos direitos sociais, devendo tais direitos ser objeto da luta política, da competição interpartidária, na qual a pluralidade permitiria a otimização da realização desses direitos. Do contrário, a reivindicação judicial individualizada provocaria maiores desigualdades e distorções. Outras consequências da individualização dos trunfos pela via judicial seriam a desmobilização comunitária da reivindicação social e a difícil responsabilização política pelas omissões nas implementações dos direitos sociais.

Nada impede, no entanto, que a estratégia de realização judicial dos direitos sociais seja conjugada com a luta política, pois isso estimularia o diálogo entre o poder político e o poder judicial, com o provável resultado da "concordância prática dos vários interesses conflituantes".[145]

Não resta dúvida de que a visão dos direitos sociais como trunfos deve constituir-se como antídoto efetivo contra o perigo de perda da relevância dos direitos fundamentais, os quais podem ser mitigados pelo Estado ponderador.

Eis os riscos, então, em considerar que os direitos sociais estejam sujeitos a uma reserva do politicamente adequado ou oportuno e do financeiramente possível. Ao dependerem da conformação do legislador

---

[144] NOVAIS, Jorge Reis. *Direitos sociais:* teoria jurídica dos direitos sociais enquanto direitos fundamentais. 1. ed. Coimbra: Coimbra Editora, 2010, p. 320.

[145] NOVAIS, Jorge Reis. *Direitos sociais:* teoria jurídica dos direitos sociais enquanto direitos fundamentais. 1. ed. Coimbra: Coimbra Editora, 2010, p. 321-322.

democrático, por meio da aprovação do orçamento, enfraquece-se a defesa dos direitos sociais contra a maioria. E esse enfraquecimento se dá em dois aspectos: (i) os direitos sociais dependem da aprovação da maioria governamental; e (ii) as escolhas orçamentais realizadas pela maioria fundamentam-se, em tese, nas restrições que pretendem ser legítimas, com consequente omissão de realização dos direitos sociais.

No controle do judiciário tenderá a ser enfraquecido, também, se se guiar pelos argumentos estatais de que as opções e escolhas encontram razoabilidade constitucional para imposição das restrições e omissões.

Por outro lado, se o trunfo dos direitos sociais contar com potencialidades dogmáticas de relevo, excluindo-se algumas justificações ou restrições, pode haver um controle judicial reforçado.

Proporcionar bem-estar ou, pelo menos, não atentar contra ele já é, em princípio, eleitoralmente compensador e gera empatia popular, de modo que viabilizar ajuda estatal aos mais carentes demonstra ausência de preconceito ideológico contra os direitos sociais e pode vir ao encontro do programa eleitoral sufragado pela maioria. Devendo ser lembrado, ainda, que "os direitos sociais existem e valem numa dada ordem jurídica, não porque o governo concorde ou a maioria no poder assim o entenda, mas porque a Constituição o impõe".[146]

Nessa linha de raciocínio, os direitos sociais como trunfos contra a maioria exigem plena aplicabilidade, vez que "o preconceito ideológico da maioria não serve de justificação para restringir direitos sociais".[147]

Sabe-se que os grupos ou camadas sociais mais carentes da ajuda estatal são também aqueles que dispõem de menor peso político. Acabam por exercer menor intervenção ou pressão política, pois são menos organizados e, via de regra, seus interesses e necessidades no desenvolvimento das políticas públicas democráticas não são implementados ou refletidos.

A tarefa esperada do judiciário, a ser exercida com esmero, é cotejar as demandas sociais com fulcro nos deveres estatais insculpidos no âmbito constitucional, de modo que os juízes devem buscar a legitimidade por meio, inclusive, de seu preparo educacional, para questionar as razões que ensejaram a adoção das políticas sociais definidas pela maioria.

---

[146] NOVAIS, Jorge Reis. *Direitos sociais*: teoria jurídica dos direitos sociais enquanto direitos fundamentais. 1. ed. Coimbra: Coimbra Editora, 2010, p. 327.

[147] NOVAIS, Jorge Reis. *Direitos sociais*: teoria jurídica dos direitos sociais enquanto direitos fundamentais. 1. ed. Coimbra: Coimbra Editora, 2010, p. 328.

Nesse plano, a metáfora dos trunfos converge com a possibilidade de utilização do conceito das *categorias suspeitas* desenvolvido pela jurisprudência norte-americana e segundo a qual, operando igualmente nos direitos de liberdade, o escrutínio judicial da actuação estatal deve ser especialmente rigoroso – ou mesmo determinando uma presunção ilidível de inconstitucionalidade – sempre que das políticas públicas resulta uma afectação negativa das categorias ou grupos sociais histórica ou tradicionalmente sujeitos à perseguição, ao desrespeito ou ao desfavorecimento por parte de maiorias políticas, sociais, religiosas, raciais, culturais ou sexuais.[148]

2.2.1 Trunfos na visão de Dworkin

João Costa Neto, ao examinar o conflito entre o legislador e o juiz constitucional, depreendeu da leitura de "Levando os Direitos a Sério", de Ronald Dworkin, que foi ali que o jusfilósofo desenvolveu a noção de direitos como trunfos.

Para Costa Neto, a ideia central do livro de Dworkin é que existem alguns direitos morais contra o Estado e que, a rigor, nem todos os direitos fundamentais representam esses direitos morais. Na opinião de Dworkin, a liberdade de expressão é direito fundamental que pode ser reivindicado contra o governo. Consistiria em enorme erro que esses direitos fundamentais fossem desprezados, ainda que contasse com o apoio da maioria da população. Alguns interesses individuais são tão importantes que não poderiam ser sacrificados mesmo que o argumento fosse o de assegurar um benefício geral. Sendo mais específico, algumas liberdades individuais são tão importantes, que as consequências não deveriam ser bastantes para desconsiderá-las, mesmo que haja anuência da maioria para que essa desconsideração seja admitida. Para Dworkin, isso seria uma forma de "prioridade do certo sobre o bom".[149]

Nessa perspectiva de Costa Neto, para Dworkin os trunfos são direitos em um sentido forte, os quais dizem respeito à integralidade dos direitos individuais e fundamentais contra o Estado. O Estado, por sua vez, não tem como abarcar todos os interesses sociais e coletivos, devendo estabelecer níveis de prioridade em favor de um direito

---

[148] NOVAIS, Jorge Reis. *Direitos sociais:* teoria jurídica dos direitos sociais enquanto direitos fundamentais. 1. ed. Coimbra: Coimbra Editora, 2010, p. 331.

[149] COSTA NETO, João. *Liberdade de expressão:* o conflito entre o legislador e o juiz constitucional. São Paulo: Saraiva, 2017, p. 101.

enquadrado como fundamental, e, neste caso, "a sociedade deve assumir os custos coletivos resultantes disso".[150]

Extrai-se dessa exposição inicial que o Estado poderá afastar um direito autorizado ainda que constitucionalmente. O que se pode questionar é: em que hipóteses essas exceções poderiam ser aceitáveis, perdendo-se os direitos fundamentais o caráter de trunfo?

A propósito, o próprio Dworkin assim se manifesta quanto à hipótese de restrição na observância de um direito, apresentando três tipos de fundamentos que podem ser usados pelo Estado:

> Como podemos mostrar que não vale a pena arcar com um determinado custo, sem voltar atrás no reconhecimento inicial de um direito? Só posso pensar em três tipos de fundamentos que podem ser coerentemente utilizados para restringir a definição de um determinado direito. Primeiro, o governo poderia mostrar que os valores protegidos pelo direito original não estão realmente em jogo no caso marginal, ou que estão em jogo apenas de uma forma atenuada. Segundo, poderia mostrar que, se o direito for definido de modo a incluir o caso marginal, algum direito concorrente, no sentido forte que descrevi anteriormente, ver-se-á então restringido. Terceiro, poderia mostrar que, se o direito fosse assim definido, o custo para a sociedade não seria simplesmente adicional, mas de grau muito superior ao custo pago no caso da concessão do direito original; um grau suficientemente alto para justificar qualquer atentado à dignidade ou à igualdade que possa estar aqui envolvido.[151]

A pesquisa empreendida por Costa Neto dá conta de que Jürgen Habermas e Luís Roberto Barroso defendem a visão de que a dignidade humana, usualmente aceitável como preponderante sobre outros direitos, não goza de prevalência absoluta, sendo inevitável, em algumas situações, reconhecer que, ao menos parcialmente, ela se torna mitigada.[152]

Importa assinalar que Dworkin prefere excepcionar direitos protegidos como trunfos a aplicar a técnica do sopesamento (descrita sucintamente no tópico subsequente), vez que eles continuam sendo direitos fundamentais e só seriam superados se isso acarretasse uma catástrofe.[153]

---

[150] COSTA NETO, João. *Liberdade de expressão:* o conflito entre o legislador e o juiz constitucional. São Paulo: Saraiva, 2017, p. 104.

[151] DWORKIN, Ronald. *Levando os direitos a sério*. Tradução e notas de Nelson Boeira. São Paulo: Martins Fontes, 2002, p. 307.

[152] COSTA NETO, João. *Liberdade de expressão:* o conflito entre o legislador e o juiz constitucional. São Paulo: Saraiva, 2017, p. 105.

[153] COSTA NETO, João. *Liberdade de expressão:* o conflito entre o legislador e o juiz constitucional. São Paulo: Saraiva, 2017, p. 129.

Ainda que não seja o propósito deste trabalho, impende registrar a sucinta e breve análise da obra de Dworkin quando ele disserta acerca de direitos e trunfos em "Justiça para Ouriços" e se refere ao fato de que sua obra já teria tratado de conceitos centrais da ética e da moral pessoal (o dever de auxiliar os outros e de não lhes provocar dano, e os deveres especiais das promessas e da amizade), destacando ser a moral uma obrigação política, haja vista o "relacionamento existente entre concidadãos de uma comunidade política".[154]

Dworkin alude, portanto, à moral política consistente na obrigação que há quando se age em nome dessa pessoa coletiva artificial. Apresenta a ética e a moral pessoal interligadas ao conceito de responsabilidade, ou seja, "o que devem as pessoas fazer por si próprias e pelos outros – e não através da ideia geralmente correspondente de um direito: aquilo que as pessoas têm direito a ter".[155]

O registro que se impõe neste ponto é que só se chega a um ideal de sociedade dessa forma com grandes investimentos em educação. Não se diga que esses investimentos devem ser de caráter financeiro, senão de conteúdo pedagógico voltado à construção de um cidadão integral.

Acentua Dworkin que a natureza da força da moral política está centrada no fato de os indivíduos terem direitos políticos e estes poderem ser exigidos como deveres coletivos da comunidade como um todo, e não como forma de atender a interesses particulares.

Refere-se para tanto que os políticos americanos dizem ser necessária a adoção de uma política de imigração mais restritiva, tendo como justificativa que os cidadãos nacionais estariam melhor amparados. Ao contrário, constata que muitas pessoas entendem que essa política mais agressiva pode ser excessivamente discriminatória e, neste ponto, conclui:

> (...) alguns interesses que os indivíduos têm são de tal modo importantes que devem ser protegidos até das políticas que, de facto, melhorariam a condição das pessoas como um todo. Poderíamos dizer, seguindo esta ideia, que os direitos políticos são trunfos sobre outras justificações que, de outro modo, seriam adequadas para a ação política.[156]

---

[154] DWORKIN, Ronald. *Justiça para ouriços*. Tradução de Pedro Elói Duarte. Coimbra: Almedina, 2012, p. 335.

[155] DWORKIN, Ronald. *Justiça para ouriços*. Tradução de Pedro Elói Duarte. Coimbra: Almedina, 2012, p. 335.

[156] DWORKIN, Ronald. *Justiça para ouriços*. Tradução de Pedro Elói Duarte. Coimbra: Almedina, 2012, p. 336.

CAPÍTULO 2
O VOLUNTARISMO JUDICIAL E O RESPEITO À SOBERANIA POPULAR | 111

Verificando como um particular tem sua perspectiva quanto ao trunfo de um direito diante do Estado ou da comunidade, mencionado jusfilósofo assevera que esse trunfo é o equivalente político à ideia de moral pessoal. Nesse ponto, também reflete que o trunfo é uma promessa, senão vejamos: "sei que o senhor poderia fazer o bem, muito mais e por mais pessoas, se não cumprisse a promessa que me fez. Mas tenho o direito a que a cumpra.".[157]

A ênfase de que os direitos políticos devem ser entendidos como trunfos faz com que Dworkin rejeite, ao menos em muitas situações, a tese agregativa contida no utilitarismo ou consequencialismo,[158] pois conclui que a justiça não é necessariamente uma questão de agregação, ou seja, de apenas aumentar o bem-estar geral da comunidade como um todo. A conclusão deriva do fato de que "nem todas as afirmações sobre o interesse geral recorrem a um argumento utilitarista".[159] Como exemplo, faz menção de que uma política que defendesse que a pena de morte reduziria o número de homicídios e promoveria um ganho de felicidade ante a segurança em tese garantida seria injustificável em razão do mal moral que as execuções oficiais iriam impor à comunidade, de modo que, a rigor, esse suposto bem-estar de modo algum seria melhor do que o sofrimento causado por um pequeno aumento do número de homicídios.

A força moral de uma comunidade política para criar e impor obrigações aos seus membros advém da igualdade de preocupação e

---

[157] DWORKIN, Ronald. *Justiça para ouriços*. Tradução de Pedro Elói Duarte. Coimbra: Almedina, 2012, p. 337.

[158] Ainda que se considere o aspecto periférico ao presente trabalho, importa assinalar que o Utilitarismo faz parte da ética normativa e apresenta-se como ação útil, como melhor ação ou ação mais correta com o fim de maximizar a promoção da felicidade. Atribui-se seu uso inicial a Jeremy Bentham, por volta de 1781, e foi transportado para a filosofia por John Stuart Mill em 1861. A partir da concepção do Consequencialismo por Elizabeth Anscombe, em 1958, o termo Utilitarismo deixou de designar isoladamente as teorias que buscavam sua justificação nas consequências das ações. Por sua vez, há quem classifique o Utilitarismo como espécie do Consequencialismo, levando-se em conta as consequências das ações humanas certas e erradas. Quem defende a autonomia do Utilitarismo leva em consideração a utilidade das ações promotoras do bem-estar de todos os indivíduos igualmente. A concepção do Imperativo Categórico de Kant resiste ao Utilitarismo, pois este pressupõe que os indivíduos, de modo geral, preocupam-se com a maximização do seu próprio bem ou com o resultado positivo de suas ações sem se importar com as demais pessoas, uma vez que não seriam guiados pelas máximas morais que deveriam anular as inclinações pessoais. Aquele, por outro lado, parte da ideia de que a moral tem de ser observada pelo indivíduo e sempre com a pergunta interior: o que fariam os outros diante disso que estou prestes a fazer? Então, a razão é que ditará se a ação deve ou não ser feita no contexto do Imperativo Categórico.

[159] DWORKIN, Ronald. *Justiça para ouriços*. Tradução de Pedro Elói Duarte. Coimbra: Almedina, 2012, p. 337.

respeito, isto é, quando as vidas dos seus membros sejam igualmente importantes. Por outro lado, se cada integrante dessa comunidade política der exemplo do cumprimento de suas próprias responsabilidades, estará aí a legitimidade originária mais qualitativa dos direitos políticos. Assim, só haverá autoridade moral para que o Estado exerça a coerção sobre alguém se forem evidenciados essa preocupação e esse exemplo por parte da comunidade política dirigente estatal.

Mesmo que sejam abstratos os direitos políticos contidos na igualdade e na liberdade, esses, como a essência do princípio da dignidade, funcionam, de fato, como trunfos em relação às políticas coletivas do governo. Assim, nas democracias maduras a tese abstrata de que o governo deve tratar aqueles que governa com preocupação igual e deve conceder-lhes as liberdades de que necessitam para definirem uma vida de sucesso para si mesmos é mais do que reconhecida. Mas Dworkin discorda de que os direitos mais concretos decorrem desses mais abstratos, de maneira que o governo não tem a obrigação de tornar a riqueza absolutamente igual apenas por ter de tornar menos desigual a riqueza dos seus cidadãos. No que tange à liberdade, tampouco pode haver limitação à liberdade de ação dos seus cidadãos, desprezando que estes têm responsabilidades por suas próprias vidas, porém, se há leis que banem a pornografia ou o aborto, ou que impõem a utilização dos cintos de segurança nos automóveis, não necessariamente estão a ofender esse requisito da dignidade humana.

É de se reconhecer que os direitos políticos são controversos, havendo dúvidas de caráter filosófico sobre se a liberdade e a igualdade são valores conflituosos. No entender de Dworkin, no entanto, não só são compatíveis como também são valores interligados.

Tratando da possibilidade de obtemperar a igualdade garantida como trunfo, Dworkin disserta, noutro ponto, que a preocupação apelativa por igualdade e respeito total projeta uma distribuição fantasiosa e adverte:

> No entanto, eu e o leitor não somos náufragos numa ilha recentemente descoberta e rica em recursos. Até que ponto e como podemos ser guiados pela fantasia na situação muito diferente da economia moderna? A história tem uma lição negativa. Uma economia planificada ou socialista, na qual os preços, os salários e a produção fossem fixados por dirigentes, seria uma realização muito imperfeita dos nossos valores. As decisões de uma economia planificada são coletivas, refletem uma decisão coletiva sobre que ambições e, por isso, que recursos são melhores para uma vida boa. Um mercado livre não é inimigo da igualdade, como normalmente se pensa, mas é indispensável para uma

CAPÍTULO 2
O VOLUNTARISMO JUDICIAL E O RESPEITO À SOBERANIA POPULAR | 113

igualdade genuína. Uma economia igualitária é, basicamente, uma economia capitalista.[160]

Tratando em outro ambiente a respeito da liberdade, ao dissertar acerca do Relatório do Comitê sobre a Obscenidade e a Censura de Filmes do Governo Britânico (Relatório Williams), Dworkin conclui que, embora a independência individual pudesse levar à permissão abstrata do consumo privado de pornografia, a concretude desse direito permite "um esquema de restrição bastante semelhante ao que recomenda o Relatório Williams",[161] na medida em que a liberdade privada pode sofrer restrição pública se assim se entender importante para o direito político. Mencionado autor anuiu com o posicionamento do Relatório de que há ditas liberdades que podem ser restringidas:

> Certas formas de pornografia devem ser inteiramente proibidas. Estas incluem espetáculos de sexo ao vivo (cópula, sexo oral e similares efetivos, não simulados, executados ao vivo diante de um público) e filmes e fotografias produzidos por meio da exploração de crianças. Outras formas de pornografia não devem ser proibidas, mas restringidas de várias maneiras. As restrições incluem normas sobre exibição ou propaganda ofensivas em locais públicos, limitação da venda de pornografia em lojas especializadas e um esquema elaborado de exame prévio e autorização de filmes.[162]

Parte-se da anuência quanto a essa potencial restrição às liberdades para se concluir que direitos sociais certamente não são absolutos, mormente se houver comprovação de que as condições estatais não são favoráveis a sua implantação ou ampliação.

Ainda considerando as conclusões de Dworkin sobre os trunfos, é inevitável que se fale neste ponto acerca do escrutínio judicial, ou seja, de como o exame efetuado por juízes em um tribunal pode conduzir a uma minuciosa e elaborada manifestação e consequente apuração de votos que represente o posicionamento de um tribunal constitucional, suprema corte ou equivalente acerca de uma lei adotada por um parlamento. Presumindo que o desejo da maioria acabou por ser

---

[160] DWORKIN, Ronald. *Justiça para ouriços*. Tradução de Pedro Elói Duarte. Coimbra: Almedina, 2012, p. 364-365.

[161] DWORKIN, Ronald. *Uma questão de princípio*. Tradução de Luís Carlos Borges. São Paulo: Martins Fontes, 2001, p. 533-534.

[162] DWORKIN, Ronald. *Uma questão de princípio*. Tradução de Luís Carlos Borges. São Paulo: Martins Fontes, 2001, p. 499.

reproduzido no ambiente judicial, garantindo um trunfo, questiona o jusfilósofo se tal decisão não teria um caráter mais ofensivo para os direitos constitucionais fundamentais, porquanto estaria a ferir de morte a essência da democracia. Eis, na verdade, o conflito daí decorrente, vez que alguns podem exprimir que a democracia "não é o único valor e, por vezes, deve ser comprometida para servir outros valores como os direitos humanos".[163]

A partir desse dilema, Dworkin remete à reflexão de que, ao se discordar acerca do que deve ser feito em um determinado empreendimento conjunto, a solução é a votação, eis que é assim que funciona uma democracia. Mas se esta pode ser rejeitada como princípio universal para definição de rumos, passa a ocorrer o velho dilema filosófico exemplificado pelo bote salva-vidas com excesso de peso e passageiros, de modo que um tem de sair para salvar os restantes. Desse exemplo se extrai que o voto da maioria pode se tornar um dos piores métodos de escolha da vítima. Um sorteio seria um método muito melhor, pois as relações pessoais e os antagonismos não seriam determinantes para a escolha da vítima. O autor admite que as relações pessoais e os antagonismos potencializam a degradação da política, tornando mais duvidoso ainda que o voto da maioria seja o mais justo por ser tomado em um contexto de democracia.

Mas Dworkin refuta a ideia de que poderia haver algo melhor que a democracia, mesmo com as imperfeições de algumas decisões contra a maioria, assegurando trunfos. A democracia é um valor que não deve ser abalado ante a tomada de decisão por um grupo menor em flagrante desrespeito à soberania popular representada pelo parlamento. Esse dilema, aparentemente sem resposta, requer que se eleja o diálogo, a discussão e a reflexão como procedimentos para manutenção e exercício da democracia. A suposta ameaça à democracia por parte da escolha conduzida no âmbito judicial exige a adoção desses procedimentos. Veja-se o argumento do jusfilósofo americano:

> Contudo, se democracia significa o governo da maioria, e este não é uma coisa desejável em si mesma, por que razão nos preocupamos tanto em proteger a nossa democracia? Ou em expandir a democracia para outros países através de todos os meios que se possam adotar? Por que razão discutimos tanto sobre se o escrutínio judicial é democrático ou se a substituição do mecanismo eleitoral da maioria por uma representação

---

[163] DWORKIN, Ronald. *Justiça para ouriços*. Tradução de Pedro Elói Duarte. Coimbra: Almedina, 2012, p. 356.

proporcional nos tornaria mais democráticos? Desta maneira, e de muitas outras, tratamos a democracia como um valor e aceitar que o não seja – que nada há de intrinsecamente bom nela – tornaria disparatada grande parte da nossa vida política.[164]

Ao dissertar sobre como as doutrinas da soberania popular e da supremacia parlamentar encontram-se mitigadas ou mesmo limitadas, Dworkin registra que o governo americano cogitou remeter um projeto--lei que retiraria dos tribunais a jurisdição sobre os detidos suspeitos de terrorismo. Por óbvio, houve manifestação contrária de juristas quanto à nulidade e à invalidade de uma lei assim. O professor americano destacou que há cinquenta anos, quando estudou em Londres, a doutrina da supremacia do parlamento era inquestionável. Mas o que teria mudado? Discorre, então, o autor que no século XVII, no tempo de Edward Coke, seria aceitável a ideia de que os indivíduos teriam direitos naturais como trunfos sobre o bem coletivo. Jeremy Bentham, no século XIX, diferentemente, declarava que os direitos naturais não tinham sentido, e assim era concebida pelos juristas da época a ideia da soberania parlamentar absoluta. Na atualidade, eles são reconhecidos como direitos individuais, ora denominados de direitos humanos e, como tais, devem ser satisfeitos pelo Estado ao povo soberano. A soberania parlamentar passa a ser questionada, porquanto não é evidentemente justa para com a sociedade, notadamente com aquela tida como carente. Questiona-se na atualidade, sobretudo no âmbito judicial, se o legislador teria tido como norte a moral política na produção de seus textos. Para Dworkin, então, isso explica o porquê de, nos dias atuais, "o direito está, efetivamente, integrado na moral: os juristas e os juízes trabalham como filósofos políticos de um Estado democrático".[165]

Referido autor conclui que o papel do judiciário como intérprete da legislação, seguindo o comando maior da Constituição, ao menos para a experiência americana, deve considerar que a atualidade reclama uma leitura justa das palavras da Constituição, exigindo-se a melhor interpretação das leis:

> No entanto, a história parece muito menos relevante quando admitimos que a interpretação constitucional visa compreender melhor as palavras

---

[164] DWORKIN, Ronald. *Justiça para ouriços*. Tradução de Pedro Elói Duarte. Coimbra: Almedina, 2012, p. 356.

[165] DWORKIN, Ronald. *Justiça para ouriços*. Tradução de Pedro Elói Duarte. Coimbra: Almedina, 2012, p. 423.

da Constituição como provisão para o governo justo. As circunstâncias do século XVIII eram totalmente diferentes daquelas que qualquer nação hoje enfrenta e, nessa altura, a prática era, em boa parte, regida por padrões morais e políticos que há muito rejeitámos. Por conseguinte, temos de fazer o nosso melhor, dentro dos limites da interpretação, para tornar a lei fundamental americana aquilo que o nosso sentido da justiça aprovaria, não porque tenhamos, por vezes, de comprometer a lei com a moral, mas porque isso é exatamente o que a própria lei, convenientemente compreendida, requer.[166]

2.2.2 Sopesamento dos trunfos na visão de Dworkin e Alexy

No tópico anterior já se deu a ideia de que a visão de Dworkin acerca dos trunfos comportava exceções.

Mesmo assim, considerando a violação de um direito como algo muito sério, para Dworkin isso significaria "tratar um homem como menos que um homem ou como se fosse menos digno de consideração que outros homens". Diante de uma grave injustiça, vale a pena arcar com o custo adicional para implementação de determinada política social ou na eficiência dessa política, a fim de impedir a ocorrência da indesejável injustiça. Trata-se do aparente conflito entre a inflação dos direitos e a violação de direitos. Se um direito já é previsto, inclusive quanto a seu dispêndio, pode-se alegar que é na eficiência social que o Estado há de investir, sendo reprovável a constatação de que o governo "paga um pouco mais da mesma moeda que já tinha decidido gastar".[167]

Se determinada política social não é sequer prevista, o governo erraria contra o indivíduo, impondo-lhe um insulto e, neste caso, o governo teria "um custo ainda maior em termos de eficiência social, de acordo com as ponderações do próprio governo".[168]

Por isso, adianta Dworkin, quando o governo estiver diante da "confusão entre direitos da sociedade e direitos dos membros da sociedade", há que se fazer o sopesamento (o equilíbrio), devendo escolher entre reivindicações de direitos concorrentes. A proposição de Dworkin é de que quando o direito da maioria for um direito

---

[166] DWORKIN, Ronald. *Justiça para ouriços*. Tradução de Pedro Elói Duarte. Coimbra: Almedina, 2012, p. 423-424.

[167] DWORKIN, Ronald. *Levando os direitos a sério*. Tradução e notas de Nelson Boeira. São Paulo: Martins Fontes, 2002, p. 305-306.

[168] DWORKIN, Ronald. *Levando os direitos a sério*. Tradução e notas de Nelson Boeira. São Paulo: Martins Fontes, 2002, p. 306.

concorrente, deve-se sopesar se a citada confusão ameaça ou não destruir o conceito de direitos individuais. Nesta concepção, por exemplo, seria melhor "dar liberdade a um grande número de culpados do que punir um inocente".[169]

Outra forma de exercer o sopesamento é diante de um direito que é tido como incontroverso, de modo que a amputação desse direito por parte do governo só seria defensável se alguma razão convincente fosse apresentada. Portanto, se concedido um direito, "o fato de a sociedade ter de pagar um preço mais elevado para ampliá-lo não pode ser usado como argumento para suprimi-lo".[170]

Se assim não for, esse trunfo seria comparável a uma promessa que pode ou não ser cumprida, tal qual discorre o insigne autor:

> Deve haver algo de especial nesse custo adicional, ou deve haver um outro aspecto da questão que torne sensato afirmar que, embora um alto custo social se justifique sempre que o objetivo for proteger o direito original, este custo específico não é necessário. Caso contrário, a incapacidade do governo em ampliar o direito irá demonstrar que seu reconhecimento no caso original é uma impostura, uma promessa que ele pretende manter apenas até o momento em que este se tornar inconveniente.[171]

No que se refere a Robert Alexy, um dos pontos mais importantes de sua teoria é a distinção entre princípios e regras com o fim de solucionar problemas relativos às restrições e às colisões entre direitos fundamentais, constituindo-se a mencionada distinção em uma das colunas-mestras do edifício da teoria dos direitos fundamentais.[172]

Alexy oferece três teses para diferenciar princípios e regras: (i) a primeira considera que se trata de duas classes distintas; (ii) a segunda, que as normas podem dividir-se em regras e princípios, tendo a norma como gênero; e (iii) a terceira determina que as normas podem dividir-se em regras e princípios e que entre eles existe não só uma diferença gradual, mas também qualitativa, em que os princípios são considerados normas de otimização. Ou seja, os princípios são mandatos de

---

[169] DWORKIN, Ronald. *Levando os direitos a sério*. Tradução e notas de Nelson Boeira. São Paulo: Martins Fontes, 2002, p. 306.

[170] DWORKIN, Ronald. *Levando os direitos a sério*. Tradução e notas de Nelson Boeira. São Paulo: Martins Fontes, 2002, p. 306-307.

[171] DWORKIN, Ronald. *Levando os direitos a sério*. Tradução e notas de Nelson Boeira. São Paulo: Martins Fontes, 2002, p. 307.

[172] ALEXY, Robert. *Teoria dos direitos fundamentais*. Tradução de Virgílio Afonso da Silva. 2. ed. 3. reimpr. São Paulo: Malheiros, 2014, p. 85.

otimização, e as regras funcionam como normas que podem ou não serem cumpridas.

Na concepção de Alexy, ainda que princípios e regras sejam cogentes, as regras esgotam-se em si mesmas, restritas a descrever o que se deve e o que não se deve; o que se pode e o que não se pode. Os princípios, por sua vez, funcionando como mandamentos de otimização, servem para ordenar o cumprimento de algo na maior medida possível, dentro das possibilidades jurídicas e fáticas de cada caso concreto.[173]

Fernanda Hutzler sintetiza a distinção com o registro de que, no conflito entre regras, a solução dar-se-á com a utilização dos critérios cronológico, hierárquico ou da especialidade, conforme teoria construída por Norberto Bobbio. No caso de princípios, a rigor, não haveria conflito, mas colisão, de modo que a doutrina e a jurisprudência vêm utilizando a técnica de ponderação dos bens jurídicos envolvidos, aliada ao princípio da proporcionalidade, haja vista que um princípio não pode ser excluído dando-se preferência a outro.[174]

Desse modo, tem-se que se um princípio colidir com outro, deve ser adotada técnica da ponderação por parte do órgão judiciário, de modo a dizer qual deles deverá prevalecer no caso concreto. Essa ponderação terá um caráter valorativo do princípio por parte do julgador, não importando em esvaziamento do princípio como ocorre na hipótese de conflito de regras em que, por exemplo, pelo critério da especialidade, a regra especial prevalece sobre a regra geral.

Alexy, então, discorre que os conflitos entre regras ocorrem na dimensão da validade dessa regra enquanto norma. Já as colisões entre princípios válidos, por certo apenas os princípios válidos podem colidir, "para além dessa dimensão, na dimensão do peso".[175] Referido autor fundamenta sua tese a partir de soluções de colisões entre princípios pelos sopesamentos de interesses feitos pelo Tribunal Constitucional Federal – TCF alemão em diversos casos.

Alexy tangencia a questão terminológica adotada pelo TCF alemão e logo se vale da terminologia da colisão de princípios verificada no caso concreto em que se examinou a possibilidade ou não

---

[173] ALEXY, Robert. *Teoria dos direitos fundamentais*. Tradução de Virgílio Afonso da Silva. 2. ed. 3. reimpr. São Paulo: Malheiros, 2014, p. 90-91.

[174] HUTZLER, Fernanda Souza. *O ativismo judicial e seus reflexos na seguridade social*. Série Monografias do CEJ, nº 33. Brasília: Conselho da Justiça Federal. Centro de Estudos Judiciários, 2018, p. 48.

[175] ALEXY, Robert. *Teoria dos direitos fundamentais*. Tradução de Virgílio Afonso da Silva. 2. ed. 3. reimpr. São Paulo: Malheiros, 2014, p. 94.

de realização de audiência com a presença de um acusado, eis que ele corria o risco de sofrer um derrame cerebral ou um infarto. Nesse caso, Alexy constatou que o sopesamento na adoção de princípios poderia levar à conclusão de que os interesses do acusado poderiam se sobrepor ao peso dos interesses da persecução penal a cargo da ação estatal. O sopesamento, então, consideraria no caso que a intervenção estatal teria a potencialidade de ferir o princípio da proporcionalidade e, com isso, o direito fundamental do acusado que se encontrava amparado pela Constituição alemã.[176]

A colisão adveio do fato de que o Estado deveria buscar maior operacionalidade do direito penal e, de outro lado, teria "a obrigação de manter incólume, na maior medida possível, a vida e a integridade física do acusado".[177] Anotou Alexy que, se os princípios forem isoladamente considerados, haverá uma contradição. Referida colisão decorre da restrição de um princípio quanto às possibilidades jurídicas de realização do outro. E constrói a tese de que:

> A solução para essa colisão consiste no estabelecimento de uma relação de precedência condicionada entre os princípios, com base nas circunstâncias do caso concreto. Levando-se em consideração o caso concreto, o estabelecimento de relações de precedências condicionadas consiste na fixação de condições sob as quais um princípio tem precedência em face do outro. Sob outras condições, é possível que a questão da precedência seja resolvida de forma contrária.[178]

No caso examinado, Alexy defende que o sopesamento do TCF alemão considerou sua tese *mutatis mutandis* ao tratar das condições de precedência, dado que na Constituição alemã o princípio citado se encontra em sua formulação mais geral, construindo o enunciado de que "se a realização da audiência implica um risco provável e concreto à vida do acusado ou uma possibilidade de dano grave à sua saúde, então, a continuação do procedimento lesa seu direito fundamental garantido pelo art. 2º, §2º, 1, da Constituição". Para essa conclusão, o TCF alemão, segundo Alexy, teria se valido da metáfora do peso, representada pela fundamentação de que os "interesses do acusado no

---

[176] ALEXY, Robert. *Teoria dos direitos fundamentais*. Tradução de Virgílio Afonso da Silva. 2. ed. 3. reimpr. São Paulo: Malheiros, 2014, p. 94-95.

[177] ALEXY, Robert. *Teoria dos direitos fundamentais*. Tradução de Virgílio Afonso da Silva. 2. ed. 3. reimpr. São Paulo: Malheiros, 2014, p. 95.

[178] ALEXY, Robert. *Teoria dos direitos fundamentais*. Tradução de Virgílio Afonso da Silva. 2. ed. 3. reimpr. São Paulo: Malheiros, 2014, p. 96.

caso concreto têm manifestamente um peso significativamente maior que os interesses a cuja preservação a atividade estatal deve servir".[179]

Ao examinar outro caso do TCF alemão para evidenciar a aplicação do sopesamento, Alexy fez uso da situação que envolvia a transmissão de um documentário intitulado "O assassinato de soldados em Lebach", destinado a reproduzir a história de um crime cometido por quatro soldados do exército alemão nas proximidades da cidade Lebach. Soldados foram mortos enquanto dormiam, e suas armas foram roubadas para o cometimento de outros crimes.[180]

Um cúmplice condenado pelo crime estava para ser libertado da prisão por ocasião da exibição do documentário e entendeu que isso violaria seu direito fundamental garantido pelos arts. 1º, §2º, e 2º, §1º, da Constituição alemã, tendo em conta que sua ressocialização ficaria ameaçada.

Não tendo êxito nas diversas instâncias alemãs, o autor ajuizou reclamação constitucional fazendo com que o TCF alemão se deparasse com a colisão de princípios. Analisando a decisão, Alexy discorreu mais uma vez que a referida situação não se dirime por meio da declaração de invalidade de um dos dois princípios, mas por meio de sopesamento:

> (...) no qual nenhum dos princípios – nesse contexto, o Tribunal Constitucional Federal chama-os de "valores constitucionais" – "pode pretender uma precedência geral". Ao contrário, é necessário "decidir qual interesse deve ceder, levando-se em consideração a configuração típica do caso e suas circunstâncias especiais".[181]

Alexy chama à atenção que, neste caso, foi necessário acrescentar ao sopesamento realizado pelo TCF alemão os valores constitucionais. Sendo assim, buscando dirimir a colisão entre princípios de valores abstratos do mesmo nível, o TCF alemão sustenta uma precedência geral da liberdade de informar diante de uma "informação atual sobre atos criminosos". Disso decorre a intepretação de que nem toda informação atual é permitida e, em consequência, o estabelecimento de exceções, isto é, de sopesamento consistente, no caso examinado

---

[179] ALEXY, Robert. *Teoria dos direitos fundamentais*. Tradução de Virgílio Afonso da Silva. 2. ed. 3. reimpr. São Paulo: Malheiros, 2014, p. 97-98.

[180] ALEXY, Robert. *Teoria dos direitos fundamentais*. Tradução de Virgílio Afonso da Silva. 2. ed. 3. reimpr. São Paulo: Malheiros, 2014, p. 99-100.

[181] ALEXY, Robert. *Teoria dos direitos fundamentais*. Tradução de Virgílio Afonso da Silva. 2. ed. 3. reimpr. São Paulo: Malheiros, 2014, p. 100.

pelo Tribunal, na conclusão de que a "repetição do noticiário televisivo sobre um grave crime, não mais revestido de um interesse atual pela informação"[182] poderia colocar em risco a ressocialização do autor da reclamação constitucional. Deriva daí, também, a conclusão de que a proteção da personalidade tem precedência sobre a liberdade de informar, significando, portanto, a proibição da veiculação da notícia. O sopesamento levou à deliberação de que uma notícia repetida, não revestida de interesse atual pela informação, sobre um grave crime, pondo em risco potencial a ressocialização do autor, torna-se proibida por força dos direitos fundamentais.

Ao mesmo tempo em que assinala que o TCF alemão decidiu o caso por meio do sopesamento, Alexy enfatiza que este não seria o único caminho, podendo esbarrar apenas nas etapas anteriores, isto é, na verificação da adequação e da necessidade. O TCF alemão poderia se circunscrever a examinar se a transmissão de um documentário que trouxesse a identificação do reclamante "seria adequada e necessária para os objetivos perseguidos pela emissora reclamada". Por sua vez, os objetivos da emissora poderiam ser o de esclarecer a população acerca da eficácia das sanções penais, servindo de intimidação pedagógica para outros possíveis criminosos, além de ser o "fortalecimento da moral pública e da responsabilidade social". Aludindo a outros doutrinadores alemães, Alexy anota que o caso poderia ter sido resolvido sem chegar ao nível do sopesamento entre valores ou princípios constitucionais, isto é, sem chegar à terceira etapa da máxima da proporcionalidade. Poderia ter esbarrado, como dito, nas etapas anteriores, da adequação e da necessidade e, assim, apenas excluir a identificação nominal do reclamante e a exposição de sua imagem.

> No entanto, como o tribunal pressupõe que o reclamante teria seus direitos violados mesmo sem sua identificação nominal e sem a exposição de sua imagem, a decisão na terceira etapa da máxima da proporcionalidade era inafastável. Somente se o tribunal não tivesse partido dessa premissa é que seria possível solucionar o caso apenas com o auxílio das máximas da adequação e da necessidade.[183]

---

[182] ALEXY, Robert. *Teoria dos direitos fundamentais*. Tradução de Virgílio Afonso da Silva. 2. ed. 3. reimpr. São Paulo: Malheiros, 2014, p. 101-102.

[183] ALEXY, Robert. *Teoria dos direitos fundamentais*. Tradução de Virgílio Afonso da Silva. 2. ed. 3. reimpr. São Paulo: Malheiros, 2014, p. 101.

Ao concluir essa abordagem, depreende-se do pronunciamento de Alexy que pode haver norma de direito fundamental com estrutura de uma regra, e o caso examinado pelo judiciário pode ser o de subsunção da regra. O sopesamento, então, pode ser aplicado exatamente porque pode haver "normas de direitos fundamentais com a estrutura de princípios e normas de direitos fundamentais com a estrutura de regras".[184]

As diferenças de enfoque acerca do sopesamento ou da ponderação existentes nas teorias de Dworkin e Alexy não seriam melhor reportadas neste trabalho se elas não contassem com a avaliação de um de seus próprios autores. Neste caso, é oportuna a transcrição parcial da entrevista concedida por Robert Alexy a Miguel Atienza, da Universidad de Alicante, Espanha, no que respeita à comparação requerida (em tradução livre) pelo entrevistador, em que o entrevistado assevera haver mais semelhança substancial do que a mera diferença formal, senão vejamos:

> Não é fácil uma comparação entre a teoria do Direito de Dworkin e a minha. Certamente, existem muitas coisas comuns, mas o arcabouço conceitual de ambas teorias é bem distinto. Talvez se possa dizer inclusive que ambas teorias são relativamente semelhantes no substancial, mas bastante distintas no formal. Em todo caso, também há diferenças substanciais. Assim, ainda que o conceito de princípio jurídico desempenhe seu papel em ambas teorias, o uso que se faz do dele varia. Em minha concepção, os princípios têm o caráter de mandamentos de otimização. Ademais, os bens coletivos podem também ser objeto de regulação dos princípios. Isso justifica que na contestação à pergunta sobre a lesão a um direito fundamental desempenhe um papel central o princípio da proporcionalidade e, com isso, a ponderação. As coisas são distintas na visão de Dworkin dos direitos como trunfos (*"trumps"*). Também há diferença na determinação das relações entre liberdade e igualdade. Eu considero a liberdade e a igualdade como princípios de mesmo traço que podem entrar em colisão. Mas isso fica excluído na visão de Dworkin da igualdade (*"equal concern"*) como a virtude suprema (*"sovereign virtue"*) da comunidade política. Para mim, o conceito que expressa a harmonia a que se aspira não é o de igualdade, sim o de correção. Tanto a liberdade como a igualdade estão subordinados a esta ideia regulativa.[185]

---

[184] ALEXY, Robert. *Teoria dos direitos fundamentais*. Tradução de Virgílio Afonso da Silva. 2. ed. 3. reimpr. São Paulo: Malheiros, 2014, p. 102.

[185] ATIENZA, Manuel. Entrevista a Robert Alexy. *Cuadernos de Filosofía del Derecho*, nº 24, Alicante: Doxa, 2001, p. 674.

Neste tópico, cumpre ainda assinalar a distinção feita por J.J. Canotilho quanto à ponderação e à harmonização de princípios na fase interpretativa. Para o autor português, "ponderar princípios significa sopesar a fim de se decidir qual dos princípios, num caso concreto, tem maior peso ou valor os princípios conflituantes".[186] Por outro lado, em sua concepção, a ação de harmonizar princípios envolve a contemporização ou a transação entre princípios, assegurando, no caso concreto, a aplicação concomitante dos princípios em conflito.

Canotilho concebe a ideia de que um sopesamento é composto por eventos de harmonização e ponderação dos princípios, ocorrendo nesta ordem, com vistas a que as normas dos direitos fundamentais sejam aplicáveis como imperativos de otimização, de acordo com o contexto jurídico e a respectiva situação fática, pois que não há um padrão ou critérios de soluções de conflitos de direitos que sejam válidos em termos gerais e abstratos.

Para ele, a ponderação e/ou harmonização no caso concreto é, "apesar da perigosa vizinhança de posições decisionistas", como as de Friedrich Müller, "uma necessidade ineliminável".[187]

Aqui vale anotar, como que em parêntesis, que, na concepção de Müller, se uma manifestação judicial ofender a literalidade de um texto normativo, haverá irregularidade na decisão, pois os limites da concretude da norma exigem a não alteração do seu texto.

Dentre outros, Canotilho assinala que a utilização dos mecanismos de ponderação e/ou de harmonização não invalida a utilidade de critérios metódicos abstratos ou concretos como o princípio da concordância prática, de Konrad Hesse, ou a ideia do melhor equilíbrio possível entre os direitos colidentes, de Peter Lerche. No primeiro caso, implica ponderações nem sempre livres de carga política, mas efetuadas para que a solução adotada otimize a realização de todos os princípios em colisão, sem acarretar a negação de nenhum deles. No segundo caso, pode haver uma ordenação proporcional dos direitos fundamentais e/ou valores fundamentais em colisão, buscando-se o melhor equilíbrio possível entre os princípios.

Explica o constitucionalista português que a ponderação leva à criação de uma hierarquia de valores móveis entre os princípios em colisão. Ao estabelecer-se um "peso" ou "valor" maior ou menor

---

[186] CANOTILHO, José Joaquim Gomes. *Direito constitucional e teoria da Constituição*. 7. ed. Coimbra: Almedina, 2003, p. 1241.

[187] CANOTILHO, José Joaquim Gomes. *Direito constitucional e teoria da Constituição*. 7. ed. Coimbra: Almedina, 2003, p. 1241.

entre princípios, tem-se a hierarquia. O valor é móvel porque, dada a aplicação de valor a um princípio para um caso concreto, esse mesmo princípio pode ter uma valoração diferente ou invertida noutro caso.[188]

A exposição neste tópico evidencia que a aplicação de regras ou de princípios não é tarefa fácil, sendo necessária a preocupação com as técnicas de elaboração legislativa para que o trabalho dos juízes, em especial, não encontre terreno fértil para o voluntarismo. Esse ativismo ganha adeptos no âmbito dos operadores do direito e, também, entre os beneficiários dos serviços ou dos benefícios sociais, os quais são esquecidos injustificadamente por uma comunidade política inerte.

Essa inércia se associa, também, à formulação inadequada de textos legais, propiciando, em alguns casos, o elastecimento de sua aplicação com amparo em princípios constitucionais formais ou informais, inspirados, não poucas vezes, no exemplo de julgamentos conduzidos midiaticamente no âmbito do Supremo Tribunal Federal – STF, no caso brasileiro.

Os riscos e as dificuldades da adoção das técnicas apresentadas sucintamente neste tópico podem advir da importação de institutos jurídicos construídos em razão de uma realidade cultural bastante diversa da que se tem no Brasil, podendo resultar em desgaste indesejável de um poder ou de uma função essencial à manutenção da ordem, da segurança jurídica, da estabilidade e do respeito institucional, em especial se considerarmos que o retrocesso social ante as possibilidades estatais pode ser inevitável.

2.3 Proibição do retrocesso social e a capacidade estatal

Ao dissertar sobre a relevância dos direitos sociais na sua dimensão negativa, Jorge Reis Novais faz o histórico do surgimento do princípio da proibição ao retrocesso social. Discorre o autor que na Alemanha dos anos de 1970 passou-se a duvidar da progressão dos benefícios sociais concedidos pelo Estado, bem como da possibilidade de mantê-los inalterados. Os alemães passaram a discutir doutrinária e jurisprudencialmente a questão de modo a impedir que uma intervenção legislativa pudesse afetar os benefícios já conquistados. Naquele momento, foi concebida a teoria da irreversibilidade, materializada naquilo que se passou a designar como proibição do retrocesso.

---

[188] CANOTILHO, José Joaquim Gomes. *Direito constitucional e teoria da Constituição.* 7. ed. Coimbra: Almedina, 2003, p. 1241.

Referida posição passou a ser exportada da Alemanha para outros países sem que esses vissem um aspecto bastante controvertido das realizações do chamado Estado social, porquanto "facilmente se percebe, tanto a ideia como mesmo a fórmula faziam pleno sentido numa Constituição sem direitos sociais como era a Constituição alemã". Houve indiscutível desenvolvimento e crescimento econômico, e a concessão de benefícios pelo Estado social não se apresentava como problema, de modo que, embora não se verificassem os motivos da "recusa de consagração constitucional dos direitos sociais", o fato é que a "dogmática alemã via-se agora a braços com uma dificuldade inesperada" de garantir a manutenção das conquistas sociais já concedidas.[189]

Assim, ainda que a sociedade alemã demandasse o que imaginava estar materialmente constitucionalizado em termos de direitos sociais, a doutrina e a jurisprudência não dispunham de mecanismos jurídicos para defender sua ampliação ou mesmo sua manutenção. Por terem sido previstas em legislações ordinárias, a qualquer tempo o legislador poderia proceder à reversão desses direitos. Construiu-se, a partir do princípio constitucional do Estado social, a ideia de um princípio de caráter constitucional de proibição de retrocesso social para oferecer resistência ao legislador ordinário, o qual passava a ficar proibido de suprimir direitos já alcançados. A crítica de Jorge Reis Novais é a de que o princípio do Estado social acabou por descortinar, "sem qualquer outra referência ou apoio textual, uma proibição tão estrita e de alcance tão contundente".[190]

Considerando o princípio da proibição do retrocesso como uma "invenção engenhosa", Reis Novais assim o classifica porque buscou dar uma proteção jurídica a direitos que sabidamente não foram guindados ao *status* constitucional, de maneira que a referida invenção buscava suprir "uma dificuldade ou uma eventual lacuna constitucional alemã".[191]

A crítica acentua-se quanto ao fato de que vários países importaram a referida fórmula desnecessariamente, na medida em que já haveria a proteção constitucional a direitos sociais considerados como direitos fundamentais. A adoção, sem qualquer consideração às peculiaridades alemãs, notadamente marcada por uma Constituição sem direitos sociais, é tida como inconveniente. Eis seu pronunciamento:

---

[189] NOVAIS, Jorge Reis. *Direitos sociais:* teoria jurídica dos direitos sociais enquanto direitos fundamentais. 1. ed. Coimbra: Coimbra Editora, 2010, p. 240.

[190] NOVAIS, Jorge Reis. *Direitos sociais:* teoria jurídica dos direitos sociais enquanto direitos fundamentais. 1. ed. Coimbra: Coimbra Editora, 2010, p. 241.

[191] NOVAIS, Jorge Reis. *Direitos sociais:* teoria jurídica dos direitos sociais enquanto direitos fundamentais. 1. ed. Coimbra: Coimbra Editora, 2010, p. 241.

O que surpreende é o sucesso quase universal que a fórmula obtém, incluindo em países e ordens constitucionais onde não apresenta qualquer justificação ou utilidade, mais precisamente, nas ordens constitucionais em que os direitos sociais são juridicamente considerados direitos fundamentais, direitos constitucionais, beneficiando, portanto, da protecção que decorre da sua natureza formal e materialmente constitucional, sem quaisquer necessidades de invenção de princípios incertos ou inexistentes e, como se verá, intrinsecamente contraditórios, como é o princípio da proibição do retrocesso.[192]

Tem-se que a existência e explicação do princípio constitucional de proibição do retrocesso revelam-se de modo inconsistente e contraditório. Nessa perspectiva, é preciso lembrar que esse tipo de direito deve levar em conta a reserva do financeiramente possível, haja vista a disponibilidade estatal para atender às demandas sociais, ainda que em situação de escassez moderada frequentemente sentida pelos Estados, de modo a ter de seguir uma política de definição de prioridades para a alocação dos recursos porventura existentes.

Ora, de onde se retiraria a ideia de que os recursos disponíveis serão mais amanhã e mais ainda depois de amanhã e assim sucessivamente até ao fim da história? E mesmo que, considerando o longo prazo, essa ideia fosse sustentável, por que razão não poderia haver situações momentâneas ou intercalares de crise económica, de dificuldades financeiras extremas ou até de penúria? Por que razão nessas alturas, e ao abrigo da referida reserva do financeiramente possível, não seria necessário e admissível retroceder no nível de realização anteriormente proporcionado?[193]

A opinião de Reis Novais é a de que "só uma crença supersticiosa" poderia manter um otimismo inabalável para dar suporte à concepção de um princípio de proibição do retrocesso social, pois não se pode conceber a ideia de que há apoio constitucional para a desconsideração de uma situação de crise e de dificuldades, a ponto de não permitir que o legislador ordinário proceda "a um aparente retrocesso pontual nos níveis de realização de um dado direito social".[194]

---

[192] NOVAIS, Jorge Reis. *Direitos sociais:* teoria jurídica dos direitos sociais enquanto direitos fundamentais. 1. ed. Coimbra: Coimbra Editora, 2010, p. 241.

[193] NOVAIS, Jorge Reis. *Direitos sociais:* teoria jurídica dos direitos sociais enquanto direitos fundamentais. 1. ed. Coimbra: Coimbra Editora, 2010, p. 243.

[194] NOVAIS, Jorge Reis. *Direitos sociais:* teoria jurídica dos direitos sociais enquanto direitos fundamentais. 1. ed. Coimbra: Coimbra Editora, 2010, p. 243.

Na verdade, a justificativa para um eventual retrocesso pode ser a necessidade de atingimento de um outro direito social, ou seja, pode ser que determinado grupo ou camada da população tenha um acesso reduzido a um dado benefício, por ser necessário aumentar esses benefícios a um outro grupo ou camada social. Ou que essa diminuição de acesso ocorra por ser viabilizado o acesso a outro direito social. Com isso, outra forma de dizer que "é proibido retroceder" seria obtemperada pela expressão: "é admissível retroceder, mas com limites ou com excepções".[195]

Noutro ponto, dissertando sobre o princípio da socialidade, entre os princípios constitucionais estruturantes da República Portuguesa, assinala Jorge Reis Novais que o conteúdo dos direitos sociais não é definido ou precisado pela Constituição de Portugal, mas ela tão somente abre essa possibilidade e impõe a obrigação para que os órgãos do Estado viabilizem a implementação desses direitos.

Isso quer dizer também que, num contexto de escassez de recursos materiais ocorrerá a fixação de prioridades de repartição, o que é próprio de uma democracia política. Partindo-se de diretrizes constitucionais, haverá uma margem de livre decisão do legislador e, ainda que este estabeleça uma dada prestação, não se poderá dizer que um dado benefício social estará definitivamente protegido contra um eventual retrocesso.

Os direitos sociais estão condicionados à reserva do possível, não se comparando aos invioláveis direitos de liberdade. Tanto quanto possível, o Estado há de promover as "condições óptimas de efectivação da prestação" e preservar, também na medida do possível, os níveis de realização já atingidos.[196]

Novais não considera que a proibição de retrocesso ou a obrigação de não regressividade sejam perenes. Para o ilustre autor, os direitos sociais concedidos não estão imunes à eventual regressão. Também não considera que os direitos sociais passem a gozar de uma natureza diferente apenas porque o legislador ordinário passou a dar-lhes progressiva atenção. Na verdade, ele nem considera existente o princípio da proibição do retrocesso, consoante a seguir se pode notar:

---

[195] NOVAIS, Jorge Reis. *Direitos sociais:* teoria jurídica dos direitos sociais enquanto direitos fundamentais. 1. ed. Coimbra: Coimbra Editora, 2010, p. 245.

[196] NOVAIS, Jorge Reis. *Os princípios constitucionais estruturantes da República Portuguesa.* Coimbra: Coimbra Editora, 2014, p. 294.

É certo que a regressão pode vir a ser considerada inconstitucional – seja por violação de princípios como o princípio da protecção da confiança, o princípio da igualdade, da dignidade da pessoa humana ou do próprio direito social em questão –, mas, aí, a inconstitucionalidade funda-se nesses princípios, valores ou direitos e não na violação de um constitucionalmente inexistente princípio da proibição do retrocesso.[197]

A reserva do possível assume vital importância no contexto de prestações sociais pelo Estado, de modo que é crucial que se saiba quem tem a competência para optar por uma política de retrocesso em razão da situação financeira. Não sendo uma questão de direitos de liberdade, cuja competência, de modo geral, é dos tribunais, tratando-se de direitos sociais isso incumbe ao titular do poder político, mas, admite Reis Novais que haveria hipótese em que caberia ao "poder judicial a decidir sobre as opções orçamentais e as prioridades de acção política".

De facto, a escassez de recursos obriga a optar politicamente quanto à sua repartição; ora, não é o facto de, em determinado momento histórico, uma dada maioria política ter privilegiado, por exemplo, a educação relativamente à saúde ou à habitação, que essa ordem de prioridades adquire um grau de rigidez que a subtraia à margem de decisão de novas maiorias democraticamente legitimadas. Não fixando a Constituição quaisquer directivas de orientação quanto às prioridades dentro do domínio da realização dos direitos sociais, essa é uma área que cai na margem de livre e exclusiva decisão do legislador democrático.[198]

Para o ilustre constitucionalista português, a judicialização das pretensões subjetivas há de considerar que o conteúdo dos direitos sociais esteja previamente concretizado e determinado por parte do legislador. Não havendo suficiente determinação prévia desse conteúdo, tampouco a previsão orçamental por parte do legislador, em razão da comprovada escassez dos recursos, esse legislador teve de fazer opções e estabelecer prioridades. Se se permitir essa judicialização, estar-se-á conferindo "ilegitimamente aos tribunais, maxime ao Tribunal Constitucional", um poder de interferência na definição das dotações orçamentais, cuja competência é exclusiva do legislador parlamentar, o qual foi "democraticamente legitimado e, dessa forma, o

---

[197] NOVAIS, Jorge Reis. *Os princípios constitucionais estruturantes da República Portuguesa.* Coimbra: Coimbra Editora, 2014, p. 294.

[198] NOVAIS, Jorge Reis. *Os princípios constitucionais estruturantes da República Portuguesa.* Coimbra: Coimbra Editora, 2014, p. 295.

poder Judicial ver-se-ia directa e ilegitimamente investido no processo de decisão política".[199]

A propósito, Jorge Miranda, ao discorrer sobre a tutela jurisdicional dos direitos sociais, faz alusão a dois alertas dados por Reis Novais: o primeiro diz respeito ao fato de que a alocação de verbas para atender às imposições judiciais pode, na verdade, provocar significativas inflexões ou retrocessos na política de saúde programada, no afã de supostamente atribuir melhores condições a setores desfavorecidos; e a segunda chamada importante é quanto ao fato de que o beneficiário da maximização da realização dos direitos sociais pela via judicial "não é a grande massa de excluídos, a qual não vem ao sistema, não recorre aos tribunais, porque não tem condições para tanto".[200]

No Tomo IV de seu Manual de Direito Constitucional, que cuida dos Direitos Fundamentais, ao tratar do problema do retrocesso social, Jorge Miranda assinala que "a tomada de decisão quanto às possibilidades e aos meios de efetivação dos direitos" compete ao legislativo, ou seja, ao parlamento, e não à administração, nem mesmo aos tribunais. É que a hermenêutica seria incabível no confronto complexo das normas com a realidade financeira e econômica, pois "sendo abundantes as normas e escassos os recursos, dessa apreciação poderá resultar a conveniência de estabelecer diferentes tempos, graus e modos de efetivação dos direitos". Compete, então, ao legislador determinar com que prioridade e em que medida deverão ser distribuídos os benefícios sociais, pois o "contrário redundaria na inutilização dos comandos constitucionais: querer fazer tudo ao mesmo tempo e nada conseguir fazer".[201]

O autor adverte, no entanto, que os órgãos de decisão política só podem gozar de uma liberdade relativa porque o princípio da proporcionalidade não pode suplantar os padrões de justiça social, solidariedade e igualdade real entre os portugueses, conforme expressa previsão no art. 9º, alínea "d", da Constituição da República Portuguesa – CRP, cabendo, nesse caso, aos tribunais em geral e ao Tribunal Constitucional, em especial, identificar eventuais inconstitucionalidades.

---

[199] NOVAIS, Jorge Reis. *Os princípios constitucionais estruturantes da República Portuguesa.* Coimbra: Coimbra Editora, 2014, p. 295.

[200] MIRANDA, Jorge. *Manual de direito constitucional, Tomo IV.* Direitos fundamentais. 5. ed. Coimbra: Coimbra Editora, 2012, p. 365.

[201] MIRANDA, Jorge. *Manual de direito constitucional.* Tomo IV. Direitos fundamentais. 5. ed. Coimbra: Coimbra Editora, 2012, p. 484.

A partir da 4ª edição da obra citada, Jorge Miranda assume, diferentemente do que defendia anteriormente, que "o princípio de não retorno" não dispõe de autonomia, antes estando conexo com o princípio da tutela da confiança e, sobretudo, com o princípio da reserva do possível: "e, por outro lado, deixamos de o ligar à proibição de retrocesso social, pelos equívocos que a ideia tem gerado".[202]

Registra Jorge Miranda que a defesa do princípio de proibição de retrocesso social foi claramente sintetizada por Gomes Canotilho e Vital Moreira, em 1991, para os quais os direitos econômicos, sociais e culturais garantidos pela CRP teriam caráter positivo e implicariam a proibição de retrocesso se houvesse a satisfação desses direitos. Sendo satisfeitos os direitos, haveria uma transformação deles em direitos negativos, visto que o Estado não poderia mais atentar contra eles, passando doravante a ser inadmissível qualquer restrição a esses direitos, mesmo diante da incapacidade financeira do Estado, situação que remeteria ao cotejo da necessidade e da proporcionalidade (cfr. art. 18º, nº 2 e 3), "devendo salvaguardar sempre o conteúdo mínimo necessário de satisfação desse direito".[203]

Nada obstante, a partir das últimas edições de "Direito Constitucional e Teoria da Constituição", Gomes Canotilho tem, segundo Jorge Miranda, obtemperado a proibição de retrocesso social, pronunciando-se no sentido de que tal princípio não pode ir de encontro às recessões e às crises econômicas. Ou seja, diante da reversibilidade fática, ocorre a reversibilidade dos direitos adquiridos (ex.: segurança social, subsídio de desemprego, prestações de saúde). Há que se garantir, no entanto, o respeito ao "núcleo essencial da existência mínima inerente ao respeito pela dignidade da pessoa humana".[204]

O apanhado doutrinário efetuado por Jorge Miranda remete a David Duarte, que vê como factível o crivo para a globalidade da intervenção conformadora do legislador, deixando de existir uma regressão real se houver uma compensação para a desvantagem inicialmente prevista. Se a desvantagem não for eliminada, haveria uma regressão social real inválida.[205]

---

[202] MIRANDA, Jorge. *Manual de direito constitucional*. Tomo IV. Direitos fundamentais. 5. ed. Coimbra: Coimbra Editora, 2012, p. 485.

[203] MIRANDA, Jorge. *Manual de direito constitucional*. Tomo IV. Direitos fundamentais. 5. ed. Coimbra: Coimbra Editora, 2012, p. 486.

[204] MIRANDA, Jorge. *Manual de direito constitucional*. Tomo IV. Direitos fundamentais. 5. ed. Coimbra: Coimbra Editora, 2012, p. 486.

[205] MIRANDA, Jorge. *Manual de direito constitucional*. Tomo IV. Direitos fundamentais. 5. ed. Coimbra: Coimbra Editora, 2012, p. 486-487.

CAPÍTULO 2
O VOLUNTARISMO JUDICIAL E O RESPEITO À SOBERANIA POPULAR | 131

Quanto a Cristina Queiroz, a leitura feita por Jorge Miranda indica que ela ensina ser impróprio ao legislador retroceder direitos consagrados legalmente se não houver alternativas ou compensações. Se o Estado concretizou um direito fundamental social por meio de lei, o dever do Estado transforma-se em dever mais abrangente, qual seja, o de não eliminar ou revogar essa lei. Neste caso, o titular do direito passa a dispor do "direito de defesa em sentido formal" contra o Estado.[206]

Na percepção de Jorge Miranda, Manuel Afonso Vaz posiciona-se contrariamente à existência do princípio da proibição do retrocesso social, pois isso se tornaria como que uma reserva constitucional obrigatória dos direitos sociais, sem margem legislativa, convertendo-os "autonomamente numa dimensão constitucional material contra a vontade do legislador".[207]

Jorge Miranda também vê uma postura de recusa a um princípio constitucional autônomo de proibição do retrocesso social em José Alexandrino e Carlos Blanco de Morais, pois que a proibição relativa, tal qual esposada por Reis Novais, advém do fato de que é necessário combinar os princípios da realidade, da razoabilidade e da vinculação do Estado ao Direito em cotejo com a "satisfação das condições materiais (de existência, de autonomia e de poder) das pessoas e dos grupos em situação de maior desproteção".[208]

O constitucionalista Jorge Miranda faz menção ainda que há autores portugueses que obtemperam a rejeição ou o afastamento do princípio da proibição do retrocesso, exigindo-se, em maior ou menor forma, que haja concretização de direitos sociais.

Nessa linha, João Caupers *apud* Jorge Miranda assinala que a mitigação do princípio da proibição do retrocesso pode ocorrer quando a implementação de um direito social "se torna de aplicação mais duvidosa quando esteja em causa a diminuição de uma prestação ou a redução do universo dos seus destinatários".[209]

Jorge Miranda verifica que Rui Medeiros alude ao fato de que a relativização ou uma compensação deriva da constatação de que, se por um lado uma cláusula aberta impede o alargamento da proibição do

---

[206] MIRANDA, Jorge. *Manual de direito constitucional*. Tomo IV. Direitos fundamentais. 5. ed. Coimbra: Coimbra Editora, 2012, p. 487.

[207] MIRANDA, Jorge. *Manual de direito constitucional*. Tomo IV. Direitos fundamentais. 5. ed. Coimbra: Coimbra Editora, 2012, p. 487.

[208] MIRANDA, Jorge. *Manual de direito constitucional*. Tomo IV. Direitos fundamentais. 5. ed. Coimbra: Coimbra Editora, 2012, p. 488-489.

[209] MIRANDA, Jorge. *Manual de direito constitucional*. Tomo IV. Direitos fundamentais. 5. ed. Coimbra: Coimbra Editora, 2012, p. 489.

retrocesso social, por outro, os direitos legais advindos de uma cláusula aberta constitucional podem ser guindados "ao regime dos direitos previstos na Constituição". Ao exemplificar, assinala que os direitos assim derivados podem sofrer restrições e compensações (pode haver, por exemplo, o retrocesso na proteção do direito à habitação para que o direito de propriedade seja reforçado).[210]

Jorge Pereira da Silva, citado por Jorge Miranda, diz não haver a proibição absoluta ao retrocesso, pois que os direitos sociais estão sujeitos à reserva do possível. Não se pode aceitar, no entanto, que haja uma "anulação, revogação ou aniquilamento puro e simples do núcleo essencial dos direitos sociais concretizados". Entretanto não é aceitável que haja reposição ou recriação de direitos sociais "como corolário de deveres constitucionais de atuação legislativa".[211]

Para Vieira de Andrade, em menção de Jorge Miranda, se há alguma obrigação de estabilidade dos direitos sociais criados pelo legislador ao concretizar as normas constitucionais, essa garantia deve estar em um patamar mínimo que "reside na proibição de pura e simplesmente destruir essas situações ou posições", nos termos exigidos pela dignidade da pessoa humana. O meio termo estará vinculado ao princípio da proteção da confiança ou à necessidade de fundamentação dos atos legislativos retrocedentes, requerendo-se a valoração constitucional diante das circunstâncias de potencial violação (notadamente do princípio da igualdade), de maneira a impedir eventuais arbítrios do legislativo.[212]

Jorge Miranda registra que Tiago Fidalgo de Freitas ao mesmo tempo em que refuta a teoria do não retrocesso, entende que o referido princípio pode ser aplicado: (i) na ocorrência de previsão específica, como a do art. 74º, nº 2, alínea "e", da CRP;[213] (ii) quando é uma garantia

---

[210] MIRANDA, Jorge. *Manual de direito constitucional*. Tomo IV. Direitos fundamentais. 5. ed. Coimbra: Coimbra Editora, 2012, p. 489-490.

[211] MIRANDA, Jorge. *Manual de direito constitucional*. Tomo IV. Direitos fundamentais. 5. ed. Coimbra: Coimbra Editora, 2012, p. 490.

[212] MIRANDA, Jorge. *Manual de direito constitucional*. Tomo IV. Direitos fundamentais. 5. ed. Coimbra: Coimbra Editora, 2012, p. 490.

[213] CRP. Artigo 74.º (Ensino)
(...)
2. Na realização da política de ensino incumbe ao Estado:
(...)
e) Estabelecer progressivamente a gratuitidade de todos os graus de ensino;
(...)

CAPÍTULO 2
O VOLUNTARISMO JUDICIAL E O RESPEITO À SOBERANIA POPULAR | 133

institucional que assegura o direito social; e (iii) na hipótese de a Constituição conter a previsão de uma proteção de direitos fundamentais.[214]

Por fim, Jorge Miranda destaca que Paulo Otero diz que a proibição de retrocesso é para não poder permitir a intervenção legislativa que marche para trás. Nada obstante, o mesmo Paulo Otero atenua a hipótese de o retrocesso ser cabível se a implementação inicial do direito social tiver ocorrido por regulamento, e o mencionado retrocesso ao mínimo indispensável tiver ocorrido pela via legislativa. Nesse caso, para Paulo Otero haveria "a manifestação de um princípio de preferência ou prevalência da lei relativamente aos regulamentos". Para Otero, se a questão não se referir à garantia do mínimo indispensável e a dignidade humana não estiver afetada, não se pode impedir o retrocesso se houver fundamentação na "*necessidade e adequação da medida*".[215]

O exame de Jorge Miranda contempla vários arestos do Tribunal Constitucional de Portugal, com indicação de que o sodalício vem adotando formulações mais moderadas, sendo digno de registrar que o Acórdão 509/2002 foi aquele em o autor notou sua maior inflexão, pois a decisão foi a de que havendo ordem de legislar na Constituição, e esta sendo "suficientemente precisa e concreta", conferindo-lhe exequibilidade, "a margem de liberdade do legislador para retroceder no grau de proteção atingido é necessariamente mínima", e, nesse caso, eventual pretensão de alteração legislativa poderia ensejar inconstitucionalidade por omissão. Noutras circunstâncias, entretanto, há que se permitir o retrocesso social naqueles "casos-limite", eis que o princípio da alternância democrática sugere "a revisibilidade das opções político-legislativas, ainda quando estas assumam o caráter de opções legislativas fundamentais".[216]

2.3.1 Proteção do mínimo social

Assinala Ingo Wolfgang Sarlet que a noção das condições materiais para uma vida com dignidade foi elaborada inicialmente pela dogmática alemã do pós-Segunda Guerra, com Otto Bachof, que enfatizou que o princípio da dignidade da pessoa humana estaria restrito

---

[214] MIRANDA, Jorge. *Manual de direito constitucional*. Tomo IV. Direitos fundamentais. 5. ed. Coimbra: Coimbra Editora, 2012, p. 491.

[215] MIRANDA, Jorge. *Manual de direito constitucional*. Tomo IV. Direitos fundamentais. 5. ed. Coimbra: Coimbra Editora, 2012, p. 492.

[216] MIRANDA, Jorge. *Manual de direito constitucional*. Tomo IV. Direitos fundamentais. 5. ed. Coimbra: Coimbra Editora, 2012, p. 493-494.

apenas à garantia da liberdade, nada obstante fosse necessário garantir um mínimo de segurança social para uma existência digna, sob pena de sacrificar a dignidade.

A partir dessa tese acolhida pelo Tribunal Constitucional Federal alemão, consagra-se o direito fundamental à garantia das condições mínimas para uma existência digna. Assinala, ainda, Sarlet, que a doutrina alemã entende na atualidade que referido mínimo existencial "integra o conteúdo essencial do princípio do Estado Social de Direito, constituindo uma de suas principais tarefas e obrigações".[217]

O conteúdo do mínimo existencial é determinado por condições de espaço e tempo, devendo considerar o padrão socioeconômico vigente, de modo que a compreensão prevalente é a de que se trata não só da sobrevivência física, própria da pobreza extrema e circunscrita ao existencial fisiológico. Antes, porém, referido conteúdo deve abarcar um mínimo de integração social, contemplando, inclusive, o "acesso aos bens culturais e participação na vida política, aspectos que dizem respeito a um mínimo existencial sociocultural".[218]

Ressalta Sarlet que, mesmo que a doutrina e jurisprudência constitucional brasileira não seja unânime quanto ao reconhecimento do princípio do mínimo existencial, seu conteúdo é majoritariamente acolhido e vai além do que seria tido como mínimo meramente vital ou de sobrevivência, de sorte a garantir uma vida saudável, ou seja, uma vida com certa qualidade. Nesta toada, inegável que se deva garantir, como mínimo existencial, dentre outros, a educação fundamental.

No que se refere à "ausência de explicitação da garantia (e do direito) ao mínimo existencial pela Constituição Federal", vê-se que, com a inserção no art. 170, entre os princípios e objetivos da ordem constitucional, de cláusula que garante a existência digna do ser humano, tem-se como suprida a aparente lacuna. Ademais, verifica-se que os direitos sociais estatuídos no art. 6º da Constituição Brasileira, tais como a assistência social, a saúde, a moradia, a previdência social, o salário mínimo dos trabalhadores, entre outros, pois que não limitam o princípio do mínimo existencial, parecem, na verdade, sustentar a doutrina majoritária que o defende.[219]

---

[217] SARLET, Ingo Wolfgang; MARINONI, Luiz Guilherme; MITIDIERO. Daniel. *Curso de direito constitucional*. 6. ed. São Paulo: Saraiva, 2017, p. 649.

[218] SARLET, Ingo Wolfgang; MARINONI, Luiz Guilherme; MITIDIERO. Daniel. *Curso de direito constitucional*. 6. ed. São Paulo: Saraiva, 2017, p. 649.

[219] SARLET, Ingo Wolfgang; MARINONI, Luiz Guilherme; MITIDIERO. Daniel. *Curso de direito constitucional*. 6. ed. São Paulo: Saraiva, 2017, p. 650.

Mencionado autor faz alusão ao fato de que a jurisprudência brasileira veiculada pelo STF "reconhece proteção ao mínimo existencial tanto na perspectiva de um direito de defesa, quanto no que toca à sua vocação prestacional".[220] Quando do julgamento do RE nº 397.744, em 15/10/2009, rel. Min. Joaquim Barbosa, fundamentou-se a proibição constitucional do confisco em matéria tributária (defesa contra o Estado), entre outros motivos, porque para uma existência digna há que se permitir o desenvolvimento de uma atividade profissional e que dela possam ser satisfeitas necessidades vitais, como a saúde, a educação e a habitação.

Reportando-se à chamada dimensão positiva (prestacional) do direito ao mínimo existencial, o STF tem firmado o entendimento de que cabe ao Estado assegurar o mínimo existencial, passando o cidadão a ter direito subjetivo judicialmente exigível para que a dignidade da pessoa humana, vinculada aos direitos à saúde e à educação, por exemplo, possa ser alcançada independentemente "de prévia política pública ou previsão legal".[221]

No julgamento da Ação de Descumprimento de Preceito Fundamental – ADPF nº 45, em 29/04/2004, foi assegurada a prestação positiva consistente no direito das crianças com menos de seis anos de idade a terem acesso gratuito a creches mantidas pelo poder público. Sarlet faz alusão a decisões "assegurando prestações na área da saúde, relativizando, em favor da vida e da dignidade, limitações de ordem organizacional, orçamentária",[222] havendo remissão do citado autor ao fato de que, por meio do julgamento do RE nº 573.061, em 28/08/2009, rel. Min. Carlos Britto, o STF chancelou o que as instâncias ordinárias já tinham garantido, ou seja, que fosse assegurada a manutenção de acompanhamento clínico e psicológico para viabilizar cirurgia de transgenitalização de caráter terapêutico.

Na concepção do mencionado autor brasileiro, os direitos subjetivos não são determináveis previamente e de forma taxativa em um rol, sejam os de caráter negativo ou de defesa, sejam as prestações positivas atinentes ao mínimo existencial. Entretanto, considerando um caso em particular, pode ser averiguado se a pessoa ou o seu núcleo familiar

---

[220] SARLET, Ingo Wolfgang; MARINONI, Luiz Guilherme; MITIDIERO. Daniel. *Curso de direito constitucional*. 6. ed. São Paulo: Saraiva, 2017, p. 650.

[221] SARLET, Ingo Wolfgang; MARINONI, Luiz Guilherme; MITIDIERO. Daniel. *Curso de direito constitucional*. 6. ed. São Paulo: Saraiva, 2017, p. 651.

[222] SARLET, Ingo Wolfgang; MARINONI, Luiz Guilherme; MITIDIERO. Daniel. *Curso de direito constitucional*. 6. ed. São Paulo: Saraiva, 2017, p. 652.

possui direitos sociais já sedimentados, de forma que essa constatação possa direcionar o intérprete ou os próprios órgãos responsáveis quanto à concretização do mínimo existencial. Sublinhe-se, ainda, que o mínimo existencial diz respeito aos direitos sociais positivados no art. 6º da Constituição Federal, não se restringindo a eles e carecendo também frisar que eles não têm o condão de substituí-los.[223]

Na doutrina portuguesa de Jorge Reis Novais, fala-se em um mínimo social que oferece alguma distinção do mínimo existencial ou vital, ainda que vinculado aos direitos sociais.

Para Reis Novais, a diferenciação está no fato de que o mínimo social é núcleo de proteção dos direitos sociais, enquanto o mínimo existencial seria uma espécie de "último reduto", ou seja, o "patamar de prestação mínima exigida por razões de sobrevivência física e moral como pessoa". Este o motivo de designar mínimo existencial ou vital, pois que se traduz na "protecção contra as ameaças à sobrevivência". São os pressupostos mínimos "de uma sobrevivência digna e, logo, de alimentação, roupa, cuidados de saúde e de alojamento sem cuja existência a dignidade da pessoa humana e o próprio direito à vida estariam ameaçados".[224]

Porém, para Reis Novais, o mínimo existencial há de ser ampliado e levar em consideração a evolução cultural das necessidades individuais, requerendo-se a viabilização de "condições de desenvolvimento da personalidade, de participação e de integração comunitária", garantindo a observância do princípio constitucional da socialidade.[225]

Importante reflexão remete Jorge Reis Novais ao afirmar que o mínimo existencial advém de uma Constituição sem direitos sociais, como a alemã. E questiona se as Constituições portuguesa e brasileira, que elencam de maneira pormenorizada os direitos sociais, seriam compatíveis com a referida proteção ao mínimo existencial.

Vieira de Andrade *apud* Reis Novais não admite que o mínimo existencial esteja amparado constitucionalmente a ponto de permitir que haja questionamento judicial quanto às opções do legislador. E isso não decorre só da reserva do possível, mas do fato de que a "escolha política do legislador" não está predeterminada pela Constituição

---

[223] SARLET, Ingo Wolfgang; MARINONI, Luiz Guilherme; MITIDIERO. Daniel. *Curso de direito constitucional*. 6. ed. São Paulo: Saraiva, 2017, p. 653.

[224] NOVAIS, Jorge Reis. *Direitos sociais:* teoria jurídica dos direitos sociais enquanto direitos fundamentais. 1. ed. Coimbra: Coimbra Editora, 2010, p. 194.

[225] NOVAIS, Jorge Reis. *Direitos sociais:* teoria jurídica dos direitos sociais enquanto direitos fundamentais. 1. ed. Coimbra: Coimbra Editora, 2010, p. 194.

CAPÍTULO 2
O VOLUNTARISMO JUDICIAL E O RESPEITO À SOBERANIA POPULAR | 137

portuguesa e, por isso mesmo, "o juiz não pode invadir". Ao examinar o Acórdão do Tribunal Constitucional de Portugal nº 509/92, constata-se que aquele sodalício não viu inconstitucionalidade no fato de o legislador, sem qualquer compensação, ter suprimido o acesso de pessoas entre 18 e 25 anos de idade ao rendimento social de inserção. Ainda que partindo de uma concepção ideológica, conforme assinalado por Vieira de Andrade, e firmado na razão de que os jovens não deveriam ter acesso às subvenções sociais mínimas garantidas, viu-se que tal decisão era constitucionalmente "tão legítima como qualquer outra", ainda que o art. 63º da CRP garanta "o direito de todos à segurança social e incumbe o sistema de segurança social da protecção dos cidadãos nas situações de falta de meios de subsistência". Observa Novais que, tal qual Melo Alexandrino, também Vieira de Andrade verifica que o Tribunal Constitucional efetua um controle judicial da observância do mínimo pelo legislador, "mas apenas em termos de eventualidade meramente excepcional".[226]

2.3.2 Possibilidade estatal

A maior polêmica quanto à exigibilidade dos direitos sociais como direitos subjetivos, especificamente no controle jurisdicional de políticas públicas, encontra-se em determinar efetivamente o que seria a "reserva do possível".

Os direitos sociais, mas não só eles, têm reflexos econômicos quando materializados em prestações estatais, envolvendo, por exemplo, recursos materiais e humanos, com impactos provocados e repercutidos em matéria orçamentária, financeira, bem como em razão do comportamento da arrecadação tributária.

Ingo Sarlet, ao tratar do problema da eficácia e efetividade das normas de direitos como prestações pelo Estado, reconhece a existência de "custos", mas que esse fator não pode constituir-se em impedimento ou impossibilidade de provimento judicial, por exemplo, para obrigar a prestação estatal. É dado o exemplo de que o *habeas corpus* deve ser concedido ainda que só haja poucos juízes disponíveis ou que o investimento em segurança pública seja insuficiente para garantir a liberdade de locomoção do paciente. Esse direito é inquestionável no Brasil, pois

---

[226] NOVAIS, Jorge Reis. *Direitos sociais:* teoria jurídica dos direitos sociais enquanto direitos fundamentais. 1. ed. Coimbra: Coimbra Editora, 2010, p. 197.

que de "aplicabilidade imediata e eficácia plena da norma que assegura a liberdade de locomoção".[227]

No que tange ao "custo" das prestações materiais, inegável que a efetividade dos direitos sociais apresenta-se dependente da conjuntura econômica, de modo que não basta verificar se cabe ou não ao Poder Judiciário impor a satisfação das prestações ajuizadas, mas o problema está na possibilidade ou não de o Estado atender a essa demanda. Aí se situa a questão que envolve a reserva do possível quando se demanda o fornecimento de bens e de serviços que integram as políticas públicas. Exemplos mais usuais são os do acesso universal aos serviços de saúde (SUS – Sistema Único de Saúde, adotado no constitucionalismo brasileiro) ou à educação fundamental em estabelecimentos públicos como benesse constitucional federal.

A constatação, no entanto, é a de que, mesmo que haja lei definindo o conteúdo das prestações, o acesso a esses bens e serviços pode "ser interrompido, reduzido, ou mesmo negado em função da alegação da efetiva indisponibilidade". Com essas ocorrências, o reflexo é que os tribunais brasileiros ficam abarrotados de demandas judiciais com vistas à implementação desses direitos, e surge o "argumento da falta de competência e de legitimidade dos juízes para definirem o conteúdo do direito, bem como a própria separação dos poderes". Embora superável a questão que envolve a separação dos poderes, não se pode negar que a "problemática da escassez e de sua gestão segue relevante".[228]

Reconhece-se que a escassez de recursos tem relevância fática, pois que a falta efetiva de recursos econômicos, humanos e técnicos permite a construção da dimensão jurídica da chamada reserva do possível, de modo que, de nada adianta ter o direito subjetivo reconhecido se a definição das prioridades, a qual envolve a gestão do gasto público, considera como relevantes os aspectos orçamentários, financeiros e de arrecadação tributária, como já assinalado.

Quanto a isso, Sarlet admite que parte da doutrina entende que a opção da destinação dos recursos públicos em ordem de prioridade, considerando a conjuntura socioeconômica geral e a ausência de critérios preestabelecidos pela Constituição, cabe, primeiramente, ao legislador e, quando muito, aos demais órgãos da administração.

---

[227] SARLET, Ingo Wolfgang; MARINONI, Luiz Guilherme; MITIDIERO. Daniel. *Curso de direito constitucional*. 6. ed. São Paulo: Saraiva, 2017, p. 637.

[228] SARLET, Ingo Wolfgang; MARINONI, Luiz Guilherme; MITIDIERO. Daniel. *Curso de direito constitucional*. 6. ed. São Paulo: Saraiva, 2017, p. 637.

Então, a considerar que o Estado tem a obrigação de efetivar os direitos sociais, espera-se que os órgãos públicos maximizem os recursos e minimizem o impacto da reserva do possível. Entendendo-se como obrigação estatal, a reserva do possível não poderá ser obstáculo intransponível à efetivação dos direitos sociais. Os juízes deverão encarar essa defesa estatal com cautela, haja vista que o Estado tem se valido desse argumento "como óbice à intervenção judicial e desculpa genérica para uma eventual omissão estatal no campo da efetivação dos direitos fundamentais, especialmente daqueles de cunho social".[229]

Nessa linha de verificação, importa assinalar que há defesas quanto à impossibilidade de se exercer o controle judicial das políticas públicas, porquanto "as políticas e decisões da Administração e do Legislativo constituiriam matéria afeta à discricionariedade administrativa e/ou liberdade de conformação do legislador". Sarlet refuta essa ideia por força do art. 5º, XXXV, da Constituição Brasileira que assegura a inafastabilidade da jurisdição ainda que resida a problemática de que os critérios de conveniência e oportunidade não estariam sujeitos à intervenção judicial. Valendo-se da leitura que faz da doutrina de Reis Novais de "trunfos contra a maioria", o mencionado constitucionalista brasileiro defende o controle judicial das políticas públicas quando envolver sua eficácia e efetividade, pois uma pessoa não pode ter a prestação estatal "restringida pelo só fato de um ato normativo ou política pública ser decorrente de uma decisão majoritária".[230]

Por fim, o autor argumenta que a chamada reserva do possível, além de entrave burocrático, deve ter repercussão no campo judicial como ônus da prova, competindo ao poder público que a alega o dever de demonstrá-la.

A esse respeito, oportuna a remissão ao bom delineamento da questão efetuado pelo Presidente do STF, quando indeferiu a Suspensão de Tutela Antecipada – STA nº 268, em 22/10/2008. Verifica-se que o Ministro Gilmar Mendes considerou que determinado município não comprovou, de fato, a ocorrência da lesão aos cofres municipais, antes sustentando que a despesa deveria ser do Estado do Rio Grande do Sul. O Presidente do STF, então, decidiu por ratificar a autorização judicial para o fornecimento do medicamento requerido, dado que o caso não

---

[229] SARLET, Ingo Wolfgang; MARINONI, Luiz Guilherme; MITIDIERO. Daniel. *Curso de direito constitucional*. 6. ed. São Paulo: Saraiva, 2017, p. 638.

[230] SARLET, Ingo Wolfgang; MARINONI, Luiz Guilherme; MITIDIERO. Daniel. *Curso de direito constitucional*. 6. ed. São Paulo: Saraiva, 2017, p. 639.

era de lesão às finanças públicas, mas de potencial lesão à autora da ação originária. No bojo da decisão, há argumentos que merecem sua transcrição para identificar a linha de entendimento do STF quanto às possibilidades estatais:

> Ressalto, nessa perspectiva, as contribuições de Stephen Holmes e Cass Sunstein para o reconhecimento de que todas as dimensões dos direitos fundamentais têm custos públicos, dando significativo relevo ao tema da "reserva do possível", especialmente ao evidenciar a "escassez dos recursos" e a necessidade de se fazer escolhas alocativas, concluindo, a partir da perspectiva das finanças públicas, que "levar a sério os direitos significa levar à sério a escassez" (HOLMES, Stephen; SUNSTEIN, Cass. *The Cost of Rights*: Why Liberty Depends on Taxes. W. W. Norton & Company: Nova Iorque, 1999.).
>
> (...)
>
> Gastar mais recursos com uns do que com outros envolve, portanto, a adoção de critérios distributivos para esses recursos.
>
> (...)
>
> Nessa linha de análise, argumenta-se que o Poder Judiciário, o qual estaria vocacionado a concretizar a justiça do caso concreto (micro-justiça), muitas vezes não teria condições de, ao examinar determinada pretensão à prestação de um direito social, analisar as consequências globais da destinação de recursos públicos em benefício da parte com invariável prejuízo para o todo (AMARAL, Gustavo. *Direito, Escassez e Escolha*. Renovar: Rio de Janeiro, 2001).
>
> Por outro lado, defensores da atuação do Poder Judiciário na concretização dos direitos sociais, em especial do direito à saúde, argumentam que tais direitos são indispensáveis para a realização da dignidade da pessoa humana. Assim, ao menos o "mínimo existencial" de cada um dos direitos, exigência lógica do princípio da dignidade da pessoa humana, não poderia deixar de ser objeto de apreciação judicial. (STA nº 268/RS, Presidente Min. Gilmar Mendes, DJE nº 204, divulgado em 28/10/2008).

Constata-se, portanto, o entrelaçamento entre a efetivação dos direitos sociais e a adoção da razoabilidade da universalidade das prestações exigidas, vez que os recursos financeiros podem ser escassos. Mas, conforme argumenta Daniel Sarmento, se o portador de uma doença grave, por exemplo, requerer que o Estado arque com seu tratamento no exterior, onde haverá comprovado desenvolvimento tecnológico e maior potencialidade de êxito na sua cura, o Poder Judiciário não há de questionar se aquela condenação é ou não suportável pelo Estado. O que deve ser aferido é se há "razoabilidade ou não da decisão do Poder

CAPÍTULO 2
O VOLUNTARISMO JUDICIAL E O RESPEITO À SOBERANIA POPULAR | 141

Público de não proporcionar este tratamento fora do país, para todos aqueles que se encontram em situação similar à do autor".[231]

Chama atenção Jorge Miranda quanto ao fato de que o usual é tratar do princípio da proporcionalidade quando examinados os direitos, liberdades e garantias. Entretanto referido princípio deve ser considerado na prestação estatal dos benefícios sociais "associado à dependência da realidade constitucional e à reserva do possível".[232]

Ao examinar a dependência da realidade constitucional, o autor português registra que o art. 22º da Declaração Universal dos Direitos Humanos estabelece que a implementação dos direitos econômicos, sociais e culturais é remetida "ao esforço nacional e à cooperação internacional, de harmonia com as organizações e os recursos de cada povo". O art. 2º, nº 1, do Pacto Internacional de Direitos Econômicos, Sociais e Culturais prevê que a efetivação dos direitos nele previstos depende da deliberação interna de cada nação para alocar o "máximo de recursos disponíveis". Fazendo menção inclusive à doutrina de Jean Rivero, Canotilho, Christian Starck e outros, Jorge Miranda elenca várias designações para institutos similares, dentre diversos que poderiam ser citados, aludindo à capacidade estatal constante no ajustamento do socialmente desejável ao economicamente possível, à subordinação da efetividade concreta a uma reserva do possível, à raridade material do objeto da pretensão como limite real, na reserva financeira do possível ou do financiamento possível.[233]

Segundo Jorge Miranda, o exame constitucional não se encerra aí, pois que a implementação de políticas públicas deve considerar que o legislador pode, de fato, adotar diversos modos de concretização, como, por exemplo, centralizando com maior ou menor intensidade o serviço nacional de saúde previsto no art. 64º da Constituição da República Portuguesa ou, no que tange ao sistema de ensino também constitucionalmente previsto nos arts. 74º a 76º, sendo "ora mais socializantes ora mais liberalizantes". O que não se admite é que o legislador deixe de prever e organizar tal serviço e sistema, respectivamente. Mas se é inevitável que se observe a reserva do possível, a concretização das normas deve se encaminhar pelas orientações que se seguem:

---

[231] SARMENTO, Daniel. *A ponderação de interesses na Constituição Federal.* 1. ed. 3. Tiragem. Rio de Janeiro: Lumen Juris, 2003, p. 572.

[232] MIRANDA, Jorge. *Manual de direito constitucional.* Tomo IV. Direitos fundamentais. 5. ed. Coimbra: Coimbra Editora, 2012, p. 310.

[233] MIRANDA, Jorge. *Manual de direito constitucional.* Tomo IV. Direitos fundamentais. 5. ed. Coimbra: Coimbra Editora, 2012, p. 483-485.

1º) Quando se verifiquem condições económicas favoráveis, essas normas devem ser interpretadas e aplicadas de modo a de delas se extrair o máximo de satisfação das necessidades sociais e a realização de todas as prestações;

2º) Ao invés, não se deparando tais condições – em especial por causa de recessão ou de crise financeira – as prestações têm de ser adequadas ao nível de sustentabilidade existente, com eventual redução dos seus beneficiários ou dos seus montantes;

3º) Situações de escassez de recursos ou de exceção constitucional (estado de sítio ou de emergência) podem provocar a suspensão destas ou daquelas normas, mas elas hão de retomar a sua efetividade, a curto ou a médio prazo, logo que restabelecida a normalidade da vida coletiva.[234]

Na percepção de Jorge Miranda, a efetividade das normas para implementação de direitos está indissociavelmente atrelada à capacidade do Estado para disponibilizar os bens jurídicos previstos constitucionalmente ou em leis. Sua conclusão quanto à implementação de um direito frente à reserva do possível, portanto, é a de que "é obrigatório o que seja possível, mas o que é possível torna-se obrigatório".[235]

2.4 Síntese da legitimação da soberania popular

Há enorme possibilidade de a soberania popular ser legitimada pela concretude da educação.

Quanto a essa concretude, notou-se que tanto a sociedade brasileira como a portuguesa experimentam um desinteresse pela política, derivado da desilusão com a classe política e do não conhecimento de que os cidadãos dependem indissociavelmente dos rumos empreendidos pelo Estado.

O desinteresse é notório entre jovens, os quais se abstêm das eleições, e o motivo, provavelmente, seria o fato de não serem educados e fomentados a se interessarem pelas questões essenciais do Estado. Isso alimenta ainda mais a superficialidade dos políticos, pois que não há demanda por debates com profundidade, objetividade e seriedade acerca da escassez de recursos e das potencialidades do Estado.

---

[234] MIRANDA, Jorge. *Manual de direito constitucional.* Tomo IV. Direitos fundamentais. 5. ed. Coimbra: Coimbra Editora, 2012, p. 494-495.

[235] MIRANDA, *Manual de direito constitucional.* Tomo IV. Direitos fundamentais. 5. ed. Coimbra: Coimbra Editora, 2012, p. 495.

CAPÍTULO 2
O VOLUNTARISMO JUDICIAL E O RESPEITO À SOBERANIA POPULAR | 143

Tem de haver uma preparação do indivíduo para viver em sociedade. Só se obtiver a adequada educação, esse cidadão haverá de se interessar cada vez mais pelo efetivo exercício da cidadania. Essa educação tem de ser concreta e abarcar os aspectos da fiscalidade estatal e de técnicas de uma administração eficaz. Deve ser ensinado que o Estado é o elemento de propulsão da sociedade e que é o cidadão que pode propiciar sustentação a esse Estado.

Ademais, as incertezas que a tecnologia e o futuro oferecem, além das transformações que a sociedade vem enfrentando, podem pôr em risco o Estado e, sendo assim, os indivíduos devem ser dotados de conhecimento e formação adequados, desde a tenra idade, para que, entre outros, o ideal de vida comunitária não seja afetado.

As doutrinas e jurisprudências portuguesa e brasileira tratam da capacidade estatal e da efetividade dos direitos sociais bem como discutem a aplicação do denominado princípio da proibição contra o retrocesso.

Portanto o que se viu é que os trunfos contra a maioria resultaram de como a soberania popular requereu que as Constituições passassem a assegurar direitos políticos, econômicos e sociais contra os interesses privados e mesmo contra absolutistas e ditadores. Porém há doutrina que registra que a reivindicação para efetivação desses trunfos há de ser objeto da luta política partidária, não devendo o judiciário participar dela, pois que, embora os trunfos sejam garantias constitucionais, submetem-se a mitigações estatais decorrentes da eleição de prioridades em razão da capacidade orçamentária e financeira.

Com isso, viu-se, também, que, para a doutrina, a observância do princípio da proibição do retrocesso depende da capacidade estatal, ou seja, o retrocesso passa a ser permitido se realmente ficar configurada a incapacidade estatal. Surge neste ponto, tanto na visão portuguesa como na brasileira, como contraponto à reserva do possível, a tese da proteção do mínimo social ou do mínimo existencial.

CAPÍTULO 3

O VOLUNTARISMO JUDICIAL E A SUPREMACIA DO PARLAMENTO

A questão que envolve o judiciário e o parlamento decorre do aumento da demanda judicial frente ao que vem sendo positivado pelo legislativo e em decorrência da crescente constitucionalização da vida moderna. Maiores detentores dos benefícios sociais impostos pelas constituições aos Estados, os cidadãos estão cada vez mais cônscios de que podem recorrer ao judiciário para buscar efetividade das garantias constitucionais traduzidas em políticas públicas. É certo que essa preocupação com o problema daí decorrente não se circunscreve apenas à disciplina do direito.

Na percepção de Boaventura de Sousa Santos, o acesso ao direito e à justiça tem demandado análise sociológica ampla, considerando a premissa de que "a igualdade dos cidadãos perante a lei passou a ser confrontada com a desigualdade da lei perante os cidadãos".[236] A sociologia, em particular a sociologia do direito, tem se interessado mais pelo processo e pelos tribunais desde os anos de 1960, por conta da crise da administração da justiça, a qual persiste até os dias atuais.

Inegável que a sociedade foi deixando de ser excessivamente liberal e foi demandando a construção de um Estado-providência, buscando minimizar o quanto possível as desigualdades sociais.

---

[236] SANTOS, Boaventura de Sousa. *Pela mão de Alice:* o social e o político na pós-modernidade. 7. ed. Lisboa: Edições Afrontamento, 1999, p. 144.

A expansão positivada e às vezes a elevação constitucional dos direitos sociais "implicou que os conflitos emergentes dos novos direitos sociais fossem constitutivamente conflitos jurídicos cuja dirimição caberia em princípio aos tribunais".[237]

Os litígios que demandam a atuação do judiciário podem contemplar a relação de trabalho, a segurança social, a habitação, a necessidade de integração da mulher no mercado de trabalho, os diversos conflitos familiares que exercem várias transformações no direito de família, e isso ensejou o enorme crescimento das demandas judiciais.

O Estado passou a ter grandes problemas com a administração da justiça, notadamente quanto ao tempo de resposta a essa demanda. Assinale-se que o século XX e este século XXI não são diferentes, foram marcados por várias crises econômicas caracterizadas por períodos de recessão, às vezes extensos, criando um problema estrutural no que tange à administração da justiça, vez que essa justiça passou a ser também neste período, e talvez por força deste período, fortemente demandada.

Períodos recessivos marcados por uma demanda progressiva dos recursos financeiros do Estado resultam na incapacidade de dar "cumprimento aos compromissos assistenciais e providenciais assumidos para com as classes populares".[238]

Observa Boaventura que o quadro do qual se abstrai "a visibilidade social que lhe foi dada pelos meios de comunicação social e a vulnerabilidade política que ela engendrou para as elites dirigentes" provocou a preocupação da classe política e dos próprios magistrados, de modo a requerer estudos acerca da:

> administração da justiça, sobre a organização dos tribunais, sobre a formação e o recrutamento dos magistrados, sobre as motivações das sentenças, sobre as ideologias políticas e profissionais dos vários sectores da administração da justiça, sobre o custo da justiça, sobre os bloqueamentos dos processos e sobre o ritmo do seu andamento em suas várias fases.[239]

Os estudos iniciais apontaram que os tribunais fazem parte de um subsistema político global, com influências externas constituídas

---

[237] SANTOS, Boaventura de Sousa. *Pela mão de Alice*: o social e o político na pós-modernidade. 7. ed. Lisboa: Edições Afrontamento, 1999, p. 145.

[238] SANTOS, Boaventura de Sousa. *Pela mão de Alice*: o social e o político na pós-modernidade. 7. ed. Lisboa: Edições Afrontamento, 1999, p. 145.

[239] SANTOS, Boaventura de Sousa. *Pela mão de Alice*: o social e o político na pós-modernidade. 7. ed. Lisboa: Edições Afrontamento, 1999, p.145.

"por estímulos, pressões, exigências sociais e políticas", produzindo suas decisões, as quais são "portadoras elas próprias de um impacto social e político nos restantes subsistemas".[240]

Esses estudos analisaram os comportamentos e as decisões dos magistrados, tendo por base suas motivações, a classe social de origem, a idade, a formação profissional, bem como a ideologia política e social dos juízes. O resultado surpreendeu ao deixar claro que os magistrados não exercem sua função de forma neutra, tampouco esses juízes se deixam ser tão somente preparados e se tornam preocupados "apenas em fazer justiça acima e equidistante dos interesses das partes".[241] Os estudos nos quais Boaventura se fia para concluir dessa forma são aqueles de Nagel, Schubert, Ulmer Grossman e outros, nos EUA; de Richter e Dahrendor, na Alemanha; de Pagani, Di Federico e Moriondo, na Itália; e de Toharia, na Espanha.

Verificou-se, também, distinção entre juízes liberais e conservadores nos EUA, os quais estão vinculados a suas ideologias políticas, consoante se depreende de suas sentenças, contemplando decisões relativas às relações econômicas, civis e no campo penal, demonstrando influências dos ambientes sociais, políticos, familiares e até de ordem econômica e religiosa dos magistrados na tomada de suas decisões.

Os estudos italianos conduzidos por Renato Treves concluem que não há a obrigatória e esperada indiferença política no exercício da função judicial, revelando, ao contrário "haver grandes tendências ideológicas no solo da magistratura italiana".[242]

Das observações feitas por Boaventura de Sousa Santos, não se pode fugir da conclusão de que há influências tais na formação do magistrado de maneira a não o deixar imune a interferências externas. Essas interferências podem ser seletivas e não representar uma camada significativa da sociedade. Ainda que assim não fosse, a função exercida pela magistratura deve impedir que haja a indevida usurpação de quem representa a sociedade, a saber, o parlamento. Pois é inevitável que se questione a legitimidade do juiz que queira exercer o papel de executor de políticas públicas a partir de uma interpretação integrativa da Constituição, mesmo que as razões expressas em suas decisões sejam a de dar efetividade à norma maior.

---

[240] SANTOS, Boaventura de Sousa. *Pela mão de Alice*: o social e o político na pós-modernidade. 7. ed. Lisboa: Edições Afrontamento, 1999, p. 150-151.

[241] SANTOS, Boaventura de Sousa. *Pela mão de Alice*: o social e o político na pós-modernidade. 7. ed. Lisboa: Edições Afrontamento, 1999, p. 151.

[242] SANTOS, Boaventura de Sousa. *Pela mão de Alice*: o social e o político na pós-modernidade. 7. ed. Lisboa: Edições Afrontamento, 1999, p. 151.

De qualquer modo, todos os estudos referidos por Boaventura apontam para a fragilidade dos sistemas de seleção de magistrados por desconsiderar o necessário treinamento continuado e os instrumentos que sirvam para aferir se há ou não o desejável distanciamento para a tomada de decisões:

> (...) têm vindo a chamar a atenção para um ponto tradicionalmente negligenciado: a importância crucial dos sistemas de formação e de recrutamento dos magistrados e a necessidade urgente de os dotar de conhecimentos culturais, sociológicos e económicos que os esclareçam sobre as suas próprias opções pessoais e sobre o significado político do corpo profissional a que pertencem, com vista a possibilitar-lhes um certo distanciamento crítico e uma atitude de prudente vigilância pessoal no exercício das suas funções numa sociedade cada vez mais complexa e dinâmica.[243]

Deparando-se com essas observações que elevam a preocupação com o voluntarismo judicial, importa verificar as questões que orbitam em torno da supremacia do parlamento.

3.1 Representação popular e atividade legiferante

Dissertando sobre o Constitucionalismo Luso-Brasileiro, Alex Pires *et alii* fazem uma convergência analítica e histórica dos sistemas constitucionais paradigmáticos, aludindo à experiência inglesa, em especial quanto à separação dos poderes e o respeito ao judiciário, à experiência francesa, fazendo uma releitura da soberania popular ante o império da lei, bem como à experiência estadunidense, estabelecendo uma ode à estrutura judiciária daquele país, mormente pela forma como foi feita a leitura da norma constitucional no nascedouro da nação, entre outras abordagens.

Ao que importa a este tópico, conveniente fazer a síntese de que os movimentos de limitação do poder da monarquia, por meio do fortalecimento do parlamento e da autonomia dos tribunais no exercício de sua função de administrar a justiça, tiveram início com a Magna Carta datada dos primórdios do século XIII. Por meio da *Bill of Rights*, por outro lado, começam-se os debates acerca da limitação do poder e firma-se o poder do parlamento. Chega-se mais tarde com a intervenção

---

[243] SANTOS, Boaventura de Sousa. *Pela mão de Alice*: o social e o político na pós-modernidade. 7. ed. Lisboa: Edições Afrontamento, 1999, p. 152.

de Montesquieu para firmar que deveria haver um equilíbrio moderado para frear o ímpeto do parlamento, o qual detinha o domínio da lei e, sucedendo o rei, passou a exercer atos de arbitrariedade.

Como limitar o parlamento senão pela própria lei? Neste momento os ingleses introduzem o conceito de *"isonomy"* concebida, segundo Hayek, como "um estado de leis gerais aplicáveis igualmente a todos". No sistema inglês concebeu-se que o governo seria exercido pelo domínio das leis, e não das pessoas. Mas não seria qualquer lei, "senão aquela legitimamente consubstanciada em valores advindos da sociedade", caracterizando-se, por isso, com um conteúdo justo e verdadeiro. Os juízes locais, próximos das pessoas, considerando as leis comuns às pessoas, passaram a gerir e a fazer a justiça. Mas o rei "se aproximou das questões locais e passou a interferir nos julgamentos". Esse fato ensejou a criação de tribunais reais, e isso logo levou à demanda por um direito comum a toda a Inglaterra (o *common law*). Suplantando várias etapas, tem-se que a cultura jurídica inglesa acabou por requerer a adoção dos precedentes, ante as regras formuladas pelos juízes (*stare decisis*), exigindo-se o dever de observância aos precedentes, instaurando-se uma espécie de direito jurisprudencial.[244]

A experiência francesa a respeito da liberdade, tida como princípio universal, está vinculada ao marco da Revolução, que foi a tomada da Bastilha, significando o fim do *Ancien Régime*. A Declaração dos Direitos do Homem e do Cidadão, expedida após a vitória do movimento, apresenta-se como de vital importância para a concepção do sistema constitucional francês, que caracterizava o direito positivo. Mesmo com as oito décadas de instabilidades, assentou-se com muito custo a teoria da soberania do povo ou ao mais próximo possível da vontade geral por meio da representação política, consistente em um "sistema de eleição igualitário quanto ao poder de representação entre os deputados".[245]

Entretanto as instabilidades no ambiente francês permitiram a verificação de que o reconhecimento do indivíduo como titular do poder, pressuposto em que se assenta a soberania popular, não teve a ampliação desejada, vez que a "supervalorização da democracia

---

[244] PIRES, Alex Sander Xavier; AZNAR FILHO, Simão; TRINDADE, Carla Dolezel. *Constitucionalismo luso-brasileiro* – leitura normativa no âmbito do domínio da lei e da humanização das relações. Rio de Janeiro, 2017, p. 31-41.

[245] PIRES, Alex Sander Xavier; AZNAR FILHO, Simão; TRINDADE, Carla Dolezel. *Constitucionalismo luso-brasileiro* – leitura normativa no âmbito do domínio da lei e da humanização das relações. Rio de Janeiro, 2017, p. 60.

impediu que a Constituição atingisse um objetivo fundamental: limitar a legislação".[246]

Neste ponto, a experiência dos EUA permitiu verificar que a dominação política seria mitigada com a elaboração de uma Constituição escrita e que, adotando a liberdade como pilar, haveria de limitar o poder político, ainda que o propósito inicial fosse o de atender aos estados-membros que tinham transmitido certa autonomia política para constituir a federação. Uma forma de isso acontecer seria com a positivação da tradicional tripartição dos poderes. A esse respeito, Tocqueville, mencionado por Alex Pires *et alii*, dá seu testemunho:

> Três coisas parecem concorrer mais que todas para a conservação da república democrática no Novo Mundo: (...) A primeira é a forma federal que os norte-americanos adotaram e que permite a União desfrutar do poder de uma grande república e da segurança de uma pequena. (...) Encontro a segunda nas instituições comunitárias que, ao mesmo tempo em que limitam o despotismo da maioria, dão ao povo gosto da liberdade e a arte de ser livre. (...) A terceira se encontra na constituição do Poder Judiciário. Demonstrei como os tribunais servem para corrigir os desvios da democracia e como, sem poder impedir os movimentos da maioria, conseguem freá-los e conduzi-los.[247]

A constatação que se faz é que o judiciário norte-americano foi guindado ao *status* de "grande poder político" (*authority*) para que pudesse proteger a Constituição, sendo subordinado a ela e com a obrigação de aplicá-la para solucionar os conflitos sociais e, por isso mesmo, sem estar ele submetido a outros poderes. Nesse contexto se apresenta a *judicial review* como instrumento do sistema de freios e contrapesos, materializando o controle de constitucionalidade a cargo dos juízes. Embora se saiba que o próprio exercício do poder de revisão judicial teve de ser contido "para que não se instaurasse a instabilidade do sistema e a razoável dúvida sobre o cumprimento de leis infraconstitucionais".[248]

---

[246] PIRES, Alex Sander Xavier; AZNAR FILHO, Simão; TRINDADE, Carla Dolezel. *Constitucionalismo luso-brasileiro* – leitura normativa no âmbito do domínio da lei e da humanização das relações. Rio de Janeiro, 2017, p. 62.

[247] PIRES, Alex Sander Xavier; AZNAR FILHO, Simão; TRINDADE, Carla Dolezel. *Constitucionalismo luso-brasileiro* – leitura normativa no âmbito do domínio da lei e da humanização das relações. Rio de Janeiro, 2017, p. 48.

[248] PIRES, Alex Sander Xavier; AZNAR FILHO, Simão; TRINDADE, Carla Dolezel. *Constitucionalismo luso-brasileiro* – leitura normativa no âmbito do domínio da lei e da humanização das relações. Rio de Janeiro, 2017, p. 55.

Feitas essas observações iniciais, a atividade legiferante há de representar os anseios da sociedade, obviamente sem suplantar a ordem constitucional, ainda que na interpretação popular os direitos assegurados pela Carta Maior sejam tidos por não efetivos ou inexistentes. Desse modo, obrigatório que se verifique a questão oriunda da representação popular.

3.1.1 A questão da representação

A vontade popular é transmitida por intermédio da representação, e essa se manifesta em três formas clássicas: (i) a representação por delegação ou mandato imperativo; (ii) a representação como relação de confiança em que o mandato é exercido livremente, de forma independente; e (iii) a representação como espelho ou representatividade sociológica.[249]

Dissertando rapidamente sobre como se manifestam, no que é pertinente à primeira forma de representação, a delegação ou o mandato imperativo tem o representante como um "executor privado de iniciativa e de autonomia"[250] – alguém que exerce a representação de forma vinculada aos interesses dos representados. Ou seja, os representados transmitiram poderes limitados a seus representantes. Nessa perspectiva, o representante não agirá senão para expressar a vontade de seus representados e, se assim não o fizer, estará sujeito à revogação de seu mandato em caso de descumprimento das instruções ou da vontade dos representados. Embora tenha uma origem medieval e seja reprovável explicitamente por ordens constitucionais mundo afora, é possível vê-lo comumente nas organizações e comunidades internacionais.

Quanto à segunda forma, tem-se que o representante dispõe de autonomia e sua única direção, pelo menos desejável, é que busque o interesse dos representados de acordo com sua percepção. Edmund Burke, em menção de Bobbio *et alii*, descreveu o papel do representante em sua obra intitulada *"Speech to the electors of Bristol"* como um

---

[249] BOBBIO, Norberto; MATTEUCCI, Nicola; PASQUINO, Gianfranco. *Dicionário de política*. Coord. trad. João Ferreira; rev. geral João Ferreira e Luis Guerreiro Pinto Cacais. 11. ed. Brasília: Editora Universidade de Brasília, 1998, p. 1102.

[250] BOBBIO, Norberto; MATTEUCCI, Nicola; PASQUINO, Gianfranco. *Dicionário de política*. Coord. trad. João Ferreira; rev. geral João Ferreira e Luis Guerreiro Pinto Cacais. 11. ed. Brasília: Editora Universidade de Brasília, 1998, p. 1102.

"trabalho de razão e de juízo" a serviço do "bem comum", livre do querer e dos preconceitos locais dos eleitores.[251]

A terceira forma, que é a da representação como espelho, repercute mais no efeito do conjunto dos representantes do que sobre o papel de cada representante, sendo o organismo representativo uma espécie de microcosmo que reproduz as características do corpo social.

Ao se questionar quais características deveriam estar espelhadas no organismo representativo, depara-se com aquelas de caráter profissional, socioeconômico, religioso, cultural, étnico e racial, além daquelas atinentes ao gênero.

Em sistemas eleitorais proporcionais pode haver uma reprodução bastante fiel de algumas características, a depender da bandeira circunstancial, de sorte a poder surgir "partidos operários, agrários, confessionais, étnicos, feministas".[252]

Com o passar do tempo, essas bandeiras vão perdendo a força e a representatividade sociológica, de perfil originário não político. Passa-se à profissionalização da vida política, deixando de sintetizar os problemas particulares, bem como não representando as diversas tendências presentes no corpo político originário. Se não houver sequer a expectativa de em algum momento exercer o governo, a representação sociológica "não ocupa uma posição de centralidade e sim uma função mais secundária de legitimação e de correção do poder".[253]

Na delegação ou no mandato imperativo há grande possibilidade de ocorrer a "reprodução imitativa de características existenciais",[254] limitando e tornando irregular a participação dos representantes no processo de decisões, com grandes obstáculos, pois não contam com uma margem de manobra razoável, mas com um rígido sistema de instruções vinculantes. Os representados, de maneira geral, não dispõem de conhecimentos adequados dos negócios públicos (o que comprova o que já se assinalou no item 2.1 acerca da necessidade de a educação se

---

[251] BOBBIO, Norberto; MATTEUCCI, Nicola; PASQUINO, Gianfranco. *Dicionário de política*. Coord. trad. João Ferreira; rev. geral João Ferreira e Luis Guerreiro Pinto Cacais. 11. ed. Brasília: Editora Universidade de Brasília, 1998, p. 1102.

[252] BOBBIO, Norberto; MATTEUCCI, Nicola; PASQUINO, Gianfranco. *Dicionário de política*. Coord. trad. João Ferreira; rev. geral João Ferreira e Luis Guerreiro Pinto Cacais. 11. ed. Brasília: Editora Universidade de Brasília, 1998, p. 1103.

[253] BOBBIO, Norberto; MATTEUCCI, Nicola; PASQUINO, Gianfranco. *Dicionário de política*. Coord. trad. João Ferreira; rev. geral João Ferreira e Luis Guerreiro Pinto Cacais. 11. ed. Brasília: Editora Universidade de Brasília, 1998, p. 1103.

[254] BOBBIO, Norberto; MATTEUCCI, Nicola; PASQUINO, Gianfranco. *Dicionário de política*. Coord. trad. João Ferreira; rev. geral João Ferreira e Luis Guerreiro Pinto Cacais. 11. ed. Brasília: Editora Universidade de Brasília, 1998, p. 1103.

voltar à preparação popular para o exercício adequado da cidadania), em especial pela complexidade que requer compreensão específica. Nesse caso, não seriam dadas instruções adequadas para o exercício da delegação, o que a tornaria não efetiva. Ainda assim, há exemplo de sua aplicação na tradição política inglesa, em que candidatos e partidos assumem posições com caráter quase formal e vinculante.

Por outro lado, a forma de representação fiduciária (assim denominada porquanto o representado depositará certa confiança no representante) é marcada por um centro focal, partindo de uma referência indicada por seu colégio eleitoral. Mas, por óbvio, não se dissocia de uma esfera territorial intermediária, da nação inteira e tampouco desconsidera eventuais interesses particulares e, sobretudo, o interesse geral.

Como as demais, essa forma de representação não é perfeita, pois que é possível não haver correspondência entre as percepções dos representantes quanto ao que almejam os representados. Ou seja, não há uma "solução satisfatória para uma situação onde há pontos de vista diferentes, o que é, exatamente, um dos problemas cruciais da vida política".[255] Se não houver uma forma de controlar o comportamento do representante, este poderá exercer seu poder arbitrariamente, contrastando com a razão de ser da representação.

Assim se conclui que os sistemas políticos representativos deverão contar com parcelas dessas formas de representação, de maneira indeterminável, mas com um valor mínimo característico, de sorte que a representação se tornaria eficaz se pudesse ter um representante "fiduciário controlado que em algumas de suas características espelha as dos seus eleitores", extraindo-se do modelo da representação delegada a parte vinculante do representante, pois que sem ela a "função da representação seria desnaturada, já que ele garante um certo grau de controle dos cidadãos sobre o poder político".[256]

Registre-se que o problema da representação pode ensejar o voluntarismo judicial na medida em que, dentre outras motivações, os juízes podem se ver como agentes de resistência a um liberalismo excessivo e de um desprendimento do Estado para com suas responsabilidades sociais.

---

[255] BOBBIO, Norberto; MATTEUCCI, Nicola; PASQUINO, Gianfranco. *Dicionário de política*. Coord. trad. João Ferreira; rev. geral João Ferreira e Luis Guerreiro Pinto Cacais. 11. ed. Brasília: Editora Universidade de Brasília, 1998, p. 1104.

[256] BOBBIO, Norberto; MATTEUCCI, Nicola; PASQUINO, Gianfranco. *Dicionário de política*. Coord. trad. João Ferreira; rev. geral João Ferreira e Luis Guerreiro Pinto Cacais. 11. ed. Brasília: Editora Universidade de Brasília, 1998, p. 1104.

Daí que não se furta esquecer a advertência feita por Boaventura de Sousa Santos a respeito da crise pela qual passa a representação, dado que nunca é bom que a democracia ande sozinha com o liberalismo, sob pena de o resultado não ser o desejável, sendo mesmo necessário que se faça algo para que a sociedade seja curada da apatia política ao mesmo tempo em que a comunidade política não se entregue ao distanciamento dos eleitores. Eis, portanto, o chamamento ao equilíbrio a que quer despertar o autor:

> Por um lado, se a democracia é hoje menos questionada do que nunca, todos os seus conceitos satélites têm vindo a ser questionados e declarados em crise: a patologia da participação, sob a forma do conformismo, do abstencionismo e da apatia política; a patologia da representação, sob a forma da distância entre eleitores e eleitos, do ensimesmamento dos parlamentares, da marginalização e governamentalização dos parlamentos, etc. Por outro lado, se atentarmos na história europeia desde meados do século XIX, verificamos que a democracia e o liberalismo económico foram sempre má companhia um para o outro. Quando o liberalismo económico prosperou a democracia sofreu e vice-versa. Contudo, surpreendentemente, hoje a promoção da democracia a nível internacional é feita conjuntamente com o neoliberalismo e de facto em dependência dele. Haverá aqui alguma incongruência ou armadilha?[257]

3.1.2 A função legiferante

O processo político decorre da representação da sociedade, de uma forma ou de outra, no parlamento, o qual será mais ou menos ativo e, consequentemente, mais ou menos determinante, tanto quanto for sua atividade legislativa.

Essa atividade legislativa proeminente, participativa e definidora dos rumos do governo, da nação, e mesmo da sociedade em alguns aspectos, resultará em maior ou menor voluntarismo judicial, pois que se o parlamento atuar ou não atuar nas políticas públicas, em um cenário de crescente valorização das normas constitucionais, pode incitar o contraponto do judiciário, tanto na efetividade constitucional abstrata como na concreta por meio do controle difuso, em especial para corrigir supressões ou omissões.

---

[257] SANTOS, Boaventura de Sousa. *Pela mão de Alice:* o social e o político na pós-modernidade. 7. ed. Lisboa: Edições Afrontamento, 1999, p. 21.

Registre-se que, de fato, a atividade mais típica do parlamento moderno é a legiferação e não por outro motivo ele é assim designado como Poder Legislativo.

O exercício da função legislativa, entendida como elaboração de normas gerais, remete ao executivo, ou seja, ao governo, o atendimento ao caso concreto e particular dentro do quadro geral estabelecido pela legislação.

O que este trabalho pretende registrar de modo conciso é que as modernas conformações, transformações ou mudanças políticas indicam não haver tanta clareza quanto ao exercício distinto das funções dos três poderes. É grande a interação do executivo dentro da esfera parlamentar, exercendo o domínio ou, em alguns casos, sendo dominado. Por outro lado, o próprio instrumento legislativo, isto é, a lei, que era o mecanismo político para interferir na vida social, "perdeu o seu primitivo caráter de raridade e estabilidade",[258] transformando-se antes em meio de particularizar interesses e caracterizando-se como algo de enorme e fácil mutabilidade.

Por outro lado, como o executivo também atua legislando ou interferindo bastante na atividade legislativa, ao contrário do que ocorria primitivamente quando a separação de poderes foi concebida, "pode-se afirmar que hoje se governa legislando".[259]

Essa também é a constatação do constitucionalista português Jorge Bacelar Gouveia, para quem a característica da normatividade, que se traduzia em atributo inerente à função legislativa, vem sendo cada vez mais abrandada pela intervenção governamental ante a justificativa do necessário e inafastável planejamento econômico, o qual passa a ditar a atividade legiferante e com isso permitir que o governo seja o maior protagonista da edição de normas, sendo que "a função legislativa deixou de ser monopólio parlamentar, passando a ser partilhada, a diversos títulos, pelo órgão executivo".[260] Essa substituição funcional, por assim dizer, passou a ser factível, pois que a lei cada vez mais passou a exigir maior tecnicidade, tornando-se incompatível com a produção parlamentar, além de a vida moderna impor maior celeridade para a produção legislativa.

---

[258] BOBBIO, Norberto; MATTEUCCI, Nicola; PASQUINO, Gianfranco. *Dicionário de política*. Coord. trad. João Ferreira; rev. geral João Ferreira e Luis Guerreiro Pinto Cacais. 11. ed. Brasília: Editora Universidade de Brasília, 1998, p. 885.

[259] BOBBIO, Norberto; MATTEUCCI, Nicola; PASQUINO, Gianfranco. *Dicionário de política*. Coord. trad. João Ferreira; rev. geral João Ferreira e Luis Guerreiro Pinto Cacais. 11. ed. Brasília: Editora Universidade de Brasília, 1998, p. 885.

[260] GOUVEIA, Jorge Bacelar. *Manual de direito constitucional:* introdução, parte geral, parte especial. Vol. 2. 3. ed. rev. actualizada. Coimbra: Almedina, 2009, p. 817.

Vendo o processo legislativo convencional com suas fases de iniciativa, discussão, deliberação, constata-se que desde a fase inicial o governo tenta inserir seu programa político, e quanto mais forte for ele, maior será a interferência perante o parlamento, tornando a iniciativa legislativa de cunho parlamentar uma atividade residual. Se assim for, o executivo tentará fixar as prioridades políticas e, se contar com a maioria parlamentar, obterá o êxito almejado.

Na fase em que a dialética é exercida, há a possibilidade de o parlamento sofrer novamente a interferência externa, de modo que a maioria pode exercer oposição às tentativas de transformações ou modificações exigidas pela minoria ou até às exigências de setores da sociedade organizada, uma vez que a discussão acerca de projetos legislativos, contemplando o exame de cada um dos artigos e das emendas propostas, possibilita a intervenção das diversas forças políticas externas. Essa influência também advém do executivo, que pode expressar sua vontade política, direta ou indiretamente, apresentando emendas ou mesmo retirando suas próprias propostas de lei em decorrência, por exemplo, de uma objeção de caráter orçamentário-financeiro. Não se deve desprezar no campo da política moderna que diversos grupos exercem pressão sobre a base parlamentar, que, de maneira informal na maior parte das vezes, compromete-se a procurar "favorecê-los durante o período legislativo".[261]

Por esse motivo é que o voluntarismo judicial se apresenta como mecanismo para viabilizar uma plataforma de defesa das minorias contra a maioria ou mesmo contra o governo, incorrendo, entretanto, na possibilidade de errar a mão no rumo dessas correções.

Outra função parlamentar que não pode ser desprezada, nada obstante tenha sido uma das funções primordiais e primitivamente concebidas para o legislativo (e essa lacuna é que pode demandar a ação voluntariosa do judiciário), é aquela relativa ao controle que deve exercer sobre o executivo.

Há que se dar efetividade ao controle parlamentar sobretudo porque por volta do século XVIII a grandiosidade e a elevada função do legislativo era conceber as leis gerais e libertadoras. Na atualidade, no entanto, essa grandeza foi diminuída ou mesmo ofuscada por seu excesso (ou falta de raridade) bem como pelo fato de os governos editarem normas de caráter executivo, com reflexos diretos na vida

---

[261] BOBBIO, Norberto; MATTEUCCI, Nicola; PASQUINO, Gianfranco. *Dicionário de política.* Coord. trad. João Ferreira; rev. geral João Ferreira e Luis Guerreiro Pinto Cacais. 11. ed. Brasília: Editora Universidade de Brasília, 1998, p. 886.

econômica, tornando o Estado um "empresário igual aos outros, mediador nos conflitos sindicais e programador de todo o desenvolvimento da sociedade".[262]

Então há que se despertar para essa atividade inerentemente cabível aos representantes da sociedade, pois que, se o parlamento só se limitasse à faceta legislativa, deixaria escapar uma importantíssima parcela do processo político, que é o exercício do controle governamental, pois de nada adiantaria se envolver na edição de normas legislativas se não verificasse que "o real peso político do órgão representativo deveria ser avaliado, portanto, tendo também em conta a eficácia da sua atividade de controle".[263]

Sendo assim, o parlamento pode obstar o programa do executivo (negando recursos orçamentários para determinados projetos/atividades), exigindo a forma legislativa para implementação de políticas públicas, por exemplo, de maneira a requerer o crivo parlamentar sobre os fundos pertinentes aos programas governamentais. Outro controle efetivo é de provocar "a opinião pública, por meio da solicitação de explicações, interpelações e inquéritos, à atuação do Executivo". A eficácia desse tipo de ação depende da existência de "um público atento aos acontecimentos políticos e capaz de influir no seu processo".[264]

Isso só se dá com a implementação de um nível de educação e preparação da sociedade para uma participação mais ativa, consoante esposado no capítulo 2 deste trabalho, de maneira que o nível de consciência de integração e de solidariedade, pelo convívio em sociedade, seja cada vez mais enaltecido pelo uso de técnicas pedagogas avançadas, as quais devem ser isentas de expressar qualquer viés ideológico, dirigindo, sim, a que essa construção se dê em foro íntimo.

Oportunidade fulcral para o exercício da função de controle é a da discussão anual do orçamento apresentado pelo governo. Mesmo naqueles casos em que o parlamento não tenha o poder de modificar o projeto de orçamento do governo, limitando-se a sua aprovação ou rejeição total, há uma importante e relevante ação política a cargo do

---

[262] BOBBIO, Norberto; MATTEUCCI, Nicola; PASQUINO, Gianfranco. *Dicionário de política.* Coord. trad. João Ferreira; rev. geral João Ferreira e Luis Guerreiro Pinto Cacais. 11. ed. Brasília: Editora Universidade de Brasília, 1998, p. 886.

[263] BOBBIO, Norberto; MATTEUCCI, Nicola; PASQUINO, Gianfranco. *Dicionário de política.* Coord. trad. João Ferreira; rev. geral João Ferreira e Luis Guerreiro Pinto Cacais. 11. ed. Brasília: Editora Universidade de Brasília, 1998, p. 886.

[264] BOBBIO, Norberto; MATTEUCCI, Nicola; PASQUINO, Gianfranco. *Dicionário de política.* Coord. trad. João Ferreira; rev. geral João Ferreira e Luis Guerreiro Pinto Cacais. 11. ed. Brasília: Editora Universidade de Brasília, 1998, p. 886.

legislativo, uma vez que submete o governo à vigilância parlamentar "e oferece ocasião para um debate geral acerca das finalidades da ação do Executivo".[265]

Não se desconhece, também, que é a maioria, vinculada ao executivo, que exerce seu papel preponderante na atividade legislativa. A oposição, invariavelmente, limita-se a sua função crítica, sendo a principal executora da atividade de controle, pois é ela, presumivelmente, que mais procede à censura da ação do governo e, certamente menos, a maioria que o apoia. Quando esse desejável controle não é efetivo e direitos, por exemplo, são depreciados, desprezados ou diminuídos sem causa, entra em cena o denominado voluntarismo judicial em sua vertente aceitável ou desejável.

Assim, mostra-se crucial para a democracia e, quem sabe, até mesmo para diminuir o voluntarismo (ativismo) judicial, que a prática parlamentar seja marcada pelo intercâmbio de comunicações com o representado e com o governo (sabedor das potencialidades econômico-financeiras) de modo a contribuir para que se crie a necessária coesão entre as forças políticas, e as eventuais divergências sejam vencidas ou amenizadas pela boa e elogiável dialética política. A força e a coerência do parlamento decorrem de sua ética empreendida, de modo que se deve buscar o respeito às normas advindas de costumes e convenções, ainda que informais, vinculando-se a elas para que se dê a devida sustentação institucional. Deve-se almejar uma adequação estrutural do modelo parlamentar de representação aos interesses da sociedade a fim de que sua supremacia, na essência, seja assegurada.

Não serão as instituições representativas da sociedade civil ou mesmo os sindicatos que deverão ter o predomínio do método de negociação, haja vista que a atividade parlamentar legislativa e de controle é que, em última análise, haverá de alicerçar a estrutura do governo, e este, por sua vez, haverá sempre de oferecer espaço político à oposição, de modo a não se degenerar em um órgão autocrático.

E isso deve ser feito para que não se constate a observação feita por Hayek consistente na sua descrença acerca da atual forma sistemática de democracia, notadamente quanto à interferência do executivo sobre o legislativo, induzindo o leitor à conclusão de que o voluntarismo judicial pode servir como instrumento limitador da atuação do Estado cerceador de direitos individuais garantidos constitucionalmente e

---

[265] BOBBIO, Norberto; MATTEUCCI, Nicola; PASQUINO, Gianfranco. *Dicionário de política*. Coord. trad. João Ferreira; rev. geral João Ferreira e Luis Guerreiro Pinto Cacais. 11. ed. Brasília: Editora Universidade de Brasília, 1998, p. 886.

injustificadamente limitados sem a comprovação de razoável ou ponderável impossibilidade econômico-financeira:

> Uma ordenação pela qual o interesse da autoridade suprema volta-se sobretudo para o governo, não para o direito, só pode dar lugar à preponderância cada vez maior do governo sobre o direito – e a progressiva ampliação das atividades governamentais é em boa parte fruto dessa ordenação. É ilusão esperar que homens que devem sua posição ao poder de distribuir benefícios restrinjam sua margem de ação com normas inflexíveis que proíbam todo privilégio. Confiar a lei a governantes eleitos é como confiar à raposa o galinheiro – logo não haverá mais nada, pelo menos nenhuma lei no sentido de limitação dos poderes discricionários do governo.[266]

3.2 Formulação de políticas públicas e monitoramento da gestão governamental

As políticas públicas podem se submeter ao controle popular, inclusive por intermédio da provocação do judiciário, que poderá vir a suprir uma lacuna de órgãos estatais ao obrigá-los, por exemplo, a implementar ou até mesmo a formular antes uma política pública capaz de atender a uma demanda individual pelo cumprimento de direitos sociais.

Importante questionamento formula James Fishkin sobre se não seria apenas uma manifestação simbólica, no bojo das democracias modernas, aquilo que os formuladores de políticas de modo usual asseveram: o "governo do povo". Complementa a questão de Fishkin o fato de que líderes eleitos afirmam reiteradamente que exercem "mandatos" do povo, mas é cada vez mais imperceptível o grau com que os cidadãos "estão no controle das políticas com as quais devem conviver".[267]

A percepção de James Fishkin corrobora aquilo que este trabalho assentou quanto ao fato de que a maior parte dos cidadãos é desatenta, não bem informada e apenas se sente motivada pelas ações governamentais de forma episódica, de modo que o exercício do controle popular não é significativo. Ademais, é consabido que líderes políticos

---

[266] HAYEK, Friedrich August von. *Direito, legislação e liberdade*: uma nova formulação dos princípios liberais de justiça e economia política. Vol. III. São Paulo: Visão, 1985, p. 35.

[267] FISHKIN, James. *Democracy when the people are thinking*: reflections on deliberative designs, micro and macro 1. Paper prepared for presentation at the ECPR meetings in Hamburg, August 22-25, 2018. Disponível em: https://ecpr.eu/Filestore/PaperProposal/ede6e45e-3a57-4098-8117-e4ede4b47c0e.pdf. Acesso em: 12 jul. 2019.

manipulam ou enganam o público, que não está apto ou devidamente preparado para o exercício do controle sobre seus representantes (crise entre democracia e demagogia). Não se pode ter interesse por aquilo que é difícil de entender ou de se aprofundar. Questão deveras importante ainda é suscitada por Fishkin sobre se não seria, de fato, o ambiente político-governamental que estaria exercendo controle sobre as pessoas.

É preciso ter em mente que a proposição de uma democracia deliberativa acerca das políticas públicas implementáveis, em razão das prioridades definidas pela população, deve partir do universo de eleitores instruídos adequadamente, com uma preparação educacional razoável que permita que o exercício dessa democracia seja objetivamente igual.

Sabe-se que mesmo na hipótese de os eleitores votarem "sincera e ponderadamente por um pacote de políticas, sem manipulação",[268] não significa que não estejam atendendo às regras ou aos desejos da maioria. Pode estar, neste ponto, também, a justificativa para ações de voluntarismo judicial que tenham como intento a correção de eventual impropriedade.

Um dos objetivos fundamentais da República Federativa do Brasil é, conforme o art. 1º, §2º, da Constituição Federal, a igualdade e a justiça. Em Portugal, o art. 2º da Constituição da República Portuguesa estatui que o Estado se baseia no respeito e na garantia de efetivação dos direitos e liberdades fundamentais. Ora, tanto o Estado brasileiro como o português dependem de um sistema tributário e orçamentário-financeiro (baseado na fiscalidade) que viabilize uma política fiscal que fomente a economia e, ao mesmo tempo, viabilize a distribuição de renda e riqueza.

A necessária interação e o conhecimento de como é que se pagam as contas e como é que se aplica o dinheiro arrecadado pressupõe uma ativa participação da sociedade nas decisões relativas à implementação das políticas públicas.

As interdependências e consequências da atuação do Estado moderno não permitem mais a existência no seio da sociedade do *idiotes*, sendo mais que desejável, ou imprescindível mesmo, que todo cidadão se veja como um *politikos*.[269]

---

[268] FISHKIN, James. *Democracy when the people are thinking*: reflections on deliberative designs, micro and macro 1. Paper prepared for presentation at the ECPR meetings in Hamburg, August 22-25, 2018. Disponível em: https://ecpr.eu/Filestore/PaperProposal/ede6e45e-3a57-4098-8117-e4ede4b47c0e.pdf. Acesso em: 12 jul. 2019.

[269] *IDIOS*, do grego, corresponde ao que é pessoal ou privado, surgindo daí a palavra *IDIOTES*, que é o indivíduo que vive em seu mundo particular ou privado. Por outro

Neste ponto, mais uma vez se verifica que a educação assume papel de vital importância na preparação da criança e do adolescente (do futuro cidadão) à percepção de que são pertencentes a uma comunidade politicamente organizada, tendo direitos e obrigações frente a um Estado que pode potencializar o atendimento de suas necessidades, mas que depende do comportamento da economia e da boa gestão para que as políticas públicas tenham o alcance objetivado.

Tendo em conta o fortalecimento da supremacia do parlamento e a minimização dos atos de voluntarismo judicial ao estritamente necessário, deve-se ter como parâmetro que o controle da ação política pode ser feito pela sociedade, devidamente preparada para tal, de maneiras as mais diversas, tendo-se como exemplos: (i) no campo da gestão pública, os conselhos de educação, de alimentação escolar, de saúde, de assistência social e, sobretudo, o orçamento participativo e, em seguida, o monitoramento das ações governamentais; (ii) na participação direta por intermédio da iniciativa popular legislativa, que pode, inclusive, requerer o plebiscito ou mesmo o referendo; e (iii) no campo judicial, por meio da ação popular ou do mandado de segurança coletivo.

Assim, é imprescindível que haja investimentos educacionais na preparação da sociedade, e o mais cedo possível, na infância e juventude, para que se alcance um nível tal de consciência dos indivíduos a não viverem em sua individualidade ou particularidade sem que se perca a noção de suas obrigações cidadãs, inclusive para buscar a conquista de direitos preconizados na Constituição e que não foram implementados pelo Estado. Essa busca, como dito anteriormente, pode minimizar o acionamento do judiciário para fazer valer seus direitos se houver uma tempestiva integração popular com os agentes representantes na formulação e implementação das políticas públicas.

3.2.1 As políticas públicas e sua implementação

As ações governamentais que influenciam a vida dos cidadãos e são implementadas diretamente ou por delegação do Estado podem ser consideradas como políticas públicas. A adoção dessas políticas envolve um componente de escolha quanto a quais iniciativas, decisões e ações serão tomadas para solucionar ou ao menos amenizar um problema social.

---

lado, como antônimo, tem-se que POLITIKOS era todo cidadão de Atenas que discutia os problemas da cidade, os quais eram debatidos no espaço reservado para tal, denominado de Ágora.

Maria Paula Dallari Bucci oferece definição precisa e concisa, cuja reprodução se torna obrigatória:

> Políticas públicas são programas de ação governamental visando a coordenar os meios à disposição do Estado e as atividades privadas, para a realização de objetivos socialmente relevantes e politicamente determinados. Políticas públicas são metas coletivas conscientes e, como tais, um problema de direito público, em sentido lato.[270]

Desencadeadas pelo Estado, as políticas públicas são formuladas para atender a determinados segmentos da sociedade civil, ainda que em parceria com organizações não governamentais, caracterizadas pela percepção do problema social a ser enfrentado, pelo engajamento do governo, pela definição do objetivo da política a ser implementada e pela estruturação de um processo de ação para atingir o objetivo formulado.

É necessário levar em consideração que a prestação devida pelo Estado varia de acordo com a necessidade específica de cada cidadão. Em razão da inexistência de recursos financeiros suficientes para a satisfação de todas as necessidades sociais, a formulação de políticas sociais e econômicas voltadas a sua implementação implica escolha para destinação dos recursos disponíveis, tendo-se como parâmetro a justiça distributiva e a observância do princípio da dignidade da pessoa humana para assegurar ao menos o mínimo existencial, caso contrário, o judiciário poderá ser demandado para garanti-lo.

Dissertando sobre as políticas públicas e sobre as dificuldades de sua formulação, Ana Cláudia Niedhardt Capella anota que foi Harold D. Lasswell, cientista político norte-americano, o primeiro a apresentar a sugestão de que os governos deveriam ter uma metodologia com vistas a auxiliar a tomada de decisão, com um corpo de profissionais treinados em teorias e métodos adequados a essa finalidade. A abordagem de Lasswell, segundo Ana Capella, foi desenvolvida e refinada entre os anos de 1940 e 1970, tendo sido denominada de *Policy Sciences* e descritas como o "conhecimento do processo e no processo de produção de políticas públicas".[271]

Desse modo, o estudo relativo às políticas públicas destinaram-se inicialmente à investigação dos problemas que os governos enfrentavam

---

[270] BUCCI, Maria Paula Dallari. *Direito administrativo e políticas públicas*. São Paulo: Saraiva, 2006, p. 241

[271] CAPELLA, Ana Cláudia Niedhardt. *Formulação de políticas públicas*. Brasília: Enap, 2018, p. 13.

com a demanda e a implementação dessas políticas. O avanço técnico advindo dessa experiência permite que a formulação de políticas já aborde a questão de uma maneira mais objetiva, sendo necessária a definição dos problemas demandados a partir de uma determinada identificação, o debate sobre uma questão estruturada previamente e a tomada de decisão para inclusão ou não da política na agenda governamental.

Portanto a política pública deve objetivar uma atuação sobre a fonte ou a causa de um determinado problema ou conjunto de problemas, e a ação pública concernente a esse problema deve visar à solução ou à minimização dele.

A dificuldade inerente está em atingir a causa do problema, dado que muitas vezes há apenas o reconhecimento dos efeitos. Há que se ter clareza na determinação de causa e efeito para que definam adequadamente os objetivos da política. Para tanto, é na negociação e nos acordos entre os agentes e as instituições envolvidos no desenho da política que se pode definir esses objetivos com maior exatidão, partindo-se de um diagnóstico bem fundamentado e bem feito, com a identificação precisa da fonte ou causa do problema a ser combatido, tendo-se em conta sempre que o "objetivo principal de qualquer ação pública é atender de maneira efetiva a demanda envolvida no problema identificado, aplicando eficientemente os recursos".[272]

O apanhado doutrinário efetuado por Ana Cláudia Capella, acerca da definição do problema para que formule adequadamente a política pública, indica que o maior desafio está em equilibrar os dois grupos que geralmente estão em disputa pela definição de problemas, resumidamente, os ganhadores e os perdedores. Os primeiros exercem "posições dominantes em determinado âmbito de uma política pública e buscam conter o avanço dos conflitos",[273] tentando demonstrar que as ideias defendidas por eles são sólidas, ao mesmo tempo que tentam dissuadir ideias contrárias. Por outro lado, os perdedores querem superdimensionar o problema e politizá-lo, tornando-o menos específico ou mais ambíguo, retirando-lhe a tecnicidade para solucioná-lo, isto é, fazendo-o comum e simples, ao tempo em que tenta mobilizar a audiência com a indicação de que o alcance social é enorme, além de

---

[272] BRASIL. Casa Civil da Presidência da República. *Avaliação de políticas públicas*: guia prático de análise *ex ante*, Vol. 1. Instituto de Pesquisa Econômica Aplicada. Brasília: Ipea, 2018, p. 72.

[273] CAPELLA, Ana Cláudia Niedhardt. *Formulação de políticas públicas*. Brasília: Enap, 2018, p. 18.

apresentar a urgência em que deva ser resolvido a fim de caracterizar sua relevância e importância.

Assim, a atividade governamental, ou seja, toda a produção de políticas públicas está relacionada com a definição de problemas, e esta, por sua vez, origina-se na percepção dos atores sobre problemas públicos e nos interesses em jogo. A definição de problemas, para os autores David Rochefort e Roger Cobb, citados por Ana Cláudia Capella, também se manifesta no discurso político e é empregada para "explicar, descrever, recomendar e, sobretudo, persuadir".[274]

David Rochefort e Roger Cobb, consoante menção de Ana Cláudia Capella, destacam que a definição de problemas para formulação das políticas públicas requer a identificação de nove elementos, entabulados pelos seguintes substantivos: causalidade, gravidade, incidência, novidade, proximidade, crise, público-alvo, meios *versus* fins e, finalmente, soluções.

A identificação da causalidade consiste na localização das causas de um problema para que alternativas para ação governamental possam, de fato, minimizar ou mesmo eliminar o problema. Tem-se por prioritário identificar a causa para que não se coloque a carga indevidamente sobre outros agentes não causadores. No caso de desastres ambientais em áreas urbanas, tais como enchentes ou desabamentos, pode ser apontado como fonte causadora a falta de cuidado de alguns moradores com o lixo ou até culpá-los pela escolha equivocada do lugar para morar, bem como se pode culpar o clima ou os fenômenos da natureza, de modo a isentar de responsabilidade o próprio governo.

A gravidade é identificada quando da atribuição do nível de seriedade com que o problema é visto. Então, a percepção da gravidade é elemento importante no processo de formulação de política.

Identificar a incidência consiste na determinação de qual extensão a situação-problema é constante, como por exemplo, com que incidência a AIDS tem avançado no âmbito dos adolescentes e jovens e com que frequência atinge os mais velhos, por exemplo.

Verifica-se a novidade quando se analisa a ocorrência de situações não usuais, ou sem precedentes, atentando-se para o fato de que "problemas já conhecidos ou rotineiros tendem a ter uma percepção de importância menor",[275] vez que a preocupação da população em torno dos problemas é cíclica.

---

[274] CAPELLA, Ana Cláudia Niedhardt. *Formulação de políticas públicas*. Brasília: Enap, 2018, p. 19.

[275] CAPELLA, Ana Cláudia Niedhardt. *Formulação de políticas públicas*. Brasília: Enap, 2018, p. 22.

A proximidade deriva da constatação de uma situação-problema que é vivenciada direta ou indiretamente pelas pessoas, vez que os interesses estarão aguçados ou não em razão dessa proximidade geográfica ou geopolítica e até mesmo se houver, por isso, um vínculo emocional.

O elemento crise é identificado com a noção advinda da "retórica da calamidade" que busca atenção a um determinado problema, sobretudo se houver "outras questões competindo por atenção".[276]

Assim, o público-alvo advém da identificação de quais grupos sociais são afetados pelos problemas identificados, podendo daí despertar atenção pública e governamental decorrente do "grau maior ou menor de recursos de poder, entendidos como riqueza, capacidade de mobilização, possibilidade de eleger políticos etc.",[277] avaliando-se quais serão os grupos favorecidos, os grupos competidores, os grupos dependentes e os grupos desviantes. Nisto resulta que a formulação da política terá como grupos favorecidos os chamados merecedores e os grupos desviantes como indignos. Por isso, "problemas envolvendo alguns grupos têm maiores chances de concentrar atenção" e outros tendem a ser "sistematicamente ignorados".[278]

Os meios *versus* fins, consistente na percepção de que problemas podem ser resolvidos por meios, em que o processo de implementação acerca da percepção do problema resulta em "soluções que surgem antes de problemas".[279] Logo, a solução do problema pode ser facilitada ou dificultada conforme a percepção de que alternativas e soluções podem decorrer de uma atuação governamental.

Por sua vez, as soluções advirão da ação governamental que verifica se há disponibilidade de recursos e meios suficientes para solução a ser adotada, bem como do processo de "formação da agenda" do esforço do governo, envolvendo ainda a análise de aceitabilidade ética com a capacidade "orçamentária e financeira relacionada aos custos envolvidos na solução".[280]

---

[276] CAPELLA, Ana Cláudia Niedhardt. *Formulação de políticas públicas*. Brasília: Enap, 2018, p. 23.

[277] CAPELLA, Ana Cláudia Niedhardt. *Formulação de políticas públicas*. Brasília: Enap, 2018, p. 23-24.

[278] CAPELLA, Ana Cláudia Niedhardt. *Formulação de políticas públicas*. Brasília: Enap, 2018, p. 24.

[279] CAPELLA, Ana Cláudia Niedhardt. *Formulação de políticas públicas*. Brasília: Enap, 2018, p.24.

[280] CAPELLA, Ana Cláudia Niedhardt. *Formulação de políticas públicas*. Brasília: Enap, 2018, p. 24-25.

Outra noção que não pode ser desprezada, conforme destaca o levantamento doutrinário empreendido por Ana Cláudia Capella, é que, na formulação das políticas públicas, deve-se considerar a diferenciação entre condições e problemas públicos.

Logo, uma condição advém de uma determinada ocorrência, tal como da poluição, do congestionamento ou da falta de medicamentos, por exemplo. Se desses eventos forem identificados problemas públicos, serão objeto da atenção governamental, do contrário, não, pois nem todas as condições ensejam problemas públicos. Ou seja, as condições podem gerar problemas que não afetarão um número significativo de pessoas ou não apresentarão amplitude negativa que o torne um problema público.

Fazendo alusão a Guy Peters, o trabalho de Ana Cláudia Capella apresenta as oito dificuldades enfrentadas na produção de políticas públicas, a saber:

a) Problemas sem clara delimitação de fronteiras, sejam elas organizacionais, geográficas, setoriais ou mesmo relacionadas às distinções entre setor público e privado, característica que eleva a quantidade de atores envolvidos, interesses, ideias e potenciais conflitos e que aumenta a demanda por coordenação. b) Problemas relacionados a bens públicos e que por esse motivo justificam a intervenção do setor público. c) Problemas que envolvem escala e ações que precisam ser desenvolvidas em conjunto. d) Problemas difíceis de serem resolvidos, ou que criam novos problemas. e) Problemas complexos do ponto de vista técnico (dificuldade de compreensão dos processos que geram o problema ou processos que envolvem um grande número de interações) ou político (interesses múltiplos e conflituosos em torno de um problema). f) Problemas que envolvem incerteza e risco, situações que não podem ser previstas; g) Problemas marcados pelas chamadas "escolhas trágicas", ou seja, que envolvem decisões caracterizadas por gerar benefícios a um grupo social ao mesmo tempo em que impõem perdas a outros grupos. h) Problemas envolvendo redistribuição de riqueza por meio de subsídios, empréstimos, pensões e outras formas de transferências.[281]

Surge daí uma dificuldade adicional, que são os chamados *wicked problems* (problemas perversos), os quais são mais que problemas complexos, de difícil tratamento, pois se apresentam de forma desestruturada e se tornam um enorme desafio para os analistas de políticas públicas.

---

[281] CAPELLA, Ana Cláudia Niedhardt. *Formulação de políticas públicas*. Brasília: Enap, 2018, p. 25-26.

O trabalho de Capella menciona que foram Horst Rittel e Melvin Webber, em 1973, que demonstraram que alguns problemas urbanos e sociais "não poderiam ser resolvidos por meio da aplicação do conhecimento científico", deparando-se com uma intratável dificuldade, qual seja, a de "saber o que distingue uma condição observada de uma condição desejada" e, a partir daí, identificar corretamente os problemas, haja vista que eles podem estar "numa rede complexa de relações causais". Desse modo, o planejamento governamental ainda enfrenta contemporaneamente a má definição dos problemas, pois ainda continuam a se basear em julgamentos "e não em critérios científicos". A conclusão a que se remete é que há problemas "domesticáveis" ou "domáveis", mas certamente há problemas de planejamento e esses são *"wicked problems"*, pois que "mal definidos, difíceis de serem descritos, longe do alcance de soluções completas e objetivas".

> Exemplos de problemas relacionados a políticas públicas atualmente caracterizados como *wicked problems* podem ser encontrados em ações de proteção às crianças; comportamentos autodestrutivos ou pouco saudáveis (uso de drogas, tabaco, álcool, *junk food*); planejamento e serviços de transporte urbano; a questão das populações indígenas (superação das desigualdades em relação a educação, saúde, renda, entre outros aspectos); sustentabilidade no uso dos recursos naturais (relacionados ao crescimento populacional e mudança climática).[282]

Reforce-se que a formatação e a implantação de uma nova política pública guiam-se por hierarquias ou prioridades, resultando em sua essencialidade ou não, envolvendo, ainda, a previsão ou a estimativa do tempo de sua implantação e de duração dos seus efeitos ou impactos, repercutindo nas metas e objetivos.

Há ainda que se coibir a indesejável confusão dos objetivos com os resultados de uma política pública e com isso acabar comprometendo seu alcance, como assinalado anteriormente. Demanda-se, portanto, maior transparência, monitoramento e avaliação das políticas públicas, sobretudo para que se minimizem as demandas judiciais a respeito de seu atendimento efetivo às necessidades dos cidadãos tidos como público-alvo.

Felipe de Melo Fonte, ao tratar da identificação de objetivos necessários à formulação e à escolha das políticas públicas, assinala que,

---

[282] CAPELLA, Ana Cláudia Niedhardt. *Formulação de políticas públicas*. Brasília: Enap, 2018, p. 28.

como atividade administrativa estatal, há que se obedecer ao princípio da legalidade e, embora as metas públicas sejam estabelecidas pelas maiorias de cada momento, ela deve se guiar pela lei, que é "instrumento básico de habilitação da ação governamental" nos moldes requeridos pelo direito administrativo de tradição germânico-romano. A reflexão do autor remete à constatação de que a habilitação legal, nesses casos: (i) decorre de um sistema jurídico que exige a observância do princípio da legalidade; e (ii) impõe que "os gastos públicos estejam devidamente previstos na lei orçamentária, o que se traduz na reserva de orçamento (ou princípio da legalidade orçamentária)". Sem que o administrador observe tais habilitações, não há como "seguir adiante no seu mister de formulação de políticas públicas".[283]

Outro tema discutido pelo trabalho de Felipe Fonte diz respeito à distinção entre a formulação e a escolha de políticas públicas, sendo a formulação a fase em que "os atores sociais e agentes públicos apresentam diversas soluções para o problema que o Estado se propôs a resolver". Deve-se permitir que o processo seja contemplado com ampla participação popular "(*e.g.*, uma audiência, consulta pública ou plebiscito) ou profundamente concentrado em setores particulares do governo". Entretanto o mencionado jurista entende que "afunilar ou alargar o canal de participação" encontra-se no campo discricionário da administração. No entanto adverte que a participação poderá ser restrita por exigir conhecimento técnico, "o que diminui o campo de atores capazes de contribuir para a definição da agenda pública".[284]

Quanto à segunda etapa, consistente na fase de escolha dentre as diversas fórmulas apresentadas, a análise empírica conduzida por Felipe Melo Fonte conclui que a administração enfrentará a dificuldade da escassez de tempo necessário para que *experts* apresentem soluções adequadas, dado que em muitos casos não haverá como os especialistas preverem a melhor solução.

> (...) dificilmente os agentes públicos podem contar com a expertise e o tempo necessários para verificar como cada solução possível afetará a realidade, e nem sempre tais consequências serão de fato previsíveis mesmo para os especialistas. Por outro lado, em raras hipóteses a solução com o melhor custo-benefício – que por sinal é algo difícil de

---

[283] FONTE, Felipe de Melo. *Políticas públicas e direitos fundamentais*. 2. ed. São Paulo: Saraiva, 2015, p. 62-64.

[284] FONTE, Felipe de Melo. *Políticas públicas e direitos fundamentais*. 2. ed. São Paulo: Saraiva, 2015, p. 62-64.

CAPÍTULO 3
O VOLUNTARISMO JUDICIAL E A SUPREMACIA DO PARLAMENTO | 169

ser alcançado na prática – poderá ser adotada sem custos políticos ou financeiros inaceitáveis.[285]

A linha de raciocínio de Melo Fonte é a de defender uma atuação do judiciário para eventualmente corrigir distorções nas políticas públicas; por conseguinte afirma que:

> (...) não é totalmente procedente a afirmação de que o Poder Judiciário não tem qualquer função a desempenhar em matéria de políticas públicas simplesmente porque não tem visão sistêmica, ao passo que a Administração Pública pode dela dispor. Ora, basta que a Administração tome decisões premida pelo tempo e sem o devido acesso à informação técnica, e então não haverá qualquer razão institucional para que ela seja privilegiada. Uma decisão administrativa nestas condições pode se revelar mais desastrosa para o público do que decisões judiciais esparsas e pontuais.[286]

Procurando contribuir com o desenvolvimento disciplinar e doutrinário em Portugal, Luísa Araújo e Maria de Lurdes Rodrigues dissertaram em artigo sobre os diversos modelos teóricos relativos às políticas públicas, apresentando sínteses desses modelos, promovendo a integração de conceitos e "explorando a complementaridade das diferentes abordagens".[287]

A rigor, as duas articulistas consideram que, no contexto no qual vive a sociedade portuguesa, "a análise das políticas públicas tem uma importância renovada", uma vez que a promoção da qualidade das políticas públicas deve ser instrumentalizada por metodologia adequada e ter como norte a transparência dos gastos públicos, porquanto deve, também, permitir que se tenha melhor compreensão das contradições que caracterizam os debates públicos em Portugal.

Que os debates sobre as políticas públicas conduzam, então, à compreensão do papel do Estado, a sua dimensão e a natureza da sua intervenção.

---

[285] FONTE, Felipe de Melo. *Políticas públicas e direitos fundamentais*. 2. ed. São Paulo: Saraiva, 2015, p. 62-64.

[286] FONTE, Felipe de Melo. *Políticas públicas e direitos fundamentais*. 2. ed. São Paulo: Saraiva, 2015, p. 65.

[287] ARAÚJO, Luísa; RODRIGUES, Maria de Lurdes. *Modelos de análise das políticas públicas*. CIES – Centro de Investigação e Estudos de Sociologia. Sociologia, Problemas e Práticas, nº 83, 2017, p. 11-35. DOI:10.7458/SPP2017839969. IUL, Lisboa, Portugal. Disponível em: http://journals.openedition.org/spp/2662. Acesso em: 19 fev. 2019.

É que os debates revelam que os defensores de políticas keynesianas almejam um papel ativo do Estado, não só na regulação, "mas também na resolução de problemas que o mercado não resolve", promovendo o investimento público e atendendo às "crescentes necessidades e expectativas dos cidadãos". Por outro lado, expõe que "os defensores de políticas restritivas e de um estado mínimo" desejam uma não intervenção estatal deixando que as soluções advenham dos mercados e da iniciativa individual. Quem assim se posiciona deseja "a redução do défice, da dívida e do investimento público".[288]

Outros debates, além das questões de caráter interno na adoção de políticas públicas decorrentes de um Estado keynesiano ou Estado mínimo, discutem as "dinâmicas da globalização e da transnacionalização", bem como sobre se pode haver "intervenção de organismos internacionais e transnacionais, como a OCDE, o FMI e as instituições da EU", tudo com impacto na análise das políticas públicas.[289]

Ao dissertar sobre políticas públicas, António Marques Bessa e Jaime Nogueira Pinto expressam a opinião de que elas contemplam o campo político, econômico e social e se revelam como orientações de quem exerce o domínio sobre os órgãos do poder, sendo, de fato, fruto das tomadas de decisões das elites governantes e tomam como pressuposto as concepções de mundo e de vida que possuem, além de considerar seus próprios interesses.[290]

Centrado mais no processo político de definição das políticas públicas e partindo de uma série de abordagens estrangeiras, J. A. de Oliveira Rocha também considera que em Portugal há a necessária observância ao princípio da legalidade, ao tempo que também considera imprescindível a inter-relação dos atores externos com o sistema político, mesmo admitindo que essas ações tenham o comando estatal. Entretanto, ainda que os atores externos não tenham a compreensão exata das ações governamentais, a resposta do governo deve ser precisa,

---

[288] ARAÚJO, Luísa; RODRIGUES, Maria de Lurdes. *Modelos de análise das políticas públicas.* CIES – Centro de Investigação e Estudos de Sociologia. Sociologia, Problemas e Práticas, nº 83, 2017, p. 11-35. DOI:10.7458/SPP2017839969. IUL, Lisboa, Portugal. Disponível em: http://journals.openedition.org/spp/2662. Acesso em: 19 fev. 2019.

[289] ARAÚJO, Luísa; RODRIGUES, Maria de Lurdes. *Modelos de análise das políticas públicas.* CIES – Centro de Investigação e Estudos de Sociologia. Sociologia, Problemas e Práticas, nº 83, 2017, p. 11-35. DOI:10.7458/SPP2017839969. IUL, Lisboa, Portugal. Disponível em: http://journals.openedition.org/spp/2662. Acesso em: 19 fev. 2019.

[290] BESSA, António Marques; PINTO, Jaime Nogueira. *Introdução à política:* o poder, o Estado e a classe política. Vol. 2. Lisboa: Editora Verbo, 2001, p. 283.

"de forma a resolver as propostas apresentadas".[291] A legalidade dos atos no processo de implementação das políticas públicas deve ser vista como uma necessidade, isto é, como uma obrigação da lei ou do programa do governo.

Do exposto, extrai-se que a implementação de políticas públicas deve ser encarada com tecnicidade, isto é, considerando diversas abordagens técnicas e experiências internacionais nos diversos campos em que elas são demandadas, como por exemplo, no âmbito da saúde, educação, segurança pública, habitação, previdência e assistência social entre outros.

Logo, todo um sistema político há de ser considerado como parte integrante de um processo, sendo dele participante e tomador de decisão. Se por um lado há componente de universalidade das políticas públicas, eis que toda a sociedade delas haverá de se beneficiar, a legitimidade estará atrelada à estruturação legal de sua definição e de seu público-alvo. Deve-se, também, levar em conta o padrão ético-moral com que essa política foi implementada.

Por outro lado, de nada adiantará a universalidade e a legitimidade da política se não houver um componente de coerção em sua implementação, centrando-se não só nos beneficiários, os quais estarão vinculados à estruturação legal com a qual serão enquadrados como tais, mas, também, na obrigatoriedade de o Estado propiciar a sua efetividade, seja porque conta com a previsão legal e orçamentária, seja porque a política pública também deve ser encarada de forma cogente, sobretudo porque ética e moralmente exigida.

Neste momento, há que se questionar se o judiciário estaria apto a suprir eventual lacuna de previsão de uma determinada política. Estando a política pública legalizada (mais ainda quando inexistente a previsão legal), questiona-se a aptidão do judiciário a partir da constatação de que são necessários inúmeros estudos para sua implementação, considerando-se, inclusive, os aspectos orçamentário-financeiros. Também cabe perquirir se haveria pertinência ou não de um juiz tornar efetivo o atendimento a uma demanda por um determinado benefício. Eis, portanto, o dilema do voluntarismo (ativismo) judicial nesse campo.

Não se pode desprezar o fato de que por meio das instituições, e o judiciário é uma delas, são satisfeitas, entre outras, as necessidades de poder. Se ao mesmo tempo esse poder pode chancelar a possibilidade

---

[291] ROCHA, J. A. Oliveira. *Gestão do processo político e políticas públicas*. Lisboa: Escolar Editora, 2010, p. 39.

do exercício de direitos e liberdades, pode impedi-los e de maneira irrecorrível. Por certo, se o judiciário considerar que o sistema político não poucas vezes promove a exclusão de muitas vozes, em razão da pesada burocratização, tem ele o condão, se bem preparado técnica e especificamente para determinadas políticas públicas, de proceder à correção almejada.

Também não se pode deixar de considerar que um sistema político, representado pelo parlamento e governo eleitos, reflete não só as demandas individuais ou de toda uma sociedade, mas são instituições políticas engendradas há muito tempo e que adquiriram padrões culturais próprios, nem sempre reconhecidos e aceitos pelos atores sociais. Então, há que se ter em conta que as políticas públicas são o produto de processos políticos de negociações antecedentes, mas que refletem as nuances do poder circunstancialmente atuante nessa interação, as quais terão efeitos decisivos na formulação e, consequentemente, no monitoramento da implementação dessas políticas. Eis porque necessário, muitas vezes, o controle judicial sobre elas.

3.2.2 Breves considerações acerca do controle judicial das políticas públicas

Algo presumível, mormente pela complexidade do universo institucional e em razão dos inúmeros atores na formulação das políticas públicas, é que nem sempre é possível determinar com exatidão os resultados pretendidos com essas políticas. Muitas vezes a solução imposta pelo governo não se apresenta como a mais eficiente, se considerar apenas a relação custo-benefício na perspectiva econômica. A avaliação positiva decorre do resultado político positivo advindo do atendimento aos "interesses dos grupos socialmente afetados". Então, não se mostra razoável rotular uma determinada "ação pública como um fracasso ou um sucesso",[292] haja vista que os critérios de avaliação são imprecisos, e diversas variáveis políticas podem ser desconsideradas ou mesmo não identificadas. Ademais, o processo de avaliação de políticas públicas é dificultado pela existência de um complexo universo institucional caracterizado pela falta de clareza dos papéis de um e outro órgão de poder, não sendo, inclusive, identificado que papel deve ser exercido pelo Poder Judiciário em todo esse processo.

---

[292] FONTE, Felipe de Melo. *Políticas públicas e direitos fundamentais*. 2. ed. São Paulo: Saraiva, 2015, p. 67.

CAPÍTULO 3
O VOLUNTARISMO JUDICIAL E A SUPREMACIA DO PARLAMENTO | 173

Em sua obra, Felipe Fonte aponta quatro mecanismos de avaliação de políticas públicas, quais sejam: (i) político-eleitoral; (ii) administrativo-interno; (iii) legislativo; e (iv) judicial.[293]

Quanto ao político-eleitoral, tem-se que esse mecanismo de avaliação é o mais importante no contexto das democracias modernas, dado que o voto se traduz no mais eficaz "instrumento de controle social de políticas públicas". É que as eleições, tanto para as funções administrativas como para as legislativas, permitem o julgamento dos cidadãos quanto ao que os partidos políticos e governantes fizeram ou poderão fazer em relação aos problemas sociais. Espera-se que os eleitos materializem planos no legislativo e façam com que o governo os implemente, bem como aspira-se que nesse processo haja "a intervenção das minorias representadas pela oposição".[294]

Ainda quanto ao primeiro mecanismo de avaliação política, a depender do regime político e dos mecanismos de democracia semidireta adotados em cada país, o comportamento poderá ser distinto. Por exemplo, o sistema de governo parlamentar é marcado pela interação constante entre executivo e legislativo, pois o gabinete do governo é formado a partir do próprio parlamento, e havendo um voto de desconfiança o governo pode ser destituído. Quanto ao sistema de governo presidencialista, mesmo que o governo seja desastroso, não ocorrerá um *impeachment* se o presidente não cometer qualquer crime de responsabilidade, e neste caso deverão ser adotados outros mecanismos de controle e de correção das políticas públicas. Mas há constituições que "preveem mecanismos de democracia semidireta que permitem esta intervenção popular pós-eleitoral", como por exemplo a iniciativa legislativa popular e o *recall*. Ademais, no caso brasileiro, além de um dever da administração pública, "o acesso à informação é uma garantia fundamental da cidadania, conforme determinam os incisos XIV e XXXIII do art. 5º da Constituição Federal de 1988". Excetuadas as situações que envolvem a segurança da sociedade e do Estado, "a regra é a publicização da atividade estatal.[295]

No que concerne ao segundo mecanismo de avaliação, o administrativo-interno, o ensino de Odete Medauar, na visão de Felipe

---

[293] FONTE, Felipe de Melo. *Políticas públicas e direitos fundamentais*. 2. ed. São Paulo: Saraiva, 2015, p. 68.

[294] FONTE, Felipe de Melo. *Políticas públicas e direitos fundamentais*. 2. ed. São Paulo: Saraiva, 2015, p. 68.

[295] FONTE, Felipe de Melo. *Políticas públicas e direitos fundamentais*. 2. ed. São Paulo: Saraiva, 2015, p. 68.

Fonte, é de que o objeto de verificação será a legalidade, que abarca a fidelidade orçamentária e financeira, mas também será objeto de verificação o mérito e a "boa administração" (aí entendida como aquela que apresenta eficiência, produtividade e boa gestão). De acordo com a previsão constitucional brasileira e regulamentação legal, a avaliação do controle interno da atividade administrativa do Poder Executivo Federal está a cargo da Controladoria-Geral da União. Essa avaliação tem o efeito pedagógico de fomentar que "a burocracia governamental guarde fidelidade ao planejamento mais amplo definido pelos agentes de cúpula e pela legislação".[296]

Melo Fonte menciona que o terceiro mecanismo de avaliação e controle de políticas públicas é aquele exercido pelo Poder Legislativo e pelos tribunais de contas, os quais, no Brasil, conforme as previsões contidas no art. 49, V e X, da Constituição Federal de 1988, promovem (i) a sustação dos atos normativos do Poder Executivo que exorbitem do poder regulamentar ou dos limites da delegação legislativa, e (ii) a fiscalização, exercida com o auxílio dos tribunais de contas. Nesse contexto, registra o autor que há decisões do Supremo Tribunal Federal que reconheceram que a administração dispõe de certa reserva para o exercício de sua discricionariedade, bem como há decisões que reafirmam que as Comissões Parlamentares de Inquérito – CPIs são, na verdade, um forte instrumento de fiscalização parlamentar sobre a administração pública. Por outro lado, os tribunais de contas auxiliam o legislativo ao fornecer parecer para que aquele Poder disponha de elementos para juízo das contas do chefe do Poder Executivo.

Ademais, mencionado autor assinala que a Constituição Federal assegura que as cortes de contas podem fazer inspeções e auditorias de natureza contábil, financeira, orçamentária, operacional e patrimonial, conforme estatuído nos arts. 70, *caput*, e 71, IV, em todos os poderes. Ou seja, a função dos tribunais de contas não se restringe em meramente auxiliar o Poder Legislativo, porquanto a autonomia de que dispõem permite que seu trabalho não seja guiado apenas pelas solicitações do Congresso Nacional, mas em poder executar o planejamento de suas ações como bem entender. Assim, no que concerne à fiscalização operacional, prevista na ordem constitucional vigente no Brasil, verifica-se que ela se destina à avaliação da atividade-fim, analisando os serviços prestados e as atividades realizadas pela administração pública, e essa

---

[296] FONTE, Felipe de Melo. *Políticas públicas e direitos fundamentais*. 2. ed. São Paulo: Saraiva, 2015, p. 69.

análise não está restrita à legalidade, sendo mensurada a legitimidade e a economicidade das ações administrativas.[297]

O quarto mecanismo referido pelo autor diz respeito ao controle que é exercido pelo Poder Judiciário quanto à possibilidade de proceder ao reconhecimento da inconstitucionalidade de atos da administração pública, com reflexos no âmbito infraconstitucional se esses atos estiverem em desacordo com o texto constitucional. Sempre foi tido como pacífico na doutrina e na jurisprudência que ilegalidades e inconstitucionalidades não permitiam aos magistrados "qualquer ingerência sobre as decisões dos demais poderes estatais, os quais se inserem nas rubricas da discricionariedade administrativa ou legislativa, conforme o caso". Mas o Poder Judiciário vem proferindo reiteradamente decisões "que afetam políticas públicas estabelecidas ou determinam a sua realização", de maneira que o STF e o STJ, no caso brasileiro, passaram a reconhecer que os juízes têm a legitimidade para atuarem nesse ambiente, não havendo, no entanto, até o momento, "os limites e possibilidades desta incursão".[298]

Acerca dos limites a serem impostos à atuação do judiciário, Ada Pellegrini Grinover sempre advertiu quanto à necessidade de salvaguardar o Estado contra excessos das intervenções judiciais, notadamente no que diz respeito às políticas públicas atinentes à saúde, pois se essas devem "propiciar o atendimento do maior número de pessoas com o mesmo volume de recursos",[299] não pode deixar de observar o necessário requisito da razoabilidade. As decisões que concedem tratamentos internacionais de elevado custo ou que determinam a aquisição de remédios ainda experimentais não se prestam a corrigir uma equivocada política pública de saúde. Na verdade, acabam por desprezar a reserva do possível e tendem a onerar sobremaneira o erário. Desse modo, a contenção dos abusos dessa intervenção só se dará se houver limites à intervenção judicial e tendo por base o exato conceito de políticas públicas, qual seja, de que se tratam de "programas e ações tendentes ao atingimento dos objetivos do Estado brasileiro",[300] isto é, são direitos programáticos e calcados na reserva do possível.

---

[297] FONTE, Felipe de Melo. *Políticas públicas e direitos fundamentais*. 2. ed. São Paulo: Saraiva, 2015, p. 70-71.

[298] FONTE, Felipe de Melo. *Políticas públicas e direitos fundamentais*. 2. ed. São Paulo: Saraiva, 2015, p. 72.

[299] GRINOVER, Ada Pellegrini. WATANABE, Kazuo (Coordenadores). *O controle jurisdicional de políticas públicas*. Rio de Janeiro: Forense, 2011, p. 140.

[300] GRINOVER, Ada Pellegrini. WATANABE, Kazuo (Coordenadores). *O controle jurisdicional de políticas públicas*. Rio de Janeiro: Forense, 2011, p. 140.

As conclusões de Ada Pellegrini quanto aos limites podem ser assim sintetizadas:

> Constituem limites à intervenção: a razoabilidade da pretensão individual/social deduzida em face do Poder Público e a irrazoabilidade da escolha da lei ou do agente público; a reserva do possível, entendida tanto em sentido orçamentário-financeiro como em tempo necessário para o planejamento da nova política pública.[301]

Neste ponto, releva registrar neste trabalho o assentado por Cesar Augusto Alckmin Jacob, para quem é preciso enxergar o orçamento público como o "principal instrumento de efetivação igualitária dos direitos sociais". Antes de tudo, há que se proceder ao controle de sua elaboração e de sua execução. É que a Constituição assegura o direito a "uma boa administração pública".[302] Na atualidade, nem se cogita discutir a interferência dos tribunais de contas e do ministério público, pois que a democracia faz com que o povo esteja cada vez mais consciente de seus direitos e dos deveres que seus representantes têm para com ele. Nos dias atuais, a sociedade exige qualidade e espírito público dos administradores eleitos, de maneira que se os Poderes Executivo e Legislativo não estiverem preparados para lidar com a exposição de seus atos e de suas escolhas, pode haver a demanda pelo Poder Judiciário para fazer valer os interesses da coletividade. Ainda assim, não se pode crer na perfeição dessa atuação ante o fato de que a deliberação do legislativo e do executivo decorre de alguma análise e discussão das potencialidades da política pública. Uma maneira de talvez minimizar a demanda pelo controle do judiciário seria a de viabilizar a participação popular nas discussões de implementação das políticas públicas.

Referido autor anota, inclusive, que é necessário repensar "os riscos de uma assunção desmesurada de poder por parte do Judiciário", pois seria impensável que em tempo bem próximo pudéssemos "assistir a manifestações populares contrárias a esta ou àquela decisão judicial", inclusive com cartazes expostos em frente do STF. Sua conclusão, portanto, é a de que "as escolhas feitas serão julgadas, mais dia menos dia, por quem, de fato e de direito, deveria, desde sempre, julgá-las: os cidadãos".[303]

---

[301] GRINOVER, Ada Pellegrini. WATANABE, Kazuo (Coordenadores). *O controle jurisdicional de políticas públicas*. Rio de Janeiro: Forense, 2011, p. 150.

[302] GRINOVER, Ada Pellegrini. WATANABE, Kazuo (Coordenadores). *O controle jurisdicional de políticas públicas*. Rio de Janeiro: Forense, 2011, p. 279.

[303] GRINOVER, Ada Pellegrini. WATANABE, Kazuo (Coordenadores). *O controle jurisdicional de políticas públicas*. Rio de Janeiro: Forense, 2011, p. 279.

CAPÍTULO 3
O VOLUNTARISMO JUDICIAL E A SUPREMACIA DO PARLAMENTO | 177

Cesar Jacob anota, ainda, a advertência de José Reinaldo de Lima Lopes de que é um engano achar que o judiciário deve suprir a necessidade individual de um cidadão se este não obteve seu direito da administração, pois não é incomum o fato de que ao atender às particularidades o judiciário pode estar ensejando a violação ao direito de todos:

> Engana-se quem acha que o Judiciário deve dar a um cidadão aquilo que este não conseguiu da Administração porque ela não teria como dar a mesma coisa a todos. Se o Judiciário concedesse a um em particular, estaria certamente violando o direito de todos os outros, pois atenderia com recursos públicos apenas os que conseguissem chegar a ele. Com o tempo, transferir-se-ia para os tribunais a fila de atendimento. E ao fim do dia ele seria, da mesma forma que a Administração, obrigado a fechar as portas. Isto porque essa maneira ingênua de pensar levaria aos tribunais a multidão dos famintos e necessitados que seriam servidos por vez de chegada, mas sem um critério de distribuição universal e simultânea.[304]

As conclusões do magistrado e professor Luís Francisco Aguilar Cortez partem da ideia de que deve haver atuação independente e harmônica dos poderes, nas áreas de competência predominante de cada um deles, exatamente para que o controle recíproco seja mais efetivo e, assim, sejam garantidos os direitos fundamentais desejados pela sociedade. São necessárias as limitações ao controle jurisdicional advindas da reserva do possível, da razoabilidade e da observância do mínimo existencial, mas, para garantir a segurança jurídica e o respeito à ordem constitucional, esses conceitos abertos devem ser melhor determinados.

Ainda que se considere que a reserva do possível esteja atrelada à necessidade de verificação da disponibilidade orçamentária do Estado para implementação de determinada política pública e que a garantia do mínimo existencial busque a preservação de condições básicas para a existência humana com dignidade, bem assim que o princípio da razoabilidade (ou proporcionalidade) requeira que os agentes públicos adotem ações com justo equilíbrio entre os meios empregados e os fins a serem alcançados, sabidamente esses conceitos contêm uma margem significativa de indefinições e imprecisões.

Ademais, o judiciário não pode desconsiderar que há limitações fáticas, políticas e jurídicas para a implementação das políticas públicas,

---

[304] GRINOVER, Ada Pellegrini. WATANABE, Kazuo (Coordenadores). *O controle jurisdicional de políticas públicas*. Rio de Janeiro: Forense, 2011, p. 280.

requerendo-se "amplo conhecimento das razões adotadas, diante das naturais dificuldades que a matéria impõe". Por outro lado, esses limites não podem assumir um caráter absoluto "por meio de enunciados, vinculantes ou não, com conteúdo negativo ou positivo a respeito de determinados direitos", pois se exige a técnica da ponderação no caso concreto, e essa atuação regrada poderia, aí sim, limitar a atuação dos juízes. É certo que a comunidade jurídica e a sociedade necessitam de maior segurança para as decisões e esperam uma atuação legítima do judiciário, com a imprescindível motivação das escolhas adotadas. Se assim o fizer, preleciona o Professor Luiz Cortez: "o Direito não estará substituindo a Política, mas ampliando os espaços públicos para o debate político".[305]

No que concerne à comparação entre o direito português e o brasileiro, Ada Pellegrini registrou que o Ministro Celso de Mello, no julgamento da ADPF nº 45, citou Vieira de Andrade a respeito da intervenção do Poder Judiciário no controle de políticas públicas, salientando que o entendimento do constitucionalista português era o de que "não se inclui, ordinariamente, no âmbito das funções institucionais do Poder Judiciário (...) a atribuição de formular e de implementar políticas públicas". Entretanto o que prevaleceu no referido julgamento foi o entendimento de que, excepcionalmente, o Poder Judiciário poderá exercer essa atribuição, em especial se o Estado não cumprir os encargos político-jurídicos, "ainda que derivados de cláusulas revestidas de conteúdo programático". Isso, porque tal descumprimento não pode comprometer "a eficácia e a integridade de direitos individuais e/ou coletivos impregnados de estatura constitucional", de sorte que o judiciário não pode ver a promessa constitucional como algo inconsequente, caso contrário, as expectativas da coletividade quanto ao texto constitucional seriam frustradas ante a ausência de atuação de um poder público que nada faz contra o incumprimento de um dever estatal. Portanto, em consonância com o equilíbrio e a harmonia entre os poderes e o respeito à ordem constitucional, sem embargo de se atender à pacificação social, o gesto "irresponsável de infidelidade governamental ao que determina a própria Lei do Estado" reclama pelo controle judicial.[306]

---

[305] GRINOVER, Ada Pellegrini. WATANABE, Kazuo (Coordenadores). *O controle jurisdicional de políticas públicas*. Rio de Janeiro: Forense, 2011, p. 305-306.

[306] GRINOVER, Ada Pellegrini. WATANABE, Kazuo (Coordenadores). *O controle jurisdicional de políticas públicas*. Rio de Janeiro: Forense, 2011, p. 130-131.

J. J. Canotilho assinala a dificuldade em determinar os elementos constitutivos dos direitos fundamentais, pois, para alguns, "os direitos sociais só existem quando as leis e as políticas sociais os garantirem", ou seja, "é o legislador ordinário que cria e determina o conteúdo de um direito social". Nessa perspectiva, os direitos sociais estariam sempre dependentes de uma concretização legislativa que lhes desse eficácia e exequibilidade. Não haveria garantia jurídico-constitucional dos direitos sociais, e os argumentos seriam os custos dos direitos sociais, dado que os direitos de liberdade, de forma geral, não custam muito dinheiro e não afetam os cofres públicos. Entretanto os direitos sociais demandariam bastante os cofres do Estado, e daí surgiu "a construção dogmática da reserva do possível", que significa que "os direitos sociais só existem quando e enquanto existir dinheiro nos cofres públicos", objetivando retirar a vinculação jurídico-constitucional para o Estado. Para que o Estado tenha alguma responsabilidade para com os direitos sociais, construiu-se a tese da garantia do mínimo social, de maneira que o poder público deve garantir a dignidade da pessoa humana, sem, no entanto, clarificar o conteúdo jurídico-constitucional dos direitos sociais.[307]

Por não se especificar o conteúdo jurídico do "rendimento mínimo garantido", não se terá a concretização de qualquer direito social, tais como o direito ao trabalho, à saúde ou à habitação, mas o atendimento à socialidade imposta pelo princípio da dignidade da pessoa humana "e pelo direito ao livre desenvolvimento da personalidade".

Canotilho faz uso das lições de Manuel Afonso Vaz e dos acórdãos do Tribunal Constitucional português (Acs. TC 131/92, 508/99, 29/2000) para enfatizar que a "indeterminabilidade jurídico-constitucional dos direitos fundamentais sociais" deriva do fato de que "a actuação legislativa nos direitos sociais não está balizada por uma reserva constitucional de conteúdo". Remete-se com isso à conclusão de que os direitos sociais "nunca legitimarão pretensões jurídicas originárias, isto é, pretensões derivadas directamente dos preceitos constitucionais".

> Por outras palavras: nenhuma das normas constitucionais garantidoras de direitos sociais fundamentais poderia ser estruturalmente entendida como norma vinculante, garantidora, em termos definitivos, de direitos subjectivos. Os direitos sociais dotados de conteúdo concreto serão os consagrados em normas das regulações legais. Não haverá um direito

---

[307] CANOTILHO, José Joaquim Gomes. *Direito constitucional e teoria da Constituição.* 7. ed. Coimbra: Almedina, 2003, p. 480-481.

fundamental à saúde, mas um conjunto de direitos fundados nas leis reguladoras dos serviços de saúde. Não existirá um direito fundamental à segurança social, mas apenas um conjunto de direitos legais sociais.[308]

Nada obstante, o mencionado Professor dissertou sobre esse controle judicial exercido pelo Tribunal Constitucional quando, à época, o governo português intentou a extinção do Serviço Nacional de Saúde – SNS, extraindo da manifestação contida no Acórdão nº 39/1984 que os direitos sociais não são deixados à livre disponibilidade do legislador, devendo este adotar medidas com vistas a que se veja, ao menos, algum ritmo de concretização deles:

> (i) os direitos fundamentais sociais consagrados em normas da Constituição dispõem de vinculatividade normativo-constitucional (não são meros "programas" ou "linhas de direcção política); (ii) as normas garantidoras de direitos sociais devem servir de parâmetro de controlo judicial quando esteja em causa a apreciação da constitucionalidade de medidas legais ou regulamentares restritivas destes direitos; (iii) as normas de legislar acopladas à consagração de direitos sociais são autênticas imposições legiferantes, cujo não cumprimento poderá justificar, como já se referiu, a inconstitucionalidade por omissão; (iv) as tarefas constitucionalmente impostas ao Estado para a concretização destes direitos devem traduzir-se na edição de medidas concretas e determinadas e não em promessas vagas e abstractas; (v) a produção de medidas concretizadoras dos direitos sociais não é deixada à livre disponibilidade do legislador, embora este beneficie de um ampla liberdade de conformação quer quanto às soluções normativas concretas quer quanto ao modo organizatório e ritmo de concretização.[309]

A análise de António José Avelãs Nunes não se restringiu ao citado Acórdão nº 39/1984, mas também contemplou o Acórdão nº 330/1988, no qual, pela segunda vez, o Tribunal Constitucional tratou do SNS. Quanto ao primeiro, à época, o TC considerou que haveria uma afronta ao direito fundamental à saúde se o SNS fosse extinto de maneira oblíqua pela criação de vários serviços regionais de saúde não integrados em um serviço nacional.

Quanto ao segundo acórdão, Avelãs Nunes lembrou que, mesmo com a revisão constitucional de 1982, o art. 64º da CRP previa que a

---

[308] CANOTILHO, José Joaquim Gomes. *Direito constitucional e teoria da Constituição*. 7. ed. Coimbra: Almedina, 2003, p. 481-482.

[309] CANOTILHO, José Joaquim Gomes. *Direito constitucional e teoria da Constituição*. 7. ed. Coimbra: Almedina, 2003, p. 482.

CAPÍTULO 3
O VOLUNTARISMO JUDICIAL E A SUPREMACIA DO PARLAMENTO | 181

proteção à saúde se daria por meio de um serviço nacional de caráter universal, geral e gratuito.

A despeito disso, assinalou o autor que o TC concluiu que o SNS podia exigir pagamento dos usuários desse serviço, caracterizado como taxas moderadoras, ao argumento de que tais cobranças não seriam uma contraprestação pelo custo do serviço, mas "apenas um instrumento para 'racionalizar' a utilização das prestações facultadas pelo SNS, 'moderando' o apetite das pessoas por esses serviços". A crítica de Avelãs Nunes quanto a essa interpretação do TC decorre do fato de que uma obrigação surgiu de uma decisão judicial que desconsiderou a letra da CRP que declarava gratuito um serviço nacional de saúde prestado pelo Estado. Até então, o que não se deu no plano político "foi tornado possível, juridicamente, pela interpretação aberta que o TC fez da CRP".[310]

Esse talvez seja um controle judicial indesejado, embora, talvez, a atuação do TC tenha motivado a revisão da CRP, pois a partir de 1989 foi estatuído que o SNS seria "tendencialmente gratuito", sugerindo que as condições econômicas e sociais dos cidadãos poderiam propiciar a taxação pelos serviços.

Este tópico deve ser completado, ainda, com a justificativa de Jorge Reis Novais para a crescente valorização do controle exercido pelo Poder Judiciário, dado que a concepção pura e simples da separação de poderes já foi superada, sendo correto afirmar que a reavaliação global das relações entre política e jurisdição fez com que a independência do poder judicial fosse consagrada, definitivamente, com o reconhecimento generalizado da justiça constitucional.

Discorrendo sobre o Estado de Direito perante as novas exigências de socialidade, Reis Novais considera que modernamente não se admite mais a violação dos direitos individuais por parte do legislativo. A onipotência do parlamento não se justifica mais na racionalidade de suas decisões, pois a partidarização do Estado e a heterogeneidade do corpo eleitoral evidenciam, na verdade, um cenário que é caracterizado "pela disputa de interesses sociais em conflito". Ademais, as eventuais violações do legislativo quanto aos direitos insculpidos nas constituições passaram a sofrer o controle de constitucionalidade, e "a fiscalização judicial ou jurisdicional da constitucionalidade afirma-se, então, progressivamente, como verdadeiro coroamento do Estado de Direito".[311]

---

[310] NUNES, António José Avelãs. *Ofício de orador*. Belo Horizonte: Fórum, 2016, p.163.

[311] NOVAIS, Jorge Reis. *Contributo para uma teoria do Estado de Direito*. Coimbra: Almedina, 2006, p. 206-207.

Na concepção do constitucionalista citado, passou-se a observar as exigências do princípio de socialidade, reconhecendo a soberania da comunidade, e não do parlamento, de maneira que o Estado social de Direito passou à moderna concepção de "Estado de jurisdição ou de forma mista de Estado legislativo jurisdicional". Usando a expressão de Castanheira Neves, Reis Novais alude que tal situação concretiza a transformação do juiz em "legislador apócrifo", dado que o controle judicial exercido pelos juízes e pelos tribunais, esperando-se que sejam verdadeiramente independentes, é que pode se aproximar da representação originária "da comunidade no seu todo e da sua última intenção axiológica".[312]

3.3 O voluntarismo judicial frente ao juspositivismo

Ao longo deste trabalho já se assentou que o voluntarismo (ativismo) judicial decorre, entre outros, do fato de os juízes condenarem o Estado a realizar prestações individuais fundadas em normas de direitos sociais, ainda que de caráter programático. Os juízes estão agindo dessa forma com vistas a assegurar eficácia positiva aos ditames constitucionais.

Também já se assentou que o Poder Judiciário recebe críticas por solucionar demandas que deveriam se encaminhar pela implementação das políticas públicas, pois esse voluntarismo (ativismo) pode ser visto como uma conduta antidemocrática e incompatível com a separação funcional dos poderes, na medida em que tal comportamento seria uma espécie de usurpação de competências do legislativo e do executivo, que têm membros eleitos e são os efetivos representantes da sociedade, de modo que são eles que detêm a legitimidade da administração da escassez de recursos orçamentários.

Mas antes de se averiguar as objeções e as defesas ao voluntarismo judicial, tem-se que as razões de sua existência remete à impossibilidade de a lei escrita e cogente atender aos anseios da sociedade, seja por sua produção excessiva e laborioso trabalho de atualização, seja pela ausência de tecnicidade dos emitentes e dos beneficiários dessas leis ou, ainda, porque os interesses ensejadores de sua produção assumem um caráter excludente em alguns casos. O fato é que, a partir de normas insculpidas no Texto Magno, indivíduos entendem que direitos

---

[312] NOVAIS, Jorge Reis. *Contributo para uma teoria do Estado de Direito*. Coimbra: Almedina, 2006, p. 206-207.

CAPÍTULO 3
O VOLUNTARISMO JUDICIAL E A SUPREMACIA DO PARLAMENTO | 183

sociais têm o caráter obrigatório para o Estado e buscam garantir sua eficácia demandando o judiciário para se opor a uma lei supressora de direitos ou por conta da omissão do legislador.

Por isso, é necessário, neste ponto, verificar em que medida o voluntarismo judicial pode fazer frente à abordagem positivista do direito (ou vice-versa), sendo necessário examinar, ainda que em rápidas pinceladas, como as teorias do direito conduziram ao juspositivismo (considerando que alguns têm assinalado sua decadência)[313] e, no atual momento, ao neojuspositivismo ou neoconstitucionalismo (com sua nova hermenêutica):[314]

> A superação histórica do jusnaturalismo e o fracasso político do positivismo abriram caminho para um conjunto amplo e ainda inacabado de reflexões acerca do Direito, sua função social e sua interpretação. O pós-positivismo é a designação provisória e genérica de um ideário difuso, no qual se incluem algumas ideias de justiça além da lei e de igualdade material mínima, advindas da teoria crítica, ao lado da teoria dos direitos fundamentais e da redefinição das relações entre valores, princípios e regras, aspectos da chamada nova hermenêutica.[315]

É obrigatório registrar, de início, que foram adotadas múltiplas adjetivações ao longo da história[316] e sem um consenso efetivo entre os pensadores do direito acerca do positivismo jurídico.[317]

---

[313] NADER, Paulo. *Introdução ao estudo do direito*. 36. ed. Rio de Janeiro: Forense, 2014, p. 341.

[314] A propósito, a hermenêutica jurídica é tida como a via alternativa ao jusnaturalismo e ao juspositivismo, consoante apregoa Kaufman: "O direito natural e o positivismo tinham prescrito: um conceito objectivista de conhecimento, um conceito ontológico-substancial do direito (da lei), a ideologia da subsunção e a ideia de um sistema fechado. A hermenêutica declara bater-se contra todos estes dogmas. Por hermenêutica entende-se habitualmente, seguindo uma expressão de Friedrich Ernst Daniel Schleiermacher, a 'arte de compreender'. Ora se assim é, não está certa a opinião amplamente difundida ele que a hermenêutica é um método entre outros métodos. É certo que ela tem também funções metodológicas, especialmente nas ciências da compreensão. Todavia, na sua essência, a hermenêutica não é um método, mas sim filosofia transcendental". KAUFMANN, Arthur. *Filosofia do direito*. Tradução António Ulisses Cortês. Lisboa: Fundação Calouste Gulbenkian, 2004, p. 67.

[315] BARROSO, Luís Roberto. *Curso de direito constitucional contemporâneo*: os conceitos fundamentais e a construção do novo modelo. 5. ed. São Paulo: Saraiva, 2015, p. 276.

[316] De acordo com Arthur Kauffman, "estas correntes receberam nomes totalmente diferentes nas diversas épocas (só se fala de 'Positivismo' a partir da Modernidade) e nos diversos povos". KAUFMANN, Arthur. *Filosofia do direito*. Tradução António Ulisses Cortês. Lisboa: Fundação Calouste Gulbenkian, 2004, p. 31.

[317] LYRIO, Fábio Fernandes de Oliveira. *O positivismo jurídico e sua crítica contemporânea*: uma análise a partir da proposta teórica neoconstitucionalista. Dissertação (Mestrado em Ciência Jurídica). Centro de Ciências Jurídicas, Políticas e Sociais – CEJURPS. Universidade do Vale do Itajaí – UNIVALI, p. 160, 2006, p. 4.

Também é necessário dizer que o positivismo jurídico não teve um nascedouro certo e determinado,[318] mas foi angariando ou sofrendo contribuições teóricas produzidas pelas mais variadas correntes de pensamento, dentre as quais reputam-se como merecedoras de atenção neste trabalho o próprio (a) jusnaturalismo, (b) a escola da exegese, (c) o historicismo (com sua escola histórica do direito) e (d) o realismo jurídico.

Então, além de comentar de modo perfunctório sobre essas correntes de pensamento neste tópico, o estudo apresentará em seguida uma síntese do positivismo e do pós-positivismo, bem como um panorama do voluntarismo (ativismo) judicial.

Sendo assim, para o jusnaturalismo (a) o direito congrega princípios eternos e imutáveis, os quais são inseparáveis da natureza humana. Não por outro motivo, estima-se que seja a teoria mais antiga acerca do direito.

> O Direito Natural surge pela primeira vez na história do pensamento com os gregos. Desta feita, sua grande contribuição é mostrar a ligação do Direito com as forças e as leis da natureza. Na segunda oportunidade que vem à tona, no século XVII, o Direito Natural aparece como reação racionalista à situação teocêntrica na qual o Direito fora colocado durante o medievo. É a razão humana, independente da fé, que deduz uma natureza humana da qual se extraem direitos naturais.[319]

Com a chegada do iluminismo, a divindade deixa de ser a preceptora das normas jurídicas, bem como de ser o anteparo justificador para a existência delas. Em seu lugar, passa-se a ter na natureza, notadamente a humana, a sua origem, de modo que o direito passa a ter um caráter antropocêntrico. Os homens são dotados naturalmente desse entendimento; "é ele mesmo, por meio do uso da razão, que apreende esse conhecimento e o coloca em prática na sociedade". É nesse ambiente que se fundamentam intelectualmente os promotores da

---

[318] Norberto Bobbio destina três capítulos de um de seus livros para examinar as origens do positivismo na Alemanha, França e Inglaterra. A imprecisão, de fato, não impede a determinação de quando teve origem o positivismo, a saber: "o positivismo jurídico nasce do impulso histórico para a legislação, se realiza quando a lei se torna a fonte exclusiva – ou, de qualquer modo, absolutamente prevalente – do direito, e seu resultado último é representado pela codificação". BOBBIO, Norberto. *O positivismo jurídico*: lições de filosofia do direito. Compiladas por Nello Morra. Tradução e notas de Márcio Pugliesi, Edson Bini, Carlos E. Rodrigues. São Paulo: Ícone, 1995, p. 119.

[319] BITTAR, Eduardo Carlos Bianca; ALMEIDA, Guilherme Assis de. *Curso de filosofia do direito*.11. ed. São Paulo: Atlas, 2015, p. 319.

Revolução Francesa. Ao romper com a teocracia e com a "estratificação social do *Ancien Régime*", dá-se ênfase "aos direitos naturais, que serão positivados em declarações".[320]

Desse modo, a secularização do direito natural fixou a "máxima de que um tal direito teria de valer mesmo na hipótese de Deus não existir", nos moldes de René Descartes (1596-1650) e Francis Bacon (1561-1626), assim como de empiristas como John Locke (1632-1704) e David Hume (1711-1776), tendo como norte o que fosse "experimentável". Nada obstante, o jusnaturalismo não desprezava na ocasião o interesse clássico original de ter um direito natural de caráter absoluto, universal e supra-histórico, de modo a estar acima do direito positivo e valer para todos os homens e em todos os tempos. O método consistia, portanto, em determinar o "direito justo" ao questionar a "natureza do homem e retirando daí, por dedução lógica, os direitos e deveres naturais". Papel crucial nesse sentido teve o contrato social teorizado por Jean Jacques Rousseau (1772-1778), quando, em um dado momento fictício, "os indivíduos estabelecem por livre acordo os seus recíprocos direitos e deveres" para viver em sociedade. Nesse momento, tinha-se o propósito de se estabelecer "uma ordem jurídica que assentasse sobre o consenso geral e que teria, tal como a inalterável razão humana, carácter universal, ou seja, valeria, como atrás se disse, para todos os homens e para todos os tempos".[321]

Talvez a ausência de uniformidade de concepções sobre a natureza do homem, as divergências de opinião quanto ao ser social ou associal, ou mesmo em razão das ideias seculares do utilitarismo, do eudemonismo ou do perfeccionismo, tenham frustrado "as tentativas de fundamentar um tal direito natural", de sorte a se limitar a um "pequeno número de princípios jurídicos fundamentais muito abstractos", tais como: (i) não lesar ninguém (a regra de ouro "negativa"); (ii) cumprir os contratos; (iii) respeitar a propriedade; (iv) e tratar os outros como iguais em direitos "ou auxiliar os necessitados (a regra de ouro "positiva").[322]

---

[320] BITTAR, Eduardo Carlos Bianca; ALMEIDA, Guilherme Assis de. *Curso de filosofia do direito*.11. ed. São Paulo: Atlas, 2015, p. 320.

[321] KAUFMANN, Arthur. *Filosofia do direito*. Tradução António Ulisses Cortês. Lisboa: Fundação Calouste Gulbenkian, 2004, p. 37.

[322] KAUFMANN, Arthur. *Filosofia do direito*. Tradução António Ulisses Cortês. Lisboa: Fundação Calouste Gulbenkian, 2004, p. 38.

As concepções sobre a "natureza" do homem divergiam de forma bastante notória: em Thomas Hobbes (1588-1679) diferentemente de Hugo Grócio, de outra maneira ainda em Bento de Espinosa (1632-1677), em Samuel Pufendorf (l 632-1694), em Christian Thomasius (1655-1728)... O homem ora era visto como ser social, ora associal, ora aparecia na sua "social insociabilidade". Diferentes são ainda as influências, que actuaram no direito natural secular, do utilitarismo e eudemonismo social de Jeremy Bentham (1748-1832) e John Stuart Mill (1806-1873), da Monadologia de Gottfried Wilhelm Leibniz (1646-1716) ou do perfeccionismo ético de Christian Wolff (1679-1745).[323]

Mas não se pode negar o legado de maior relevo do direito natural, haja vista que foi sob o norte dessa vertente doutrinária que se deu a concepção dos "grandes códigos jusnaturalistas": o *Maximilianeus Bavaricus Civilis* (1756), o *Preubisches Allgemeines Landrecht* (Código de Direito Prussiano de 1794), o Código Civil Francês de 1804, o *Österreichisches Allgemeines Bürgerliches Gesetzbuch* (Código Civil Austríaco de 1811).[324]

Comporta neste ponto, ainda, uma síntese do jusnaturalismo trazida por Alex Pires. Ou seja, as sociedades surgiram quando os indivíduos passaram a viver em grupo e, além de suas necessidades individuais, passou-se às necessidades coletivas. Nesse contexto, as relações pessoais, em razão dos desgastes e conflitos, criaram a demanda por regras de conduta, e essas normas deveriam garantir o exercício da força dos representantes da sociedade para exercer o controle e garantir a paz. Essas normas possuiriam uma transcendência a justificar a defesa jusnaturalista. Eis a síntese do ilustre professor:

> Da complexidade em se confirmar algumas respostas surgiu a doutrina responsável por analisar as condutas inatas ao ser humano, representada por comandos incorporados à própria existência do homem, portanto pautada em conhecimento empírico e animal imanente à própria natureza humana, cuja conclusão evidente enveredou por duas searas: a um, que os homens realmente pendem a uma associação (sentimento inato); e, a dois, que esta associação guarda uma estreita ligação com leis transcendentes que defluem da essência do indivíduo. A este fenômeno se convencionou chamar de jusnaturalismo.[325]

---

[323] KAUFMANN, Arthur. *Filosofia do direito*. Tradução António Ulisses Cortês. Lisboa: Fundação Calouste Gulbenkian, 2004, p. 38.

[324] KAUFMANN, Arthur. *Filosofia do direito*. Tradução António Ulisses Cortês. Lisboa: Fundação Calouste Gulbenkian, 2004, p. 38.

[325] PIRES, Alex Sander Xavier. *Direito sumular*: construindo uma teoria. 1. ed. Rio de Janeiro, 2009, p. 24-25.

Arthur Kaufman noticia que houve um renascimento, ainda que episódico, do direito natural após a Segunda Guerra Mundial, exatamente por força da monstruosidade e arbitrariedade do domínio nacional-socialista amparado pelo juspositivismo. De fato, o "direito foi pervertido até se tornar irreconhecível" e, assim, "os tribunais, na miséria jurídica daqueles anos" não poderiam reagir a essas coisas senão "com base em considerações jusnaturalistas, deixando de aplicar 'normas legais injustas' e invocando um 'direito essencial suprapositivo'". Embora destaque esse caráter incidental e temporário do jusnaturalismo, assinala que houve pequenas reminiscências:

> Certamente já não se encontram hoje, pelo menos do ponto de vista da linguagem, decisões judiciais tão monstruosas como o acórdão do pleno das secções penais do Tribunal Federal alemão, de 17 de Fevereiro de 1 954, sobre a ilicitude das relações sexuais entre noivos. O Pleno invocou aqui as "normas da lei moral" assim caracterizadas: "a sua (forte) vinculatividade [por oposição à 'fraca vinculatividade' dos 'meros costumes', das 'meras convenções'] reside na ordem de valores preexistente e reconhecida e nos princípios do dever que regem a vida humana comunitária; elas valem independentemente de os seus destinatários as observarem e aceitarem ou não; o seu conteúdo não pode pois modificar-se pelo mero facto de se alterarem as opiniões acerca do que vale".[326]

Observa Kaufman, complementarmente, que o que restou, ainda que nos anos de 1950 – 1960 a postura adotada tenha sido a de rejeitar a ideia de direito suprapositivo, foram as estruturas de pensamento, as quais eram as mesmas utilizadas pela doutrina do direito natural. Explica o jusfilósofo que a doutrina do direito natural "clássica", isto é, aquela de caráter absolutista e racionalista, apresenta, realmente, distinção ontológica do positivismo legalista. É que a razão de ser ou da validade do direito natural clássico "é a natureza do homem predeterminada e imutável". No positivismo legalista, a validade do direito ou sua razão de ser está alicerçada na vontade do legislador sem levar em conta uma "ordem natural previamente subsistente". Porém, tanto do ponto de vista teórico quanto metodológico, a compreensão do processo de determinação do direito desconsidera a "experiência" e tem como objetivo o mesmo propósito. No caso do direito natural (racionalista), deduz-se de "princípios ético-jurídicos absolutos" e

---

[326] KAUFMANN, Arthur. *Filosofia do direito*. Tradução António Ulisses Cortês. Lisboa: Fundação Calouste Gulbenkian, 2004, p. 46-47.

parte-se concretamente para as decisões jurídicas; no que se refere ao positivismo legalista (normativista), obtém-se as diretivas do legislador contidas nos materiais legislativos e chega-se às decisões jurídicas eminentemente lógicas. Assim, "este parentesco de dois opositores tão declarados como o direito natural e o positivismo pode parecer surpreendente, mas tem razões intrínsecas". É que, na verdade, o que norteia a ambos é "o pensamento codificador e, sobretudo, são ambos tributários da filosofia sistemática do racionalismo, que tem por fim erigir um sistema fechado de conhecimentos certos e exactos".[327]

Diante dessa dicotomia entre jusnaturalismo e juspositivismo, L. Cabral de Moncada expressa opinião de que as "correntes do pensamento contemporâneo" que conduzirão ao justo equilíbrio, mesmo diante de dois extremos opostos, "são precisamente as do moderno idealismo objectivo e as do moderno jusnaturalismo ou direito natural positivado":

> Nem seria também, por certo, um paradoxo falar neste caso em direito natural positivo, como dum conjunto de ideais tornado histórico, isto é, positivo ou positivado, no espírito duma época ou duma comunidade. Ponto é que a relação de tensão entre as duas categorias, direito natural e positivo, não se exagere ao ponto de as separar por um abismo platónico intransponível, como o existente entre a ideia transcendente e o mundo real.[328]

Também expressa opinião semelhante Luís Roberto Barroso, ao defender que o pós-positivismo pode ter tido inspiração no jusnaturalismo:

> O ímpeto da reação inicial levou a uma reaproximação com o jusnaturalismo, defendido expressamente por Radbruch por ocasião de sua reintegração à vida acadêmica alemã, após a derrota do nazismo. A obra seminal de Rawls – Uma teoria da justiça, de 1971 – abre caminho para a ascensão do pós-positivismo, por meio da revalorização da razão prática e da inserção dos princípios de justiça no interior da ordem jurídica.[329]

---

[327] KAUFMANN, Arthur. *Filosofia do direito.* Tradução António Ulisses Cortês. Lisboa: Fundação Calouste Gulbenkian, 2004, p. 48.

[328] MONCADA, Luís Cabral de. *Estudos de filosofia do direito e do Estado.* Vol. II. Lisboa: Imprensa Nacional-Casa da Moeda, 2004, p. 42-43.

[329] BARROSO, Luís Roberto. *Curso de direito constitucional contemporâneo:* os conceitos fundamentais e a construção do novo modelo. 5. ed. São Paulo: Saraiva, 2015, p. 282.

CAPÍTULO 3
O VOLUNTARISMO JUDICIAL E A SUPREMACIA DO PARLAMENTO | 189

A escola da exegese (b) surge na França no início do século XIX "grande e poderosa" e formada pelos "maiores civilistas da Europa no século passado". Sua influência abarcou o mundo francês e todos os países latinos da Europa e da América, além do mundo germânico, os quais foram alcançados pelos efeitos do Direito Napoleônico. De certo modo, ainda exerce influência sobre "muitos juristas contemporâneos", tendo Miguel Reale apontado, ainda, que a tese fundamental dos exegetas era a de que "o Direito por excelência é o revelado pelas leis, que são normas gerais escritas emanadas pelo Estado, constitutivas de direito e instauradoras de faculdades e obrigações" e, quando muito, apresenta lacunas aparentes, pois que se trata de "um sistema de conceitos bem articulados e coerentes".[330]

O entendimento da escola da exegese era de que o jurista deveria "partir do Direito Positivo, sem procurar fora da lei respostas que nas leis mesmas seja possível e necessário encontrar". Surge, então, a jurisprudência dos conceitos,[331] que tinha como tarefa essencial "a análise cuidadosa e metódica dos textos, desenvolvida no tríplice plano gramatical, lógico e sistemático". O jurista deveria interpretar preceitos, ordenando-os de maneira lógica e fazendo inferência dos institutos jurídicos, tendo por norte que eles eram interdependentes e se integravam "em unidades maiores (direito de família, direitos reais etc.), cuja totalidade compõe os sistemas do Direito Civil, do Direito Processual etc.". Com essa concepção normativista e conceitual, tinha-se

---

[330] REALE, Miguel. *Filosofia do direito*. 19. ed. São Paulo: Saraiva, 1999, p. 415-416.

[331] É conveniente o registro de Bittar e Almeida quanto aos avatares do positivismo jurídico, perpassando pela jurisprudência dos conceitos, pelo pandectismo e escola da exegese, fazendo alusão ao equivalente inglês da escola analítica e à jurisprudência dos interesses propagada por Ihering: "Contrapondo-se à jurisprudência dos conceitos, a jurisprudência dos interesses adota uma perspectiva sociológica e elege o interesse como mola propulsora do Direito. (...) Se a luta é a forma, o meio pelo qual os direitos são protegidos e conquistados, o interesse é o que motiva a ação, dos seres humanos, em prol do direito. Meu interesse, tão-só, é o motivo que me deverá impelir na defesa de meu patrimônio, interesse que me levou a adquiri-lo e a utilizá-lo. Ação e processo relativos a meus bens são meras questões de interesse. (...) É o próprio Ihering que afirma: 'Firmeza, clareza, precisão, direito material, remoção de todas as regras, sobre as quais deve impulsionar-se todo autêntico senso de justiça, em todas as esferas do direito, não apenas do direito privado, como da polícia, da Administração, da atividade financeira; independência dos tribunais, organização o mais perfeita possível das regras processuais – este é o caminho que o Estado deve seguir para o pleno desenvolvimento do senso de justiça de seus membros e, com isso, de sua própria energia.' Apesar de todas as críticas dirigidas à obra de Ihering, o Direito continua devedor de uma de sua contribuição principal: a necessidade de ser adotada uma perspectiva da sociedade, no estudo da dogmática jurídica". BITTAR, Eduardo Carlos Bianca; ALMEIDA, Guilherme Assis de. *Curso de filosofia do direito*. 11. ed. São Paulo: Atlas, 2015, p. 428-430.

que a lei deveria ser vista em seu espírito, "mas sem acréscimos ou adições ao nela já declarado". Assim, a interpretação assumia um caráter "rigorosamente declaratório", pois era difundida a ideia de que "a evolução do Direito só poderia se operar através do processo legislativo, e jamais em virtude de uma contribuição integradora ou supletiva do intérprete, jurisconsulto ou juiz". Sintetiza Reale:

> Melhor será talvez apresentar, como traço característico da Escola da Exegese, a convicção de que no sistema legal já estava implícito algo que competia ao intérprete tornar patente ou explícito, respondendo ao estímulo das hipóteses ocorrente. Explicar as palavras do legislador, revelar toda a sua ressonância, mas subordinando-se a seus ditames, como tradução do querer comum[3]. Para a rigorosa apreensão lógico--formal do texto, não sendo este suficientemente claro, mandava-se recorrer à "intenção do legislador", através do estudo dos precedentes legislativos, ou então, se procurava determinar a sua "intenção presumida", de acordo com a situação social do tempo.[332]

No que se refere à escola histórica do direito (c), Norberto Bobbio destina um capítulo de seu livro para reportar que ela é a "predecessora do positivismo jurídico", destacando suas características a partir dos posicionamentos de diversos de seus protagonistas, como Gustavo Hugo, Savigny e Thibaut, entre outros, registrando o movimento pela codificação do direito e a polêmica entre Thibaut e Savigny sobre a codificação do direito na Alemanha.[333]

Na percepção de Bobbio, a fim de ver o direito natural perdendo terreno, necessário seria que a filosofia jusnaturalista recebesse tamanhas críticas a ponto de que suas fundamentações fossem retiradas da consciência dos doutos. Então, ocorre a dessacralização do direito natural por meio do historicismo, e surge o positivismo jurídico. Assim, o historicismo, que teve origem na escola histórica do direito, apareceu e teve profusão maior na Alemanha, aproximadamente no fim do século XVIII, tendo como maior expoente Savigny. Mas, de fato, a primeira obra que, de certo modo, antecipou a escola histórica foi a de Gustavo Hugo, de 1798, com o título de "Tratado do direito natural como filosofia do direito positivo".[334]

---

[332] REALE, Miguel. *Filosofia do direito*. 19. ed. São Paulo: Saraiva, 1999, p. 416-417.

[333] BOBBIO, Norberto. *O positivismo jurídico*: lições de filosofia do direito. Compiladas por Nello Morra. Tradução e notas de Márcio Pugliesi, Edson Bini, Carlos E. Rodrigues. São Paulo: Ícone, 1995, p. 45-62.

[334] BOBBIO, Norberto. *O positivismo jurídico*: lições de filosofia do direito. Compiladas por Nello Morra. Tradução e notas de Márcio Pugliesi, Edson Bini, Carlos E. Rodrigues. São Paulo: Ícone, 1995, p. 45.

O cotejo entre as duas correntes de pensamento, feito por Miguel Reale, dá conta de que a escola da exegese tinha o direito como resultado da racionalidade pura, contemplando um esquema hermético que previsse "de antemão toda a vida humana em sua complexidade". Por outro lado, a escola histórica reivindicava "uma visão mais concreta e social do Direito, comparando-o ao fenômeno da linguagem". De acordo com a escola histórica, a linguagem havia surgido de maneira "anônima, atendendo a tendências e a interesses múltiplos revelados no espírito da coletividade ou do povo", tanto quanto o direito também deveria ser visto. É por esse motivo que Savigny se opõe a Thibaut quanto à elaboração de "um Código Civil comum a todos os alemães, a exemplo do Código Civil francês". Certo era que Thibaut, que defendia o código civil único, também tinha uma formação histórica e sabia que o direito advinha de uma realidade histórica, mas ainda sofria a influência do direito natural. Também era inegável que ele via na codificação a possibilidade de uma "unidade científica e política" da nação alemã. Porém, em seu memorável "Da Vocação de nosso Tempo para a Legislação e a Jurisprudência", de 1814, Savigny faz as suas objeções alicerçadas na ideia de "que a Alemanha não formava ainda uma Nação", sendo ainda deficiente em maturidade para adotar um código civil. Savigny, então, evoca a força viva dos costumes contra "a lei abstrata e racional", destacando que os costumes representavam, na verdade, o "espírito do povo" e, sem eles, poderiam advir leis destituídas de eficácia ou de efetividade. Nada obstante, a opinião de Savigny foi vencida e, embora de forma distinta da pretendida por Thibaut, as exigências históricas impuseram a codificação na Alemanha, mas considerando os problemas sociais e o direito costumeiro. A solução para esse aparente conflito foi ventilada por Reale com a proposição da tese de sua "tridimensionalidade":

> Eis em luta, no início do século, as duas orientações que iriam marcar a sístole e a diástole, digamos assim, do processo jurídico da centúria passada e que ainda são o ritmo de nosso tempo: – uma corrente a preferir o Direito expresso de maneira abstrata e racional nas leis; e outra a querer o Direito tal como ele aparece na vida histórica, na espontaneidade do viver social, tendo como símile o fenômeno da linguagem. Pode-se dizer que nesse contraste já estão postos os dados do problema que a tridimensionalidade pretende resolver, sem partir a linha do pensamento jurídico clássico, mas apenas atualizando suas teses fundamentais e tornando explícitas as teses subjacentes.[335]

---

[335] REALE, Miguel. *Filosofia do direito*. 19. ed. São Paulo: Saraiva, 1999, p. 422-424.

No que respeita ao realismo jurídico (d), Paulo Nader assinala que há "correspondência básica aos postulados positivistas" por parte do *"legal realism"* norte-americano e o realismo escandinavo. O realismo jurídico escandinavo "teve como ponto de partida os estudos do sueco Axel Hägerström (1868 – 1939) e alcançou projeção com o pensamento dos suecos Lundstedt e Olivecrona, além do dinamarquês Alf Ross", tendo se envolvido mais com a reflexão do "papel dos tribunais em face de ordenamento jurídico". O *legal realism* americano deu maior atenção à "psicologia da atividade judiciária". De qualquer modo, deram ambos maior atenção ao "método empírico nas investigações científicas e a rejeição de valores absolutos no âmbito jurídico".[336]

Na visão de Norberto Bobbio, o realismo jurídico requer que a definição do direito se dê não só pela validade, mas também pela eficácia, ou seja, não basta ser apenas um fato se não houver funcionalidade, resultando na assertiva de que "uma norma que não seja aplicada, isto é, que não seja eficaz, não é, conseqüentemente, direito". Portanto, para o realismo jurídico só "é direito o conjunto de regras que são efetivamente seguidas numa determinada sociedade".[337]

Prosseguindo no exame do realismo jurídico, Bobbio verifica que essa corrente considera que só são normas jurídicas "aquelas que os juízes aplicam no exercício de suas funções", dirimindo controvérsias. Para o realismo jurídico, a referência não é o legislador, mas o juiz que aplica as normas legislativas, pois ao aplicá-las pode haver modificação de seu conteúdo e eventual "defasagem entre o ordenamento do legislador e o dos juízes". Então, se a validade do ordenamento não é levada em consideração, mas a eficácia de sua aplicação, resta a pergunta: qual o verdadeiro ordenamento jurídico? Para o realismo jurídico, apenas aquele aplicado pelos juízes, a saber, "é direito verdadeiro somente aquele que é aplicado pelos juízes". Desse modo, as normas procedentes do legislativo, mas que não são aplicadas pelo juiz, "não são direito, mas um mero *flatus vocis*", ou seja, apenas uma explosão de voz.[338]

Por sua vez, a crítica de Miguel Reale quanto ao realismo jurídico (ou empirismo jurídico) reside no fato de que o direito é visto sob

---

[336] NADER, Paulo. *Filosofia do direito*. 22. ed. Rio de Janeiro: Forense, 2014, p. 232-234.

[337] BOBBIO, Norberto. *O positivismo jurídico*: lições de filosofia do direito. Compiladas por Nello Morra. Tradução e notas de Márcio Pugliesi, Edson Bini, Carlos E. Rodrigues. São Paulo: Ícone, 1995, p. 142.

[338] BOBBIO, Norberto. *O positivismo jurídico*: lições de filosofia do direito. Compiladas por Nello Morra. Tradução e notas de Márcio Pugliesi, Edson Bini, Carlos E. Rodrigues. São Paulo: Ícone, 1995, p. 143-144.

a perspectiva predominante, senão exclusiva, do fato social. Então o direito é um "simples componente dos fenômenos sociais e suscetível de ser estudado segundo nexos de causalidade não diversos dos que ordenam os fatos do mundo físico". Isso pode se traduzir em um exagero ao "negar autonomia à Jurisprudência, reduzindo-a a uma arte de bem decidir com base nos conhecimentos fornecidos pelos estudiosos da realidade coletiva".[339]

Defendendo o juspositivismo, Norberto Bobbio assevera que ele "concebe a ciência jurídica como uma ciência construtiva e dedutiva". Essa "dogmática do direito" é consistente "na elaboração de conceitos jurídicos fundamentais" retirados do ordenamento jurídico e destinados a "resolver todos os casos possíveis", devendo, para tanto, proceder à "operação de dedução lógica". Ocorre que essa concepção está em declínio, na percepção do realismo jurídico:

> Hoje, o movimento de pensamento que diz respeito ao realismo jurídico tende a conceber como tarefa da jurisprudência extrair do estudo de uma dada realidade (o direito, considerado como um dado de fato sociológico) proposições empiricamente verificáveis, que permitam formular previsões sobre futuros comportamentos humanos (particularmente, prever as decisões que os juízes tomarão para os casos que deverão julgar).[340]

Para Bobbio, as críticas ao juspositivismo decorrem (i) do realismo jurídico (ou da jurisprudência sociológica, como também é chamada a Escola), que "critica os seus aspectos teóricos" por não representarem "adequadamente a realidade efetiva do direito"; e também do (ii) jusnaturalismo renascido ou revigorado, que critica seus "aspectos ideológicos" e destaca "as conseqüências práticas funestas que deles derivam".[341]

Indispensável, neste ponto, a manifestação de Cabral de Moncada quando tratou do positivismo na filosofia do direito, por meio da qual se pode concluir que uma posição filosófica não se perde totalmente na história, porquanto sem se dar conta, remanescem conceitos nos

---

[339] REALE, Miguel. *Filosofia do direito*. 19. ed. São Paulo: Saraiva, 1999, p. 434.

[340] BOBBIO, Norberto. *O positivismo jurídico*: lições de filosofia do direito. Compiladas por Nello Morra. Tradução e notas de Márcio Pugliesi, Edson Bini, Carlos E. Rodrigues. São Paulo: Ícone, 1995, p. 220-222.

[341] BOBBIO, Norberto. *O positivismo jurídico*: lições de filosofia do direito. Compiladas por Nello Morra. Tradução e notas de Márcio Pugliesi, Edson Bini, Carlos E. Rodrigues. São Paulo: Ícone, 1995, p. 225.

quais são desenvolvidos novos pensamentos, ou mesmo se chega ao fortalecimento de uma ideia inicial, ante a contribuição ou refutação de outras tantas correntes de ideias:

> Nenhuma época da história, nenhum sistema de ideias ou posição filosófica fundamental, decorrem jamais em vão. Mesmo depois de ultrapassadas, alguma coisa delas pervive, de que muitas vezes nos não damos conta. O que vem depois, ainda que pareça ser diametralmente oposto ao que foi, não seria o que é, se não fosse o que está antes. Há indiscutivelmente uma dialéctica no desenvolvimento do pensamento filosófico que o faz parecer um todo orgânico, com todas as suas teses, antíteses e sínteses, como já Hegel notou, embora para o verificar não seja necessário erigir nenhum sistema metafísico. Na história desse pensamento pode afirmar-se que nada se perde e nada se cria; nada é absolutamente novo. O turbulento panorama filosófico do nosso tempo, com todas as suas sobrevivências positivistas no domínio do direito, é bem a prova do que acabamos de dizer.[342]

3.3.1 O positivismo jurídico (juspositivismo) e o pós-positivismo

A distinção feita por Paulo Ferreira Cunha é de que, no jusnaturalismo, o direito não se concretiza apenas pela ação do poder ou da realidade social, vez que há um outro direito, que se situa atrás ou sobre o direito vivente, mais arraigado e inerente à natureza, à divindade ou à ordem das coisas. Os positivistas, ao contrário, depositam a crença de que o direito está na sociedade, na lei, ou na história, positivado, isto é, escrito. Fora do que está positivado só restará a moral, a ética, a filosofia ou os propósitos piedosos. Os jusnaturalistas admitem a existência concomitante do direito natural com o direito positivo. Os positivistas, ao contrário, negam que haja um caráter jurídico no direito natural. Paulo Ferreira Cunha alude a Sísifo (o mais astuto de todos os mortais na mitologia grega) para confrontar os positivistas, questionando: "(...) mesmo assim, não deverá o Direito obedecer, ao menos nalguma medida, a essa moral (presume-se que devidamente depurada)?".[343]

Assim, o positivismo busca se afastar do direito natural e tem o direito positivo como aquele que rege uma determinada sociedade.

---

[342] MONCADA, Luís Cabral de. *Estudos de filosofia do direito e do estado*. Vol. II. Lisboa: Imprensa Nacional-Casa da Moeda, 2004, p. 263.

[343] CUNHA, Paulo Ferreira. *Filosofia do direito*. 2. ed. (Teoria, Filosofia e História do Direito). Coimbra: Almedina, 2013, p. 353.

O direito positivado a partir do Código de Napoleão, após a Revolução Francesa, sob a influência do Direito Romano e adotado por praticamente toda a Europa Continental e suas colônias, acabou por notabilizar o *civil law* como aquele que retirou o direito das mãos dos juízes e repassou-o exclusivamente ao legislativo.

O positivismo, então, servia para refletir as ideias democráticas e exigia o estabelecimento de regras de conduta da sociedade que fossem geradas da forma mais racional possível, respeitando a tripartição dos poderes, "segundo a qual cabe ao legislativo criar as normas e aos juízes aplicá-las aos casos em que haja conflito".[344]

Para os positivistas, o único direito é o da lei positivada, e a aplicação dela gera a estabilidade desejável das relações jurídicas contratuais, de modo que essa segurança redunda em legitimidade e justiça das normas, as quais só devem ser aplicadas aos casos concretos.

A certeza jurídica da lei positivada partia da ideia de que os direitos e deveres teriam de ser estabelecidos de forma clara, e a aplicação pelos tribunais teria de se dar de modo homogêneo. Tudo isso somado ao fato de que o conceito de justiça era relativizado, pois haveria previsibilidade para as decisões jurídicas ante o apego à literalidade da norma, de maneira que essa segurança se traduzia no bem maior do positivismo.

Embora se saiba das duas escolas do positivismo (i) o sociológico e (ii) o jurídico ou normativo, este trabalho prima por centrar seu foco no positivismo jurídico ou normativo e destaca que Hans Kelsen foi o seu maior defensor. Propunha o autor austríaco, inclusive, que o direito deveria se afastar da sociologia, da política e da moral, restando como ciência pura do direito apenas as normas jurídicas, nem mesmo comportando aspectos da ideologia política ou valorativos do direito, ou seja, tudo aquilo que não se limitasse às normas postas.

Hans Kelsen disserta, por exemplo, que uma norma que particularize uma conduta não pode ser presumida, mas precisa ser criada, ou seja, não se admite que normas sejam "logicamente deduzidas a partir dessa norma". Uma norma que preveja "ajude o próximo quando ele precisar de ajuda" não pode ser deduzida como uma norma cujo conteúdo seja "ame o próximo". Há que se editar um ato especial que expresse essa vontade, de modo que as normas não sejam "concluídas a partir de uma premissa por meio de uma operação intelectual".[345]

---

[344] HUTZLER, Fernanda Souza. *O ativismo judicial e seus reflexos na seguridade social.* Série Monografias do CEJ, nº 33. Brasília: Conselho da Justiça Federal. Centro de Estudos Judiciários, 2018, p. 29.

[345] KELSEN, Hans. *Teoria geral do direito e do Estado.* Tradução de Luís Carlos Borges. 3. ed. São Paulo: Martins Fontes, 1998, p. 167.

Nessa linha de raciocínio, no entanto, há que registrar que a teoria pura do direito não foi defendida por Hans Kelsen pelo fato de ele considerar que "o direito era um objeto puro ou que a criação do direito era isenta de interesses políticos ou outras coisas do gênero". O adjetivo puro não diz respeito à pureza do direito, mas quer dizer que o estudo e a aplicação do direito deveriam ter um objeto puro, isto é, concentrar-se tão somente nas normas positivadas, não considerando as questões políticas, sociológicas, psicológicas ou outras.[346]

Na perspectiva de Kelsen, a justiça estaria na própria lei, devendo o aplicador apenas verificar a validade formal da norma e não a justiça decorrente de sua aplicação. Verificada a validade da norma por sua compatibilidade com a Constituição, seu conteúdo deveria ser entendido como reto e justo, e essa valoração era dada pelo legislador. O aplicador da norma não poderia aferir o conteúdo valorativo, mas, considerando-a válida, deveria aplicá-la de conformidade com a concepção do legislador.

Convém pontuar que o positivismo jurídico na perspectiva de outro autor, Herbert Hart, preocupou-se com o critério de verificação da validade da norma, tratando de duas espécies de regras: as primárias (regras de obrigação) e as secundárias (regras de conhecimento). As regras de obrigação dizem respeito ao que as pessoas devem ou não fazer, como formas de controle social. Por sua vez, as regras de reconhecimento buscam assegurar que as regras de obrigação satisfizeram alguns critérios para serem editadas. Diferentemente de Kelsen, Hart entendia que essas regras eram um fato e não uma presunção. Na verdade, tratava-se de uma regra secundária para que os juízes verificassem a validade da norma a ser aplicada. Seu trabalho foi criticado por Dworkin e recebeu análise em seu *post-script* à obra "O Conceito de Direito", por meio do qual procedeu à análise da influência da moral no direito, fazendo o cotejamento entre uma e outra teoria, cuja transcrição se faz necessária:

> Segundo a minha teoria, a existência e o conteúdo do direito podem ser identificados por referência às fontes sociais do direito (por exemplo, legislação, decisões judiciais, costumes sociais), sem referência à moral, exceto quando o direito assim identificado tenha, ele próprio, incorporado critérios morais para a identificação do direito. Na teoria

---

[346] HUTZLER, Fernanda Souza. *O ativismo judicial e seus reflexos na seguridade social*. Série Monografias do CEJ, nº 33. Brasília: Conselho da Justiça Federal. Centro de Estudos Judiciários, 2018, p. 30-32.

interpretativa de Dworkin, por outro lado, todas as proposições de direito, que afirmam qual é o direito em certa matéria, envolvem necessariamente um juízo moral, uma vez que, segundo a sua teoria interpretativa holística, as proposições de direito são verdadeiras apenas se, juntamente com outras premissas, decorrerem daquele conjunto de princípios, os quais melhor se ajustam a todo o direito estabelecido, identificado por referência às fontes sociais do direito, e lhe conferem a melhor justificação moral. Esta teoria interpretativa globalmente holística tem, por isso, uma dupla função: serve não só para identificar o direito, como também para lhe conferir justificação moral.[347]

Hart considerava que as piores leis nazistas não deixaram de ser direito pelo fato de apresentar conteúdo iníquo, advindas de regimes moralmente inaceitáveis. Disse como positivista "que tais sistemas perversos são direito", a despeito de a teoria de Dworkin considerá-los como "direito apenas num sentido pré-interpretativo".[348]

O maior destaque coube a Hans Kelsen, inegavelmente tido como aquele que mais influência exerceu por seu positivismo normativista, sendo fato que ainda se apresenta como contemporâneo entre os juristas, mesmo que haja questionamentos acerca de seu formalismo exacerbado, vez que em sua concepção, também, qualquer sistema normativo gerado pelo Estado deve ser admitido como direito positivado.

Talvez o motivo de o positivismo ser encampado por juristas vinculados ao Estado tem origem no fato de que, uma vez positivado, segundo as normas constitucionais então vigentes, pode-se legitimar as ações ou mesmo as omissões estatais.

Exatamente por esse motivo, a despeito da ampla hegemonia que gozava no âmbito da Europa continental e na América Latina, o positivismo normativo passou a receber críticas de juristas quanto aos pressupostos apresentados por Kelsen, de modo que, a partir da metade do século XX, começou-se a demandar novos rumos para o direito.

Culpou-se o positivismo jurídico por ter dado grande suporte jurídico às ditaduras nazista e fascista, responsáveis por atrocidades no período da Segunda Grande Guerra. As barbaridades foram cometidas com amparo legal, sendo que o cumprimento da lei e a obediência a

---

[347] HART, Herbert Lionel Adolphus. *O conceito de direito*. 5. ed. Pós-escrito editado por Penelope A. Bulloch e Joseph Raz. Tradução de A. Ribeiro Mendes. Lisboa: Fundação Calouste Gulbenkian, 2007, p. 331-332.

[348] HART, Herbert Lionel Adolphus. *O conceito de direito*. 5. ed. Pós-escrito editado por Penelope A. Bulloch e Joseph Raz. Tradução de A. Ribeiro Mendes. Lisboa: Fundação Calouste Gulbenkian, 2007, p. 333.

ordens emanadas da autoridade competente foram os argumentos utilizados pelos acusados no Tribunal de Nuremberg.

Passou-se, então, a proceder às reflexões acerca do direito, notadamente quanto ao fato de que o ordenamento jurídico não pode ser indiferente aos valores éticos, tampouco a formalidade legal pode servir de rótulo para qualquer produto. A interpretação do direito e sua aplicação devem ter em conta sua função social.

Surge, então, o pós-positivismo (cuja designação, como afirmado por Barroso e citado neste trabalho, é provisória e genérica) consistente na ideia de que a justiça vai bem além da lei. Ainda que essa releitura das propostas fundamentais do positivismo jurídico não signifique uma ruptura por completo com ele, funcionando como uma terceira via entre as concepções positivista e jusnaturalista, pois reconhece que o direito empresta clareza, certeza e objetividade, mas também não pode se apresentar dissociado de uma filosofia moral e de uma filosofia política.[349]

Com isso, no pós-positivismo as teses positivistas comunicam-se com a ética e a moral, ou seja, ultrapassa-se o legalismo estrito do positivismo sem que com isso se ressuscite a razão subjetiva do jusnaturalismo. No pós-positivismo, os princípios jurídicos assumem o caráter normativo-jurídico vinculante.

Se o jusnaturalismo embasava-se na obediência às leis justas e submetidas a um critério exterior de justiça, vez que o direito positivado contrário ao direito natural não era jurídico, tinha-se o contraponto dos juspositivistas de que a obediência às leis era o atendimento à justiça, pois que seus destinatários e aplicadores não deveriam ser movidos por questões éticas, morais ou ideológicas, pois o valor não era determinante na validade das leis, ainda que fossem injustas. Para o juspositivista normativo, a justiça adviria da observância da lei, tendo o pressuposto de que não se deveria falar em justiça absoluta, mas apenas na justiça legal.

Por outro lado, o pós-positivismo, para Fabrício Castagna Lunardi, citado por vias reflexas por Alex Pires, intermediariamente, decorre de uma preocupação maior com a implementação de uma justiça substancial, que não se prenda ao formalismo, impondo ao judiciário um lugar de destaque na implementação das instituições democráticas e dos valores consagrados constitucionalmente, "não se

---

[349] BARROSO, Luís Roberto. *Curso de direito constitucional contemporâneo*: os conceitos fundamentais e a construção do novo modelo. 5. ed. São Paulo: Saraiva, 2015, p. 276.

limitando apenas a ratificar a ordem jurídica vigente, mas devendo fazer questionamentos acerca da legitimidade social das normas vigentes".[350]

Essa opção teórica parte da ideia de que o direito depende da moral, no reconhecimento da validade da norma e no momento de sua aplicação, devendo considerar a dignidade humana, o bem-estar de todos ou a igualdade, por exemplo, como princípios constitucionais que devem influenciar a elaboração e a aplicação das leis e demais normas concretas.

Vendo-se instalada a crise do positivismo jurídico ante a desconsideração da ética e da moral na edição dos preceitos normativos, evoluiu-se para o pós-positivismo, que segundo se apresenta, não nega a importância do direito positivo, mas requer que haja a ponderação ou o sopesamento de princípios, norteados pela aplicação da razoabilidade e da proporcionalidade, com força de interpretação universal. Essa evolução decorre da busca por instrumentos que garantam os direitos constitucionalmente previstos, de maneira que, nos limites do direito e da própria moralidade pública, as autoridades políticas, sempre que negligenciarem seu dever constitucional de promover esses mesmos direitos e liberdades, devem ser instigadas por uma interpretação pós-positivista a ser conduzida por um judiciário cada vez mais independente e cônscio de sua importância.

O pós-positivismo busca restabelecer, portanto, a relação entre direito e ética, materializando a relação entre os direitos fundamentais e os valores, princípios e regras, os quais passam a contar com o reconhecimento de sua normatividade constitucional e indutora da interpretação ensejadora da justiça. Os princípios constitucionais, exaltados como catalisadores dos valores, dão unidade e harmonia ao sistema, vez que servem "como guia para o intérprete, que deve pautar-se neles para chegar às formulações das regras",[351] de modo que o próprio editor de normas deve neles se embasar para o atendimento aos ditames constitucionais.

Para Luís Roberto Barroso, o direito não deve se restringir às normas legisladas, sendo aceitável, inclusive no âmbito do direito constitucional, o costume. Daí serem aceitáveis, também, construções que expandam seu sentido e seu alcance, fundando-se em valores da

---

[350] PIRES, Alex Sander Xavier. *Súmula vinculante e liberdades fundamentais*. Rio de Janeiro, 2016, p. 224.

[351] HUTZLER, Fernanda Souza. *O ativismo judicial e seus reflexos na seguridade social*. Série Monografias do CEJ, nº 33. Brasília: Conselho da Justiça Federal. Centro de Estudos Judiciários, 2018, p. 33.

sociedade e nos limites da legitimidade democrática da atuação judicial. O direito contemporâneo comporta, também, segundo o autor, além do renovado papel do intérprete, a crescente importância dada à jurisprudência e, "especialmente, à jurisprudência constitucional, que alguns autores já vêm reconhecendo como fonte formal do Direito".[352]

Referido autor chama a atenção para o fato de que a quadra atual é marcada pela superação ou sublimação dos modelos puros do jusnaturalismo e do juspositivismo por um complexo disseminado e abrangente de ideias, as quais são reunidas em um rótulo genérico denominado de pós-positivismo.[353]

No ensino do atual Ministro do STF, o direito deixou de ser tão somente aquele advindo do positivismo jurídico, pois o processo civilizatório avançado e as causas da humanidade, sobretudo após a Segunda Guerra, não comportam mais a absoluta separação da ética e do direito, ou seja, não admitem mais a visão positivista e circunscrita à norma. Por outro lado, o retorno puro e simples ao jusnaturalismo, com sua fundamentação vaga, abstrata ou metafísica, não era mais aceitável. Com isso, tem-se que o pós-positivismo não significa a desconstrução do positivismo, antes, guarda deferência ao ordenamento positivo, relativizando-o, no entanto, com as ideias de justiça e de legitimidade. Apresenta-se, daí, como uma terceira via, pois vê que o direito necessita de clareza, certeza e objetividade, mas não o admite desassociado da filosofia moral, tampouco da filosofia política. Na concepção pós-positivista é inconcebível que esses segmentos não se influenciem mutuamente, havendo articulação complementar entre eles. Defender a tese da separação, consoante o pensamento jurídico positivista, o qual reinou por muitas décadas, é render "tributo a uma hipocrisia".[354]

É imperiosa a transcrição do posicionamento de Barroso quanto ao tema:

> A doutrina pós-positivista se inspira na revalorização da razão prática, na teoria da justiça e na legitimação democrática. Nesse contexto, busca ir além da legalidade estrita, mas não despreza o direito posto; procura empreender uma leitura moral da Constituição e das leis, mas sem recorrer a categorias metafísicas. No conjunto de ideias ricas e

---

[352] BARROSO, Luís Roberto. *Curso de direito constitucional contemporâneo*: os conceitos fundamentais e a construção do novo modelo. 5. ed. São Paulo: Saraiva, 2015, p. 73-74

[353] BARROSO, Luís Roberto. *Curso de direito constitucional contemporâneo*: os conceitos fundamentais e a construção do novo modelo. 5. ed. São Paulo: Saraiva, 2015, p. 281.

[354] BARROSO, Luís Roberto. *Curso de direito constitucional contemporâneo*: os conceitos fundamentais e a construção do novo modelo. 5. ed. São Paulo: Saraiva, 2015, p. 282.

CAPÍTULO 3
O VOLUNTARISMO JUDICIAL E A SUPREMACIA DO PARLAMENTO | 201

heterogêneas que procuram abrigo nesse paradigma em construção, incluem-se a reentronização dos valores na interpretação jurídica, com o reconhecimento de normatividade aos princípios de sua diferença qualitativa em relação às regras; a reabilitação da razão prática e da argumentação jurídica; a formação de uma nova hermenêutica; e o desenvolvimento de uma teoria dos direitos fundamentais edificada sobre a dignidade da pessoa humana. Nesse ambiente, promove-se uma reaproximação entre o Direito e a ética.[355]

Registre-se, também, que Robert Alexy considera vital para o direito o papel exercido pelos princípios e a argumentação jurídica na conciliação entre legalidade e legitimidade das normas. Para Alexy, o direito e a moral devem ser vistos como "aliados" que se servem dos princípios e da argumentação jurídica para a aplicação justa do direito. Na busca dessa aplicação racional do direito, sua teoria da argumentação jurídica apresenta-se como uma argumentação prática geral (da argumentação moral) aplicada às regras e aos princípios e objetiva a melhor decisão para o caso concreto.[356]

Entremeado nas teorias do pós-positivismo e do neoconstitucionalismo é que surge o movimento do ativismo judicial, o qual vem merecendo críticas da comunidade científica.

Essas críticas decorrem da falta de cautela na adoção desse comportamento pós-positivista, dado que as leis têm uma razão de ser e não são apenas uma sugestão. De modo geral, o texto legal deve falar por si só, porquanto presumidamente foram utilizadas técnicas de elaboração legislativa. Ademais, como cada qual tem o seu próprio senso de justiça, ainda que tal procedimento esteja a cargo de operadores técnicos do direito, o questionamento reside na falta de legitimidade dos juízes, os quais não representam a elegibilidade cabível à soberania popular.

Bolzan e Streck anotam o alerta feito por Celso Fernandes Campilongo em sua dissertação acerca dos dilemas da democracia, para quem os juristas, preocupados com a análise estrutural do direito, deixam de considerar os pressupostos teóricos normativistas e o contexto político. Há o domínio dos partidos na representação política, e a produção legislativa do Estado sofre a influência do "poder privado", de modo que "a ordem jurídica sofre "calibragens" que escapam aos padrões

---

[355] BARROSO, Luís Roberto. *Curso de direito constitucional contemporâneo:* os conceitos fundamentais e a construção do novo modelo. 5. ed. São Paulo: Saraiva, 2015, p. 283.

[356] HUTZLER, Fernanda Souza. *O ativismo judicial e seus reflexos na seguridade social.* Série Monografias do CEJ, nº 33. Brasília: Conselho da Justiça Federal. Centro de Estudos Judiciários, 2018, p. 34.

imaginados pelo positivismo. A representação política parlamentar passa a concorrer com engenhos como os "anéis burocráticos" e os "arranjos corporativos".[357]

Tenta-se romper com o positivismo formalista para que não seja aceitável a escusa para a prática de injustiças sob o manto da legalidade, de modo que é inconcebível que se procure justificar algo imoral cometido sob o manto do legal.

Entretanto, também não se concebe o extremo oposto, que é o de utilizar-se do princípio da dignidade da pessoa humana ou do princípio da democracia para sustentar qualquer inovação que dê ensejo ao voluntarismo (ativismo) judicial, pois que esses valores deveriam ser compartilhados na esfera pública por um mínimo de consenso, não por valores pessoais de modo a se suscitar questionamentos acerca da integridade do direito. O voluntarismo pode fazer chegar ao ponto de se entender que há, de fato, muitos juízes em Berlim (Brasília ou Lisboa), se os juízes forem tomados por decisões ao seu bel-prazer, sem o devido controle ou análise de suas consequências para outros casos.[358]

Paulo Ferreira Cunha adverte o intérprete e o jurista quanto aos erros a serem evitados quando do cotejo entre o jusnaturalismo e o positivismo, oportuno neste momento de pós-positivismo e neoconstitucionalismo. Alerta quanto ao equívoco de se considerar que o direito natural possa existir sem o positivo e vice-versa. A rigor, segundo o autor, nenhum é melhor que o outro. Para o mencionado mestre, há que se desfazer a confusão de que a lei injusta não é lei, não é direito, eis que pregar a desobediência e recusar a lei "só poderá fazer-se se daí não advierem males maiores".[359]

---

[357] STRECK, Lênio Luiz; MORAIS, Jose Luís Bolzan de. *Ciência política e teoria do Estado*. 8. ed. rev. e atual. Porto Alegre: Livraria do Advogado Editora, 2014, p. 149.

[358] A alusão feita neste ponto do trabalho decorre do fato de que François Andrieux escreveu um poema bastante conhecido e intitulado "O moleiro de Sans-Souci", no qual conta a estória de que Frederico II, rei da Prússia, resolveu construir um palácio em um ambiente tranquilo e calmo, elevando um castelo em uma região chamada de Sans-Souci, que significa "sem preocupação". Havia ali, no entanto, um moinho bem antigo que lhe atrapalhava a vista, e o rei queria remover o moinho a qualquer custo, ainda que tenha inicialmente tentado negociar com o dono do moinho. O moleiro não se interessou e opôs-se de modo aguerrido à expropriação do seu moinho e humildemente disse ao rei que seu avô, seu pai, ele, e no futuro, seu filho, trabalharam e trabalhariam e também morreriam nas terras do moinho. O rei, que era um iluminista e amigo de Voltaire, disse que embora contra sua vontade poderia expropriá-lo da terra e sem lhe dar um centavo. Teria o moleiro redarguido: "O senhor? Tomar-me o moinho? Ainda existem juízes em Berlim!". Disponível em: https://www.conjur.com.br/2013-fev-08/direito-literatura-moleiro-sans-souci-conto-francois-andrieux. Acesso em: 23 ago. 2019.

[359] CUNHA, Paulo Ferreira. *Filosofia do direito*. 2. ed. (Teoria, Filosofia e História do Direito). Coimbra: Almedina, 2013, p. 358.

CAPÍTULO 3
O VOLUNTARISMO JUDICIAL E A SUPREMACIA DO PARLAMENTO | 203

Sequer há de ser defensor da tese jusnaturalista para, segundo o autor, verificar que a injustiça da lei decorre da ofensa aos três preceitos jurídicos preconizados que são: viver retamente, não prejudicar ninguém e atribuir a cada um o que é seu. Qualquer jurista adepto da justiça pode e deve insurgir-se contra a injustiça. Um positivista não pode ser visto como um monstro sem sentimentos, sem alma, sem ética, vez que mesmo um adepto dessa tese há de se impressionar e se comover com a injustiça.

A constatação de Paulo Ferreira Cunha remete-nos a uma quase desesperança, não fora a alternativa do terreno político para procurar alterar o quadro de injustiças. Se o terreno jurídico está impedido de valer-se de mecanismos técnicos e valorativos para coibir a injustiça, nem por isso se deve dar as costas a ela, havendo o direito de enfrentá-la, elevando-se a cultura jurídica para impedir o subjetivismo. Eis sua magistral reflexão acerca do positivismo e que nos leva a avaliar as implicações no pós-positivismo:

> Mesmo o positivista não é um monstro sem alma, sem coração, sem ética. Encontra-se é, ao que parece, com as mãos filosófica e metodologicamente atadas para juridicamente a combater. Resta-lhe o terreno político. Como aliás a todos.
>
> O Homem moderno encontra-se infelizmente cada vez mais desprovido de meios técnicos e axiológicos capazes de servirem a um juízo sobre a justiça das normas. A sua cultura degrada-se, o seu conhecimento do mundo restringe-se, a sua normal capacidade de avaliação sem paixão volve-se quase nula, o subjetivismo cresce. E assim é deveras perigoso taxar de injusta uma norma sem a fazer passar pelo crivo de profunda e plural crítica.[360]

Para o autor, a injustiça absoluta não se consagra apenas com normas de segregação racial ou de gênero, mas também se caracteriza por meio da injustiça social que certas leis agravam ou facilitam quando, por exemplo, viabilizam a exploração desenfreada do trabalhador ou quando o legislativo ou o governo deixam de reconhecer direitos constitucionais. Advertindo para o fato de que o direito deve ter como alvo a justiça, se a ação ou omissão redundar em injustiça está-se diante da constatação de que "um Direito cego ou distraído já não é Direito. Pode até volver-se em anti-Direito porque demasiadamente injusto".[361]

---

[360] CUNHA, Paulo Ferreira. *Filosofia do direito*. 2. ed. (Teoria, Filosofia e História do Direito). Coimbra: Almedina, 2013, p. 359.

[361] CUNHA, Paulo Ferreira. *Filosofia do direito*. 2. ed. (Teoria, Filosofia e História do Direito). Coimbra: Almedina, 2013, p. 359.

3.3.2 Panorama do voluntarismo (ativismo) judicial

Dentre os panoramas descritos de atuação judicial no Brasil, oportuno registrar os modelos concebidos por Luiz Flávio Gomes, os quais vinculam-se às características identificadas pelo autor relativamente ao magistrado: (i) positivista-legalista; (ii) alternativista extremado; (iii) opressivo hierárquico; (iv) constitucionalista; e (v) autoritário.

De fato, em razão da concepção constitucional brasileira, com várias cláusulas abertas ou gerais, os juízes têm sido levados a adotar uma postura menos positivista-legalista, assumindo uma posição póspositivista ou neoconstitucionalista. Eis a classificação efetuada pelo jurista citado:

> Tendo em vista o referencial de que se vale, emerge o correspondente modelo de atuação judicial. O juiz adstrito exclusivamente à lei representa o modelo "positivista-legalista"; o que coloca, de acordo com seus critérios pessoais, o valor "justiça" acima de tudo, inclusive da lei, retrata o modelo "alternativista extremado"; o que aceita a súmula vinculante, espelha o modelo opressivo hierárquico; por último, o que tem por base o "direito" (globalmente considerado – interno e internacional) personaliza o modelo constitucionalista de atuação judicial. Um "quinto" modelo de atuação judicial que, na verdade, não é nenhum modelo, senão uma aberração, não se vale de nenhum dos referenciais até aqui mencionados: consiste no juiz politicamente engajado com o Estado "autoritário" (...) Cuida-se de "modelo" que nem sequer alcança o nível mínimo da legalidade (exercita-se, destarte, na sublegalidade).[362]

Desejável que a magistratura se inspire no modelo constitucionalista, não sendo esperado modernamente que o juiz se atenha à excessiva neutralidade e ao distanciamento, tal qual ideologicamente se concebia nos idos napoleônicos, tampouco se espera que o juiz só pronuncie o texto da lei, tal qual a boca da lei defendida por Montesquieu.

Se há um traço característico das escolas estudadas em tópicos anteriores é que em todas as épocas houve a constatação de que a lei era insuficiente para fazer justiça. Houve sempre a necessidade de que o intérprete, devidamente autorizado para tanto, fizesse ou operasse a justiça. Com o constitucionalismo, houve um parâmetro a ser seguido, qual seja, fazer justiça a partir dos princípios insculpidos

---

[362] GOMES, Luiz Flávio. *A dimensão da magistratura no Estado Constitucional e Democrático de Direito:* independência judicial, controle judiciário, legitimação da jurisdição, politização e responsabilização do juiz. São Paulo: Revista dos Tribunais, 1997, p. 128-129.

na Carta Magna. A criação de princípios é que pode estar remetendo a uma nova escola e, com tal, nesse processo incipiente, são muitos os questionamentos que se afloram.

A grande objeção ao pós-positivismo ou neoconstitucionalismo que fundamenta o voluntarismo (ativismo) judicial é o atendimento às reivindicações dos direitos sociais sem que a administração pública esteja estruturada e organizada para o que deriva das decisões judicantes.

Torna-se bastante complicado e impeditivo que os administradores públicos possam realizar um adequado planejamento e a tão desejada execução otimizada de políticas públicas se tiver de atender a decisões do Poder Judiciário que contemplem interesses individuais. Esse tipo de prestação jurisdicional privilegia injustamente aqueles com maior acesso à justiça, em detrimento de quem, de fato, precisa das prestações materiais fornecidas pelo Estado, dado que, não poucas vezes, o Estado é a única alternativa para esses desassistidos.

Para que se tenha uma ideia do impacto das decisões judiciais qualificadas como produto de certo voluntarismo (ativismo), o presente estudo elegeu o direito à saúde, à educação e temas relativos à previdência e ao ambiente eleitoral para apresentar o panorama que a circunscrição do trabalho permite.

3.3.2.1 Na garantia do direito à saúde

Referencial para as diversas decisões judiciais que se seguiram quanto ao fornecimento de medicamentos, houve pronunciamentos como o do REsp nº 840.912/RS, da relatoria do Ministro Teori Albino Zavascki, que, à época (23/4/2007) integrava a Primeira Turma do STJ. Por meio da referida decisão, ficou assentado que o conflito entre o direito fundamental à saúde e o da impenhorabilidade dos recursos da fazenda pública deve prevalecer o direito à saúde. Então, a aquisição do medicamento para que não haja comprometimento grave da saúde do demandante pode ensejar determinação judicial de bloqueio de verbas públicas para que impulsione o Estado a adquirir urgentemente o medicamento obrigatório.

A demanda chegou ao STJ, perpassando por todas as instâncias inferiores, pois o Estado do Rio Grande do Sul foi contra acórdão do Tribunal de Justiça daquela unidade federativa, que o condenou ao fornecimento de medicamento à demandante e, se fosse descumprida a liminar que determinou o mencionado fornecimento, ser-lhe-ia bloqueada a verba pública suficiente para o custeio do medicamento.

A rigor, a Segunda Turma já contava com pronunciamento de 1º/3/2007, por força do julgamento do REsp nº 904.204/RS, da relatoria do Ministro Humberto Martins, enfatizando que a decisão que determina o fornecimento de medicamento comporta exame de legalidade, e não de mérito administrativo, isto é, não esbarra na averiguação de conveniência e oportunidade de execução de gastos públicos. Por isso, cabível que o juiz, de ofício ou a requerimento da parte, possa estabelecer *astreintes* contra a Fazenda Pública para que cumpra com a obrigação de fazer no prazo estipulado.

Essas decisões do STJ, na verdade, estavam na esteira do que já havia decidido o STF em outros feitos submetidos ao seu crivo, os quais foram reportados pelo Ministro Celso de Mello, por ocasião de decisão proferida no RE nº 393.175, de 1º/02/2006 (transcrita no Informativo 414, do STF), tendo como razão de decidir, de modo geral, que:

> a essencialidade do direito à saúde fez com que o legislador constituinte qualificasse, como prestações de relevância pública, as ações e serviços de saúde (CF, art. 197), em ordem a legitimar a atuação do Ministério Público e do Poder Judiciário naquelas hipóteses em que os órgãos estatais, anomalamente, deixassem de respeitar o mandamento constitucional, frustrando-lhe, arbitrariamente, a eficácia jurídico-social, seja por intolerável omissão, seja por qualquer outra inaceitável modalidade de comportamento governamental desviante.

Seguiu-se, por todo o país, inúmeras decisões judiciais que tinham o objetivo de garantir o direito à saúde, não só por meio do fornecimento de medicamentos, mas, inclusive, por exemplo, obrigando o ente estatal a internar o demandante em Unidade de Tratamento Intensivo – UTI, com suporte neurocirúrgico na rede pública. Se não houvesse disponibilidade, o ente estatal deveria providenciar UTI da rede privada, arcando, por óbvio, com as despesas médicas e hospitalares decorrentes da internação do demandante.[363]

No que concerne à doutrina portuguesa, tem-se a manifestação contrária de António José Avelãs Nunes, que entende que o voluntarismo (ativismo) judicial é uma "violação clara (às vezes grosseira) do princípio da separação dos poderes". Em seu entender, as deficiências

---

[363] Tribunal de Justiça do Distrito Federal e Territórios. *Remessa de Ofício nº 20140110177689*. Terceira Turma Cível. Autor: Sérgio Murilo do Prado. Réu: Distrito Federal. Relator: Des. Alfeu Machado. Brasília, 25 agosto 2014. Disponível em: http://tj-df.jusbrasil.com.br/jurisprudencia/135836135/rmo-20140110177689/inteiro-teor-135836174. Acesso em: 23 ago. 2019.

de representatividade e de legitimidade do legislativo e do executivo não se resolvem pelos caminhos da judicialização da política, a qual acaba por incorrer na politização da justiça, "uma e outra indesejáveis e nocivas ao desenvolvimento da democracia". Sua constatação é a de que o judiciário tende, algumas vezes, a suprir a "inação, pela incapacidade (ou irresponsabilidade), do Legislativo e do Executivo, ocupados por interesses que muitas vezes não coincidem com os dos cidadãos eleitores". Mas sua ideia é a de que se solucione tal quadro com uma reforma legislativa por meio do próprio sistema político, sem que seja feita pelos tribunais, de maneira que esse terreno deixe de ser "ocupado por uma elite que o utiliza como se fosse coisa sua, para se atribuir privilégios e para manter o seu estatuto privilegiado". E também assinala:

> No que concerne ao direito à saúde, começarei por dizer que não conheço nenhum caso de um cidadão português (creio que o mesmo se passa nos outros países da Europa) que tenha ido a tribunal pedir a condenação do Executivo a adotar as medidas adequadas à efetivação do direito (individual) à saúde do requerente (fornecimento de medicamentos, recurso a meios de diagnóstico, realização de cirurgia ou outro tipo de tratamento).[364]

Avelãs Nunes vai adiante ao analisar o cenário brasileiro de decisões judiciais do STF e entende que há um desvio interpretativo do art. 196 da Constituição Federal, o qual, ao assegurar um direito de todos, coletivo, portanto, não poderia ser transformado em tábua rasa como tem feito o Supremo ao concebê-lo como um direito individual e solucionando problemas como uma "justiça comutativa" em vez deixar isso a cargo da "justiça distributiva", que cabe a órgãos políticos que foram legitimados pelo sufrágio e, por isso mesmo, podem exercer o juízo de ponderação. E conclui:

> Os Tribunais entendem que podem dispor de dinheiros públicos (mesmo que não inscritos no orçamento da saúde) para financiar planos individuais de saúde (em regra de indivíduos bem colocados na vida), pouco lhes importando que, deste modo, impeçam ou dificultem o financiamento público de direitos sociais de milhares de cidadãos, de entre os mais pobres, os mais vulneráveis e os mais desprotegidos. Na síntese de Fernando Scaff, "aprisiona-se o interesse social e concede-se realce ao direito individual".[365]

---

[364] NUNES, António José Avelãs. *Ofício de orador*. Belo Horizonte: Fórum, 2016, p. 170.
[365] NUNES, António José Avelãs. *Ofício de orador*. Belo Horizonte: Fórum, 2016, p. 177.

O magistério de Avelãs Nunes realça ainda a incapacidade técnica para que os tribunais avaliem a eficácia ou adequação da política de saúde existente, sob pena de as opções políticas dos juízes se sobreporem às opções do poder público eleito e politicamente responsáveis pelas decisões. Não paira sobre os tribunais, segundo entende, qualquer poder de revelação dos valores fundamentais da comunidade, porquanto o povo soberano e os seus representantes não viabilizaram essa substituição ou transferência de responsabilidade. Para o desfecho desse ponto, mais essa transcrição se torna indispensável:

> A contestação das decisões políticas tem de fazer-se no terreno político. E esse papel cabe aos partidos políticos, aos sindicatos e outras organizações, cabe, constitucionalmente, ao parlamento, e cabe, por direito próprio, ao povo soberano. No meu país, perante os ataques das políticas neoliberais, é cada vez mais frequente o povo sair à rua para contestar o encerramento de uma maternidade ou de um centro de saúde, para protestar contra a falta de um médico de família ou contra o encerramento do posto de saúde durante a noite, ou para exigir transporte gratuito dos doentes para os hospitais, ou para protestar contra a demora na obtenção de uma consulta ou de uma intervenção cirúrgica. Os partidos e os sindicatos fazem ouvir a sua voz. Os deputados intervêm no Parlamento. Mas ninguém se lembra de ir junto dos tribunais para defender estes direitos. Por se entender que esta é uma questão política, que os tribunais não podem resolver.[366]

Mas o voluntarismo (ativismo) judicial recebe a crítica da doutrina portuguesa sob outra perspectiva, qual seja, a de que não poucas as vezes o judiciário teve de fazer o cotejo das normas prolatadas pelo Poder Legislativo e a Constituição, e isso porque o poder político sucumbiu às pressões do mercado, por exemplo.

O professor António José da Ascensão Ramos (que também é Juiz Desembargador do Tribunal da Relação do Porto – TRP) assinala que está consagrado no artigo 80º, nº 1, alínea a), da CRP, o princípio fundamental da subordinação do poder econômico ao poder político democrático.

Entretanto, a realidade de uma crise financeira e com consequente austeridade submete o poder político ao poder econômico, impondo políticas que retrocedem os direitos dos cidadãos. Assim ocorreu, segundo anotou, com as novas regras ou reformas do direito do trabalho, reduzindo as indenizações pelo despedimento, criando a flexibilização

---

[366] NUNES, António José Avelãs. *Ofício de orador*. Belo Horizonte: Fórum, 2016, p. 188-189.

de horários e restringindo as hipóteses de negociação coletiva, sem falar na redução dos salários. Aludiu o autor aos cortes nas pensões, à taxação do acesso à saúde e inúmeras alterações legislativas protegendo os interesses da atividade bancária. Ou seja, foram várias as medidas restritivas dos direitos sociais, tornando-os meras expectativas, "tudo em nome da crise e da austeridade", advertindo para o risco de morte do Estado Social, ante a austeridade imposta e o corte de direitos.[367]

A esse respeito, portanto, o Desembargador do TRP assinala que o judiciário deve exercer a defesa do Estado de Direito "e na separação entre o que é e o que não é conforme a Constituição", abstraindo-se das "pressões político-partidárias que indubitavelmente irá sofrer". Anota ainda o escólio de João Paulo Ramos, *in* "Teoria da Argumentação Jurídica e Neo-Constitucionalismo", destacando que cabe aos juízes serem os garantes "dos direitos fundamentais e do respeito pelos princípios e valores constitucionais", eis que, em respeito ao texto constitucional, haverão de decidir pela "não aplicação das leis provenientes do poder legislativo".[368]

Referido magistrado do TRP, demonstrando que a realidade imposta pela austeridade muitas vezes pode remeter à invocação da excepcionalidade, admite que isso fará com que os tribunais devam refazer uma nova visão constitucional, tendo como mote principal, ao que parece, que o judiciário não pode estar dissociado da realidade:

> Se assim é, não se podem alhear da vida, seja ela social, política ou cultural, sendo o seu papel fundamental defender a Constituição e os seus princípios jurídicos. E, perante a aplicação pelo poder governamental de novas políticas públicas, nomeadamente no campo dos direitos sociais, os Tribunais haverão (ou deverão) de recriar uma nova visão constitucional e atentar, através da respetiva interpretação, se a aplicação dessas políticas tem por substrato uma alteração das circunstâncias que determinem a invocação da excecionalidade para a legitimação da austeridade.[369]

---

[367] RAMOS, António José da Ascenção. *Ativismo judicial*. Disponível em: https://www.verbo-juridico.net/doutrina/2012/antonioramos_ativismojudicial.pdf. Acesso em: 30 maio 2019.

[368] RAMOS, António José da Ascenção. *Ativismo Judicial*. Disponível em: https://www.verbo-juridico.net/doutrina/2012/antonioramos_ativismojudicial.pdf. Acesso em: 30 maio 2019.

[369] RAMOS, António José da Ascenção. *Ativismo Judicial*. Disponível em: https://www.verbo-juridico.net/doutrina/2012/antonioramos_ativismojudicial.pdf. Acesso em: 30 maio 2019.

3.3.2.2 Assegurando o direito à educação

O Professor da Universidade Federal Fluminense Rogério Pacheco Alves alude à pesquisa empreendida por ocasião do doutorado de Adriana Aparecida Dragone Silveira, que analisou a atuação do Tribunal de Justiça de São Paulo (no período de 1991 – 2008) no concernente ao direito à educação de crianças e adolescentes, identificando a tendência de o judiciário paulista decidir pela obrigatoriedade de matrículas em creches e por educação inclusiva com o atendimento especializado a crianças com necessidades especiais.

A mencionada pesquisa apontou que houve maior sucesso de demandas individuais que as demandas coletivas (ajuizadas, sobretudo, pelo Ministério Público). Isso se deu pelo fato de as razões apresentadas em âmbito coletivo serem muito genéricas, contando, por isso mesmo, com a negativa do direito requerido ao argumento de que era impossível a "interferência do Judiciário no planejamento do ente federativo,[370] seja em observância ao princípio da separação dos poderes, seja em respeito à discricionariedade administrativa.

No que concerne ao tema educação, o STF pronunciou-se, dentre outros, por meio dos julgamentos relativos aos Recursos Extraordinários (RE) nº 410.715/SP[371] e nº 436.996/SP,[372] ambos relatados pelo Ministro Celso de Mello, tratando da falta de vagas em unidades de educação infantil (creche e pré-escola). Para o STF, o direito à educação não se submete à discricionariedade administrativa, de modo que são inaceitáveis que critérios de conveniência e oportunidade do gestor possam impedir o cumprimento do dever constitucional do Estado quanto à educação. A excepcionalidade de intervenção do Poder Judiciário nos casos examinados resulta da violação negativa do texto constitucional, vez que o Estado está obrigado a implementar política pública do direito fundamental à educação, de modo a torná-lo eficaz, sob pena de a obrigação primária dos Poderes Legislativo e Executivo restar inócua e sem qualquer sanção.

---

[370] ALVES, Rogério Pacheco. Judicialização do direito à educação. *Revista Publicum*. Rio de Janeiro, v. 4, nº 2, 2018, p. 83-105. Disponível em: http://www.e-publicacoes.uerj.br/index.php/publicum. DOI: 10.12957/publicum.2018.36394. Acesso em: 25 jul. 2019.

[371] (RE 410715 AgR, Relator(a): Min. CELSO DE MELLO, Segunda Turma, julgado em 22/11/2005, DJ 03-02-2006 PP-00076 EMENT VOL-02219-08 PP-01529 RTJ VOL-00199-03 PP-01219 RIP v. 7, nº 35, 2006, p. 291-300 RMP nº 32, 2009, p. 279-290)

[372] (RE 436996, Relator(a): Min. CELSO DE MELLO, julgado em 26/10/2005, publicado em DJ 07/11/2005 PP-00037 RDDP nº 34, 2006, p. 188-193)

CAPÍTULO 3
O VOLUNTARISMO JUDICIAL E A SUPREMACIA DO PARLAMENTO | 211

Noutra ocasião, por meio do julgamento do Agravo de Instrumento nº 658.491-AgR,[373] da relatoria do Ministro Dias Toffoli, o STF assentou, mais uma vez, que o Poder Judiciário pode efetuar o controle judicial dos atos administrativos quando ilegais ou abusivos, notadamente para assegurar direito fundamental à educação quando identificar a omissão estatal no cumprimento desse mister, fato que deve ser repelido pelo judiciário.

A propósito especificamente da questão orçamentária, quando do exame da Suspensão de Tutela Antecipada – STA nº 241-7/RJ[374] (cuja competência era do Presidente, à época exercida pelo Ministro Gilmar Mendes), com decisão prolatada em 10/10/2008, importa registrar que o Ministro Presidente, além dos fundamentos contidos nos arts. 6º e 205 a 214 da Constituição, bem como na necessidade de atendimento prioritário dos direitos das crianças e dos adolescentes previstos no art. 227, *caput*, da Constituição e concretizados nas determinações do Estatuto da Criança e do Adolescente (arts. 53 e 54) e na Lei de Diretrizes e Bases da Educação Nacional (arts. 1º ao 5º), considerou, também, que "é obrigatório para o Poder Executivo, ao elaborar o orçamento, contingenciar as verbas destinadas à implementação desses direitos. Por força do princípio da legalidade, não pode o Executivo agir discricionariamente quanto à conveniência ou não da implementação das políticas públicas de educação, constitucionalmente definidas".

O Presidente do STF rechaçou a tese de escassez de recursos públicos salientando que ela não se presta a justificar indiscriminadamente a omissão estatal na área da educação, principalmente porque "a realização de concurso público implica planejamento a longo prazo". Ademais, sempre há a possibilidade de o poder público proceder à contratação temporária por meio de processo seletivo simplificado para esses professores. De qualquer forma, não constatou haver "qualquer prova nos autos que justifique a falta de professores em sala de aula".[375]

O Ministro Gilmar Mendes, citando doutrina estrangeira acerca da possibilidade de o judiciário encontrar lacuna na aplicação de políticas públicas que as normas constitucionais apontam como obrigatórias, reiterou que há amparo para determinar que diferentes poderes do Estado cumpram o estabelecido pela Constituição, tendo assentado:

---

[373] (AI 658491 AgR, Relator(a): Min. DIAS TOFFOLI, Primeira Turma, julgado em 20/03/2012, ACÓRDÃO ELETRÔNICO DJe-088 DIVULG 04-05-2012 PUBLIC 07-05-2012 RT v. 101, nº 925, 2012, p. 612-627)

[374] (STA 241, Relator(a): Min. PRESIDENTE, Presidente Min. GILMAR MENDES, julgado em 10/10/2008, publicado em DJe-196 DIVULG 15/10/2008 PUBLIC 16/10/2008)

[375] (STA 241, Relator(a): Min. PRESIDENTE, Presidente Min. GILMAR MENDES, julgado em 10/10/2008, publicado em DJe-196 DIVULG 15/10/2008 PUBLIC 16/10/2008)

Não há violação ao princípio da separação dos Poderes quando o Poder Judiciário determina ao Poder Executivo estadual o cumprimento do dever constitucional específico de oferecimento de ensino fundamental, pois a determinação é da própria Constituição, em razão da condição peculiar de pessoa em desenvolvimento (art. 208, §1º, CF/88). Nesse sentido é a lição de Christian Courtis e Victor Abramovich (ABRAMOVICH, Victor; COURTS, Christian, Los derechos sociales como derechos exigibles, Trotta, 2004, p. 251):

> *Por ello, el Poder Judicial no tiene la tarea de diseñar políticas públicas, sino la de confrontar el diseño de políticas asumidas con los estándares jurídicos aplicables y 'en caso de hallar divergencias 'reenviar la cuestión a los poderes pertinentes para que ellos reaccionen ajustando su actividad en consecuencia. Cuando las normas constitucionales o legales fijen pautas para el diseño de políticas públicas y los poderes respectivos no hayan adoptado ninguna medida, corresponderá al Poder Judicial reprochar esa omisión y reenviarles la cuestión para que elaboren alguna medida. Esta dimensión de la actuación judicial puede ser conceptualizada como la participación en un entre los distintos poderes del Estado para la concreción del programa jurídico-político establecido por la constitución o por los pactos de derechos humanos.[376]*

Canotilho, citado por André Ramos Tavares, oferece o importante ensino de que os direitos sociais são, de fato, "direitos subjectivos inerentes ao espaço existencial do cidadão, independentemente da sua justicialidade e exeqüibilidade imediatas".[377]

Assim, no entender de André Ramos Tavares, consoante assegurado no §1º do art. 207 da Constituição Federal, o direito social ao ensino obrigatório e gratuito deve ser visto como direito público subjetivo e, como tal, pode ser exigido individualmente. Sua tese encontra amparo na lição de Clarice Duarte, para quem a Constituição enuncia de forma expressa o direito subjetivo ao ensino fundamental, conferindo, indiscutivelmente, que indivíduos possam ver sua pretensão traduzida em ação para que seus direitos sejam exigidos, ainda que isso suscite objeções pelo fato de que "o objeto primário é a realização de políticas públicas".[378]

---

[376] (STA 241, Relator(a): Min. PRESIDENTE, Presidente Min. GILMAR MENDES, julgado em 10/10/2008, publicado em DJe-196 DIVULG 15/10/2008 PUBLIC 16/10/2008)

[377] TAVARES, André Ramos. Direito fundamental à educação. *Anima: Revista Eletrônica do Curso de Direito da Opet*, v. 1, 2009. Disponível em: http://www.anima-opet.com.br/pdf/anima1/artigo_Andre_Ramos_Tavares_direito_fund.pdf. Acesso em: 22 jul. 2019.

[378] TAVARES, André Ramos. Direito fundamental à educação. *Anima: Revista Eletrônica do Curso de Direito da Opet*, v. 1, 2009. Disponível em: http://www.anima-opet.com.br/pdf/anima1/artigo_Andre_Ramos_Tavares_direito_fund.pdf. Acesso em: 22 jul. 2019.

CAPÍTULO 3
O VOLUNTARISMO JUDICIAL E A SUPREMACIA DO PARLAMENTO | 213

Assim a posição do referido autor parece estar de acordo com o STF quando conclui que a responsabilidade do Estado "independe de políticas públicas, de opções gerais, de programas totais de educação", sendo inadmissível que esse mesmo Estado possa invocar tais deveres para que se exima da "obrigação de prestar, individualmente, quando solicitado, inclusive judicialmente, o devido acesso à educação fundamental, que é obrigatória (art. 208, inc. I da Constituição)".[379]

Logo, o não-oferecimento do ensino obrigatório pelo poder público ou sua oferta irregular poderá acarretar a responsabilização de uma cadeia de agentes públicos, sendo cabível mesmo "a advertência, pelo sentido de intimidar o administrador público relapso; com isso se procura evitar processos judiciais baseados na omissão quanto ao dever de prestar educação obrigatória".[380]

Novamente, o cotejo com a doutrina portuguesa se impõe. E o posicionamento de Avelãs Nunes oferece outra reflexão sobre a garantia constitucional do direito à educação pelo Estado, partindo da argumentação utilizada para garantia dos medicamentos, elaborando diversos questionamentos quanto à coerência dos juízes na formulação de suas decisões, sendo imprescindível a transcrição do argumento, o qual registra, essencialmente, que os juízes não têm competência para garantir a efetivação do direito social à educação:

> Dificuldades do mesmo tipo podem verificar-se se tomarmos, por exemplo, o direito à educação. O que faria um tribunal se uma associação de pais (ou outra entidade com legitimidade processual para tanto) viesse pedir que o juiz condenasse o estado a adotar todas as medidas necessárias para que o serviço público de educação deixe de ser de má (ou até de péssima) qualidade e atinja os níveis das escolas privadas frequentadas apenas por aqueles que podem pagar o elevado preço da sua frequência, os mesmos que, em fase posterior, ganham o direito de preencher as vagas oferecidas pelo ensino superior público, inteiramente gratuito, e cuja qualidade é, em regra, muito superior à dos estabelecimentos privados? Poderá dizer-se que oferecer um ensino público de má qualidade é uma forma de incumprimento (ou de imperfeito cumprimento) da Constituição no que concerne à garantia de um direito fundamental. Se o juiz – para ser coerente com a jurisprudência

---

[379] TAVARES, André Ramos. Direito fundamental à educação. *Anima: Revista Eletrônica do Curso de Direito da Opet*, v. 1, 2009. Disponível em: http://www.anima-opet.com.br/pdf/anima1/artigo_Andre_Ramos_Tavares_direito_fund.pdf. Acesso em: 22 jul. 2019.

[380] TAVARES, André Ramos. Direito fundamental à educação. *Anima: Revista Eletrônica do Curso de Direito da Opet*, v. 1, 2009. Disponível em: http://www.anima-opet.com.br/pdf/anima1/artigo_Andre_Ramos_Tavares_direito_fund.pdf. Acesso em: 22 jul. 2019.

adotada em matéria de medicamentos – entendesse que o correto era deferir o pedido, saberia ele quais as medidas necessárias? E onde iria ele buscar o dinheiro para melhorar milhares de escolas, para as equipar melhor, para pagar melhor aos professores (a fim de atrair para a profissão gente de qualidade), para fornecer aos alunos refeições e livros gratuitos, etc.? E quem iria executar essas medidas? É claro que os tribunais são incompetentes para garantir a efetivação do direito à educação enquanto direito social.[381]

3.3.2.3 No âmbito previdenciário

No que se refere à previdência social, verifica-se um ativismo inverso no Brasil, qual seja, aquele que visa proteger o Estado em detrimento do que se encontra assegurado pela Constituição Federal, ao menos no que diz respeito ao cômputo híbrido do tempo rural e urbano para fins de aposentadoria.

Dispõe o art. 194, II, da Constituição Federal do Brasil, em respeito ao valor constitucional da igualdade, que deve haver uniformidade e equivalência dos benefícios e serviços às populações urbanas e rurais. Ou seja, em decorrência dessa cláusula constitucional, não pode haver tratamento desigual pelo Estado quanto à concessão de benefícios previdenciários para quem mora e trabalha em cidades e para os trabalhadores de âmbito rural. A rigor, deve haver identidade de prestações entre a previdência para o setor urbano e o rural, dado que há um único sistema previdenciário de caráter geral para toda a população brasileira.

A Lei nº 8.213/1991 regula as disposições constitucionais e passou a prever entre os arts. 48 e 51 a aposentadoria por idade tanto para o trabalhador urbano quanto para o trabalhador rural, exigindo-se para os primeiros que houvesse 180 contribuições ao Regime Geral de Previdência Social (RGPS), com no mínimo 65 anos de idade para os homens e 60 anos para as mulheres.

Já para os trabalhadores rurais, considerando a natureza fisicamente desgastante dos trabalhos campesinos, previu a redução da idade exigida para 60 e 55 anos no caso de trabalhadores rurais, respectivamente homens e mulheres, devendo comprovar o efetivo exercício de atividade rural, ainda que de forma descontínua, no período de 180 meses ou 15 anos, independentemente de contribuição. Mas a própria lei previu no art. 48, §3º, que, se essas condições não fossem satisfeitas,

---

[381] NUNES, António José Avelãs. *Ofício de orador*. Belo Horizonte: Fórum, 2016, p. 185.

CAPÍTULO 3
O VOLUNTARISMO JUDICIAL E A SUPREMACIA DO PARLAMENTO | 215

poderiam ser considerados os períodos de contribuição como atividade urbana (aí, sim, com contribuição) e poderiam requerer o benefício ao completarem 65 anos de idade, se homem, e 60 anos, se mulher, isto é, sem redução de idade.

Com isso, a partir do advento da Lei nº 11.718/2008, que inseriu o §3º no art. 48 da Lei nº 8.213/1991, passou-se a ter uma aposentadoria híbrida como forma de atender à igualdade e à uniformidade de tratamento previdenciário, concretizando princípios preconizados constitucionalmente.

Depreende-se da leitura do §3º do art. 48 que não há necessidade de que o último período de atividade do trabalhador deva ser o rural, como exigido pelo Poder Executivo (INSS – Instituto Nacional do Seguro Social, autarquia federal).

Surpreendentemente, a Turma Nacional de Uniformização – TNU,[382] que se encontra em posição hierarquicamente inferior a um Tribunal Regional Federal – TRF e em especial abaixo do Superior Tribunal de Justiça, tem adotado posição jurisprudencial divergente em relação a esses tribunais.

Assim, mencionada TNU vem entendendo que é possível o cômputo conjunto de períodos rurais e urbanos, porém, a última atividade exercida deve ser a rural.

A doutrina se insurge contra o que entende ser uma afronta ao princípio da isonomia, não havendo sentido que os trabalhadores rurais possam computar períodos urbanos e os trabalhadores urbanos não tenham o mesmo direito de computar a atividade agrícola, a menos que este tenha sido o último período. Na essência, a doutrina defende que a interpretação restritiva é incabível, pois que não tendo sido feita pelo legislador (e a Constituição Federal determina o tratamento equânime), muito menos caberia ao intérprete fazê-lo.[383]

---

[382] A Turma Nacional de Uniformização é um órgão do Poder Judiciário, presidida pelo Ministro Corregedor-Geral da Justiça Federal e composta por 10 Juízes Federais. A TNU é responsável pela uniformização da jurisprudência no âmbito dos Juizados Especiais Federais (JEFs), compostos por juízes federais de primeira instância. Tem a competência de processar e julgar o incidente de uniformização de interpretação de lei federal em questões de direito material (i) fundado em divergência entre decisões de Turmas Recursais dos JEFs, de diferentes Regiões; (ii) decorrente de decisão de Turma Recursal de JEF proferida em contrariedade à súmula ou jurisprudência dominante do Superior Tribunal de Justiça; ou (iii) decorrente de decisão de Turma Regional de Uniformização dos JEFs, proferida em contrariedade à súmula ou à jurisprudência dominante do Superior Tribunal de Justiça.

[383] STREMEL, Emanuela Abreu. Ativismo judicial conservador em matéria previdenciária: análise das mudanças jurisprudenciais acerca da aposentadoria por idade híbrida à luz do princípio constitucional da uniformidade e equivalência dos benefícios e serviços às

De fato, o TRF da 4ª Região vem decidindo que o §3º do art. 48 da Lei nº 8.213/1991 não pode contar com interpretação restritiva, vez que o fato de não estar desempenhando atividade rural por ocasião do requerimento não pode ser obstáculo à obtenção da aposentadoria por idade, sendo um verdadeiro contrassenso, porquanto a condição de trabalhador rural poderia ser readquirida pelo desempenho de apenas um mês nessa atividade. Ademais, de acordo com o TRF da 4ª Região, "à luz dos princípios da universalidade e da uniformidade e da equivalência dos benefícios e serviços às populações urbanas e rurais", mostra-se irrazoável a negativa de aplicação do art. 48, §3º, da Lei nº 8.213/91 ao trabalhador rural que no momento da implementação do requisito de idade esteja na atividade urbana.[384]

Esse raciocínio também é seguido pelo TRF da 1ª Região, cuja interpretação também é de que essa modalidade de aposentadoria, híbrida ou mista, "passou a integrar o catálogo de benefícios previdenciários a partir da Lei nº 11.718/2008, que introduziu os §§3º e 4º ao art. 48 da Lei 8.213/1991", assegurando aos trabalhadores rurais que migraram para o meio urbano, seja temporária ou definitivamente, também aos das cidades que voltaram para o campo, pudessem ter o tempo somado numa ou noutra categoria para fazer uso da aposentadoria por idade (APC nº 0003645-40.2007.4.01.3810. Rel. Desemb. Federal Francisco Neves da Cunha. e-DJF1 de 10/12/2018).

Não é diferente a jurisprudência firmada pelo STJ, bastando citar o julgamento do REsp nº 1.407.613/RS, Rel. Ministro Herman Benjamin, Segunda Turma, DJe de 28/11/2014, que enfatizou o fato de o princípio da dignidade da pessoa humana ter sido ensejador da alteração efetuada pela Lei nº 11.718/2008 (que introduziu os §§3º e 4º ao art. 48 da Lei nº 8.213/1991), a fim de corrigir uma distorção histórica advinda do fato de as cidades terem absorvido a força de trabalho de origem campesina e esses trabalhadores rurais terem tratamento previdenciário diferente, de maneira que a nova disposição legal vem ao encontro da "previsão constitucional da uniformidade e equivalência entre os benefícios destinados às populações rurais e urbanas (art. 194, II, da CF)",[385] sendo

---

populações urbanas e rurais. *Revista Síntese Direito Previdenciário*. v. 18 nº 90 mai/jun. 0 – Parte Geral – Doutrina. p. 62-95. São Paulo: Síntese, 2019.

[384] R. Trib. Reg. Fed. 4. Reg. Porto Alegre, a. 23, nº 80, p. 81-390, 2012 (APELAÇÃO CÍVEL Nº 5002233-33.2010.404.7000/PR, Relator: O Exmo. Sr. Des. Federal Ricardo Teixeira do Valle Pereira)

[385] (REsp 1407613/RS, Rel. Ministro HERMAN BENJAMIN, SEGUNDA TURMA, julgado em 14/10/2014, DJe 28/11/2014)

irrelevante se a última atividade é a urbana ou a rural para definir o direito à aposentadoria por idade.

Entretanto, de modo absolutamente divergente ao assentado em ambientes judiciais hierarquicamente superiores, a TNU, por meio do julgamento contido nos Embargos de Declaração contidos no processo nº 00015080520094036318, Rel. para Acórdão Juíza Federal Luisa Hickel Gamba, DJe 27/08/2018, p. 62/64, decidiu que a "concessão do benefício de aposentadoria por idade híbrida, só é possível somar ao tempo de contribuição, urbano ou rural, o tempo de serviço rural sem contribuições que esteja no período imediatamente anterior ao implemento da idade ou ao requerimento administrativo".[386]

Eis, portanto, aquele tipo de ativismo judicial às avessas que tem o condão de satisfazer os interesses fazendários, isto é, sob a suposta argumentação de que a concessão desse tipo de aposentadoria poderia impactar o equilíbrio atuarial do regime geral de previdência, porquanto se diz que no tempo de atividade rural não se contou com a contribuição que a atividade urbana requer. Estar-se-ia, desse modo, dando azo ao interesse da autarquia previdenciária por parte do judiciário de instâncias inferiores, contra deliberações superiores que interpretaram a inovação legal à luz do princípio constitucional de tratamento equânime para os diversos tipos de trabalhadores.

Boaventura de Sousa Santos, na visão de Emanuela Stremel, registra preocupação quanto ao fracasso na implementação da igualdade, liberdade e fraternidade, especialmente por força de uma contrarrevolução jurídica, de maneira que "muitos avanços democráticos que foram conquistados ao longo das duas últimas décadas pela via política" sofreram um ativismo judicial contrário, advindo de um judiciário conservador e com perfil técnico-burocrático e que, embora não tenha sido articulado de modo conspiracionista, é fruto de "um entendimento tácito entre elites político-econômicas e judiciais" para que o Estado não arque com esses eventuais avanços.[387]

No caso do TCP, recente decisão mitigou a supremacia do parlamento, embora para dar guarida aos aposentados, pois que, seguindo a regra de que *tempus regit actum* (o tempo rege o ato, isto é, a norma

---

[386] Disponível em https://www2.jf.jus.br/phpdoc/virtus/uploads/VCQ32Ibx.pdf. Acesso em: 29 dez. 2019.

[387] STREMEL, Emanuela Abreu. Ativismo judicial conservador em matéria previdenciária: análise das mudanças jurisprudenciais acerca da aposentadoria por idade híbrida à luz do princípio constitucional da uniformidade e equivalência dos benefícios e serviços às populações urbanas e rurais. *Revista Síntese Direito Previdenciário*. v. 18 nº 90 maio/jun. 0 – Parte Geral – Doutrina. p. 62-95. São Paulo: Síntese, 2019.

a aplicar é aquela que está em vigor na data da prática do ato), por meio do Acórdão nº 134/2019,[388] considerou inconstitucional a norma contida no artigo 43º, nº 1, do Estatuto da Aposentação (com a redação dada pela Lei nº 66-B/2012, de 31 de dezembro) uma vez que, de modo contrário à regra, passou a determinar que a aposentação voluntária se rege pela lei em vigor no momento em que for proferido o despacho a reconhecer o direito à aposentação. O TCP considerou relevante para designação da data do ato aquela em que o pedido foi efetuado, como forma de resguardar a observância do princípio da igualdade.

Assim, para assegurar a ordem constitucional, o TCP nem cogitou em procurar "saber se o legislador pode alterar, designadamente em sentido desfavorável aos interessados, a fórmula de cálculo de pensões de aposentação em formação". Não haveria, no entender do TCP, arbitrariedade no fato de dois funcionários, com contribuições e carreira idênticas, submeterem-se a regimes diferentes. O legislador tem liberdade para criar distinções, pois que a representatividade democrática lhe dá esse poder de conformação política, inclusive para o exercício de revisibilidade de suas opções. Esse exercício tem amparo constitucional e "é o princípio democrático ao qual se reconduz a sua autoridade". Só não pode interferir, sob pena de arbitrariedade, na data em que tais funcionários deliberaram por seguir este ou aquele regime, pois:

> (...) nada justifica que sejam tratados de modo diferente dois requerentes contemporâneos cujos processos são despachados no domínio da vigência de leis diversas. Nenhuma razão discernível se pode encontrar para semelhante distinção. Tratando-se de aposentação voluntária, as propriedades relevantes das situações são as carreiras contributivas dos requerentes e o momento do exercício do direito a aposentarem-se – nenhuma das quais tem qualquer relação com o momento em que é proferido o despacho da CGA (...). A distinção legal é, pois, arbitrária. Reiteram-se estes argumentos e o juízo de inconstitucionalidade – fundado no princípio da igualdade – a que os mesmos conduziram.[389]

O cenário administrativo português, mesmo após a decisão do TC, comporta o entendimento de que a Caixa Geral de Aposentações – CGA não tomará a iniciativa de fazer a revisão automática das situações no bojo da referida decisão, sendo recomendável que os aposentados

---

[388] Disponível em: http://www.tribunalconstitucional.pt/tc/acordaos/20190134.html. Acesso em: 27 jul. 2019.

[389] Disponível em: http://www.tribunalconstitucional.pt/tc/acordaos/20190134.html. Acesso em: 27 jul. 2019.

a peçam. É que, sobretudo se a intenção foi mesmo a de que a mencionada CGA não desse o encaminhamento adequado aos processos, atribuindo, com isso, pensões mais baixas, realmente há de se supor que ela não adotará a revisão por iniciativa própria.

Há posicionamento, no entanto, de que a CGA "perante uma norma inconstitucional tem o dever de reparar essa ilegalidade", eis que a revisão decorrente da decisão do TCP beneficiará alguns ex-servidores, na medida em que as alterações legislativas efetuadas nos últimos anos "tenderam a piorar os direitos dos aposentados".[390] De fato, Portugal enfrentou diversos problemas de ordem fiscal, os quais fizeram com que medidas fossem adotadas e, por fim, houvesse a redução das pensões:

> Como é sabido, estes acordos, em nome da necessidade de ser assegurada a sustentabilidade financeira do sistema, legitimaram profundas mudanças, designadamente quanto ao modo de cálculo das pensões de reforma (para a redução do seu valor) e quanto à substituição do princípio da reforma aos 65 anos pelo seu alinhamento com o indicador de esperança de vida.[391]

3.3.2.4 No campo partidário-eleitoral

Elival da Silva Ramos dedicou-se a elaborar um panorama da dogmática em torno do ativismo judicial e exemplificou em sua obra, entre outros, a deliberação do STF para a perda de mandato por desfiliação partidária. Conclui-se que a escolha do autor por apresentar em seu livro tal ocorrência foi o desiderato de evidenciar como o voluntarismo judicial acaba por interferir no ambiente da representação política e consequentemente na supremacia do parlamento.

Primeiramente, Elival Ramos discorreu que o Tribunal Superior Eleitoral (Brasileiro) – TSE fixou entendimento e o ratificou por meio de Resolução, com amparo no princípio da representação proporcional de que trata o art. 14, §3º, inciso V, da Constituição Federal, que o desligamento voluntário do partido efetuado por parlamentar que concorreu às eleições pelo sistema proporcional implica a perda do respectivo mandato.

---

[390] Disponível em: https://www.publico.pt/2019/03/23/economia/noticia/decisao-constitucional-melhorar-pensoes-cga-atribuidas-desde-2013-1866504. Acesso em: 27 jul. 2019.

[391] SOUSA, Henrique. Há futuro para a concertação social? Os sindicatos e a experiência do modelo neocorporativo em Portugal. *Configurações Revista de Sociologia*. Disponível em http://journals.openedition.org/configuracoes/386; DOI :10.4000/configuracoes.386. Acesso em: 01 maio 2019.

Sinteticamente, o entendimento do TSE foi o de que não se tratava de uma sanção por infidelidade partidária, mas de uma consequência lógico-jurídica da desfiliação. No entender da corte especializada eleitoral, o mandato pertence ao partido, "sendo os candidatos eleitos meros instrumentos dessas agremiações para a execução dos respectivos programas, chancelados pelo eleitor no momento do voto". Entretanto, a perda não se daria de modo automático, e haveria exceções para resguardar a relação eleitor-representante e a liberdade de associação e de pensamento. Para tanto, os exemplos dados pelo Ministro Cezar Peluso diziam respeito às hipóteses de "mudança significativa da orientação programática do partido" e de "comprovada perseguição política dentro do partido" abandonado.[392]

A partir da manifestação do TSE,[393] dois partidos requereram ao Presidente da Câmara dos Deputados que suplentes a eles filiados fossem convocados e empossados nas vagas advindas da desfiliação de deputados eleitos em 2006. Contra a decisão que indeferiu a convocação e a posse, esses partidos impetraram mandados de segurança perante o STF, os quais foram julgados em 4/10/2007, tendo o STF mudado a orientação jurisprudencial de quase vinte anos, "para acompanhar, por maioria de votos, o entendimento consubstanciado na Resolução nº 22.526 do Tribunal Superior Eleitoral".[394]

Anteriormente, a tese que vingava era a de que, não obstante a troca de partidos efetuada por parlamentares eleitos proporcionalmente fosse extremamente negativa para o desenvolvimento e a continuidade do sistema eleitoral, bem como para o próprio regime democrático, a Constituição não continha elementos que impedissem tal procedimento e viabilizasse a perda do mandato para o partido.

Mas o voluntarismo (ativismo) judicial ficou evidente quando o STF passou a entender que os partidos detinham o monopólio das candidaturas em eleições sob sistema proporcional ou majoritário, apoiando-se "no moralismo jurídico e na 'principiologização' do direito"[395] para formular nova decisão e criar um novo direito.

---

[392] RAMOS, Elival da Silva. *Ativismo judicial*: parâmetros dogmáticos. 2. ed. São Paulo: Saraiva, 2015, p. 249-251.

[393] Importa lembrar que o art. 119 da Constituição Federal dispõe que o TSE é composto por três ministros do STF, dois ministros do STJ e por dois ministros dentre advogados indicados pelo STF. O presidente e o vice do Tribunal são escolhidos dentre os ministros do STF.

[394] RAMOS, Elival da Silva. *Ativismo judicial*: parâmetros dogmáticos. 2. ed. São Paulo: Saraiva, 2015, p. 251.

[395] RAMOS, Elival da Silva. *Ativismo judicial*: parâmetros dogmáticos. 2. ed. São Paulo: Saraiva, 2015, p. 252.

Referido professor destaca em sua obra o pretexto argumentativo do qual se valeu um ministro do STF para dar ensejo a que a competência da corte, preconizada pela Constituição Federal, fosse suplantada, pois que o magistrado expressou o entendimento equivocado de que "a Suprema Corte quando interpreta a Constituição não fica subordinada ao argumento de direito constitucional estrito, sob pena de ofuscar a perspectiva contemporânea do sistema de valores e princípios que estão subjacentes na unidade representada pelo texto constitucional".[396]

Outra manifestação crítica do autor diz respeito à fundamentação eminentemente moralista utilizada por outro membro favorável à tese pós-positivista na qual embarcou a corte, extraindo-se de seu voto o que se segue:

> O pós-positivismo, mais do que afirmar o caráter normativo dos princípios, atesta que eles são supernormas, as normas mais importantes do direito positivo, notadamente da Constituição, de modo que os princípios, hoje enquanto normas de proa, de primeira grandeza, ocupam uma posição de centralidade, a partir da Constituição, vale dizer, os princípios que, na nossa Constituição, se dotam dessas virtudes de onivalência, da autorreferência e da autoaplicabilidade, são aptos a resolver casos concretos. É possível extrair deles as normas de que os operadores do Direito precisam para solucionar controvérsias.[397]

Também repudiando o voluntarismo (ativismo) contido na decisão que comenta, Elival Ramos anota a surpreendente fundamentação da existência de um direito de os partidos políticos deliberarem sobre as vagas por eles conquistadas sob o sistema proporcional, tratando-se, na verdade, "de um direito não expressamente consignado no texto constitucional, mas decorrente do regime de democracia representativa e partidária adotado pela Constituição (art. 52, §2º)".[398]

Em sede de mandado de segurança, houve por bem o STF modular os efeitos dessa nova orientação jurisprudencial, fixando-se como marco temporal a data da decisão do TSE em resposta à consulta que resultou na Resolução nº 22.526/2007. Ademais, regrou-se que a perda de mandato deve se submeter a procedimento próprio da Justiça

---

[396] RAMOS, Elival da Silva. *Ativismo judicial*: parâmetros dogmáticos. 2. ed. São Paulo: Saraiva, 2015, p. 252.

[397] RAMOS, Elival da Silva. *Ativismo judicial*: parâmetros dogmáticos. 2. ed. São Paulo: Saraiva, 2015, p. 253.

[398] RAMOS, Elival da Silva. *Ativismo judicial*: parâmetros dogmáticos. 2. ed. São Paulo: Saraiva, 2015, p. 253-254.

Eleitoral, "no qual gozariam os parlamentares interessados de ampla defesa, podendo apresentar justificativas hábeis a impedir aquele efeito da desfiliação".[399]

A decisão constante do julgamento do Mandado de Segurança nº 26.604 resultou em determinação ao Presidente da Câmara dos Deputados para que remetesse ao TSE o pedido de declaração de vacância e houvesse o procedimento para perda de mandato por desfiliação partidária.

A constatação feita por Elival Ramos dá conta de que a decisão ora em estudo configurou-se em "um dos episódios mais característicos de ativismo judiciário de toda a história daquela Excelsa Corte". Como assinalado, a nova orientação foi de encontro a várias manifestações nas quais o STF eximia-se de interferir no ambiente reservado ao legislador ordinário, consoante, lá atrás no tempo, entre outros, por meio do julgamento do RE nº 140.543/RO, publicado no DJ 9/2/1995, Seção I, p. 1750, o STF havia assentado que "o sistema de representação proporcional, por constituir conceito jurídico indeterminado, depende, para sua implementação, de prévia definição normativa a ser estabelecida pelo legislador ordinário no exercício do poder de regulação que lhe foi atribuído pelo ordenamento constitucional".[400]

Provavelmente, neste caso, teríamos, conforme o escólio de Luís Roberto Barroso, mais um daqueles casos em que se configura a mutação constitucional, classificada, nesta situação, como aquela de caráter interpretativo, vez que o STF orientou-se diversamente do que outrora (por quase vinte anos) havia se manifestado. Eis a anotação do ilustre autor quanto ao instituto de origem alemã:

> A mutação constitucional por via de interpretação, por sua vez, consiste na mudança de sentido da norma, em contraste com entendimento pre-existente. Como só existe norma interpretada, a mutação constitucional ocorrerá quando se estiver diante da alteração de uma interpretação previamente dada. No caso da interpretação judicial, haverá mutação constitucional quando, por exemplo, o Supremo Tribunal Federal vier a atribuir a determinada norma constitucional sentido diverso do que fixara anteriormente, seja pela mudança da realidade social ou por uma nova percepção do Direito.[401]

---

[399] RAMOS, Elival da Silva. *Ativismo judicial*: parâmetros dogmáticos. 2. ed. São Paulo: Saraiva, 2015, p. 253-254.

[400] RAMOS, Elival da Silva. *Ativismo judicial*: parâmetros dogmáticos. 2. ed. São Paulo: Saraiva, 2015, p. 255.

[401] BARROSO, Luís Roberto. *Curso de direito constitucional contemporâneo*: os conceitos fundamentais e a construção do novo modelo. 5. ed. São Paulo: Saraiva, 2015, p. 165.

A fim de encerrar o tópico com alusão à doutrina portuguesa, não se pode deixar o ensino de Canotilho quanto à flexibilização da jurisprudência firmada, o que talvez venha a demonstrar que também sob o aspecto da segurança jurídica a decisão do STF provocou instabilidade na expectativa em torno do cidadão que tenha concorrido às eleições proporcionais e que, por algum motivo (e a lei e a Constituição eram silentes quanto a esses motivos), decidiu agremiar-se em outro partido.

O constitucionalista português, ao discorrer sobre a estabilidade dos casos julgados, no contexto da segurança jurídica que procura vincular os juízes a uma perenidade desejável à jurisprudência, assim se pronunciou:

> É diferente falar em segurança jurídica quando se trata de caso julgado e em segurança jurídica quando está em causa a uniformidade ou estabilidade da jurisprudência. Sob o ponto de vista do cidadão, não existe um direito à manutenção da jurisprudência dos tribunais, mas sempre se coloca a questão de saber se e como a protecção da confiança pode estar condicionada pela uniformidade, ou, pelo menos, estabilidade, na orientação dos tribunais.[402]

3.3.2.5 De forma difusa na vida comum

Outros assuntos poderiam ter sido objeto deste trabalho, vez que foram várias as decisões que contaram com certo componente de voluntarismo (ativismo) judicial, sobretudo para atender aos anseios do cidadão brasileiro, após a Constituição Federal de 1988, que se aproximou mais do judiciário por nele depositar esperança e alguma confiança. A constatação do cidadão comum inicialmente foi a de que seus direitos passaram a ser concretizados diretamente e sem depender do legislador, caracterizando-se o atual contexto como próprio de uma "cidadania judiciária", porque o indivíduo tornou-se apto a exercer uma atitude "procedimental requisitória".[403]

Essa proximidade da população, notadamente com o STF, propiciou a resolução de problemas que derivavam de "pautas de relevância sobre a vida comunitária em suas mais variadas vertentes", a exemplo (i) da impossibilidade de progressão de regime (HC 82.959/

---

[402] CANOTILHO, José Joaquim Gomes. *Direito constitucional e teoria da Constituição*. 7. ed. Coimbra: Almedina, 2003, p. 265.

[403] SANTOS, Bruno Calife dos. *Ativismo judicial e direitos humanos:* exercício da jurisdição constitucional e efetividade de direitos. Rio de Janeiro: Lumen Juris, 2018, p. 82-83.

SP), conforme estabelecia a lei de crimes hediondos; (ii) da utilização de células-tronco fetais em pesquisas científicas (ADI 3510/DF); (iii) do caso da demarcação contínua da reserva indígena Raposa Serra do Sol (PET 3388/DF); (iv) do reconhecimento do *status* jurídico isonômico aos casais homoafetivos (ADI 4277/DF e ADPF 132/DF); (v) da possibilidade de a gestante ter a permissão para o aborto de fetos anencéfalos (ADPF54/DF), entre outros.

Tema de elevada relevância seria o do ativismo judicial na área do direito do trabalho, que mereceu, por ocasião ainda da discussão da reforma trabalhista ocorrida no Brasil, a lembrança do Presidente do Tribunal Superior do Trabalho – TST, Ministro Ives Gandra Martins Filho, de que para cada ação há uma reação, citando a terceira lei de Newton.

O magistrado asseverou que "entre 2011 e 2012, o TST legislou ao alterar 34 precedentes para criar e estender direitos aos trabalhadores, sem que houvesse mudança na lei". Em reação, o STF reduziu a jurisdição da corte trabalhista sobre servidores públicos, pensões complementares, greves de trabalhadores públicos, entre outros, pelo fato de o TST não dimensionar adequadamente "a relação entre as causas e os efeitos". A reação do Congresso Nacional está sendo feita pela reforma trabalhista em razão, principalmente, de o ativismo judicial do TST ter resultado em que os direitos trabalhistas fossem maiores do que os previstos na legislação.[404]

Reflete na vida do cidadão comum português, por exemplo, consoante análise empreendida por Nuno Garoupa *in* "Governo da Justiça", que "a politização da justiça é um fenómeno das democracias modernas", de modo que o presente trabalho não poderia deixar de mencionar as análises do multicultural autor e professor.[405]

Na percepção de Garoupa, a vida comum do cidadão pode experimentar o reflexo de uma justiça partidarizada, principalmente porque nas últimas décadas foram vários os casos de problemas de agentes políticos com a justiça, envolvendo corrupção e demandas judiciais movidas por cidadãos para coibir a discricionariedade dos atos políticos.[406]

---

[404] Disponível em: https://www.jornaljurid.com.br/noticias/reforma-trabalhista-e-reacao-a-ativismo-do-tst-diz-ives-gandra-presidente-da-corte. Acesso em: 23 ago. 2019.

[405] GAROUPA, Nuno. *Governo da justiça*. Fundação Francisco Manuel dos Santos e Nuno Garoupa. Lisboa: Edição e-Book Guidesign, 2016, p. 126-128.

[406] GAROUPA, Nuno. *Governo da justiça*. Fundação Francisco Manuel dos Santos e Nuno Garoupa. Lisboa: Edição e-Book Guidesign, 2016, p. 126-128.

CAPÍTULO 3
O VOLUNTARISMO JUDICIAL E A SUPREMACIA DO PARLAMENTO | 225

A opinião de Garoupa é de que "legislar deixou de ser suficiente para controlar ou contornar a judicatura", especialmente porque as regras da separação de poderes são facilmente suplantadas "para minimizar danos políticos". O poder político deveria legislar, e o poder judicial deveria cumprir e aplicar a lei, de modo que a responsabilidade última pelo quadro indesejável só poderia ser atribuída ao legislador. O cenário se apresenta negativo, na projeção do autor, dado que a partidarização dos cargos judiciais afetará cada vez mais a democracia portuguesa, que não tem mecanismos para minimizar esses efeitos, tal como existe em outros países. Ademais, o autor nos remete a um quadro avaliativo bastante parecido com aquele que se poderia desenhar no Brasil, colocando em xeque a supremacia parlamentar e evidenciando as razões pelas quais, muito provavelmente, o viés ativista seja aguçado:

> Outro aspecto importante em casos recentes atinge os principais protagonistas do sistema judicial. Temos magistrados judiciais e procuradores que desempenharam cargos políticos relevantes em governos, que participaram em campanhas partidárias ou presidenciais (participando em comissões de honra) ou que aceitaram participar em "tertúlias" de natureza partidária (fazendo declarações erráticas sobre processos). Temos a confusão instalada entre a política e a justiça. Vivemos hoje uma situação de descrédito das instituições da justiça em geral e do poder judicial em particular. Ter magistrados que saltam entre cargos políticos e cargos judiciais ao sabor de interesses pessoais e partidários não mata, mas deixa uma ferida profunda na democracia.[407]

Porém, é defendendo a análise econômica do direito como instrumento de reforço da independência dos juízes que Nuno Garoupa oferece grande contribuição para essa forma difusa com que "a judicialização crescente das políticas públicas e da vida econômica e social"[408] acabou por colocar o Poder Judiciário em uma situação peculiar e única na história, inovando o contexto sociológico-jurídico em muitos países. Assim, confrontado com esse contexto de judicialização crescente, torna-se premente que o judiciário faça uso da análise econômica do direito, segundo defende. O autor afirma que nesse ambiente de

---

[407] GAROUPA, Nuno. *Governo da justiça*. Fundação Francisco Manuel dos Santos e Nuno Garoupa. Lisboa: Edição e-Book Guidesign, 2016, p. 133-134.

[408] GAROUPA, Nuno. Análise econômica do direito como instrumento de reforço da independência do judiciário. *Revista de Direito Bancário e do Mercado de Capitais*: RDB, v. 10, nº 37, jul./set. 2007. São Paulo, Thomson Reuters Revista dos Tribunais, 2007.

políticas públicas judicializadas, "ignorar o papel econômico e social do Poder Judiciário é irrealista e corresponde a uma negação da realidade que temos".[409]

Por outro lado, o articulista posiciona-se no sentido de que "a análise econômica do direito é uma metodologia e não uma ideologia",[410] contribuindo positivamente com a introdução de uma análise consequencialista, sendo meramente instrumental e podendo reforçar a independência do Poder Judiciário, o qual, como se sabe, exerce influência limitadora dos Poderes Legislativo e Executivo. Exatamente por conta desse poder que baliza e não poucas vezes pode distorcer a execução de políticas públicas é que a referida metodologia se faz imprescindível ao judiciário. Seu argumento pode ser assim resumido:

> Goste ou não, a interpretação da lei e do direito é hoje feita num contexto econômico e social de uma economia de mercado. Uma reflexão conseqüencialista é pois uma metodologia útil e importante para ultrapassar análises míopes. O exemplo típico é a correção de uma injustiça social pontual (digamos a proteção da parte mais fraca num litígio contratual) que aumenta a iniqüidade social e econômica no longo prazo. Não se trata de dizer que existe uma divergência entre objetivos de eficiência e justiça social, mas sim de verificar que um objetivo de justiça social pontual ou casuística sacrifica a eqüidade e a igualdade social de longo prazo. Pode pois um magistrado ao pretender corrigir uma percepção de injustiça social no caso em julgamento criar ainda mais injustiça social.[411]

Pontua o citado professor que o judiciário "cada vez mais terá necessidade de se aproximar de um entendimento econômico dos aspectos substantivos e menos refugiar-se nos aspectos processuais", exigindo contar com um assessoramento técnico nas questões do direito mais próximas da economia (a concorrência, a regulação e os aspectos comerciais), não significando ter que se tornar um economista ou um doutor em economia, mas possuir familiaridade com os conceitos fundamentais da vida econômica e social, e não se restringir apenas

---

[409] GAROUPA, Nuno. Análise econômica do direito como instrumento de reforço da independência do judiciário. *Revista de Direito Bancário e do Mercado de Capitais: RDB*, v. 10, nº 37, jul./set. 2007. São Paulo, Thomson Reuters Revista dos Tribunais, 2007.

[410] GAROUPA, Nuno. Análise econômica do direito como instrumento de reforço da independência do judiciário. *Revista de Direito Bancário e do Mercado de Capitais: RDB*, v. 10, nº 37, jul./set. 2007. São Paulo, Thomson Reuters Revista dos Tribunais, 2007.

[411] GAROUPA, Nuno. Análise econômica do direito como instrumento de reforço da independência do judiciário. *Revista de Direito Bancário e do Mercado de Capitais: RDB*, v. 10, nº 37, jul./set. 2007. São Paulo, Thomson Reuters Revista dos Tribunais, 2007.

às questões jurídicas que "acabam por gerar custos econômicos importantes bem como desprestigiar a magistratura".[412]

Conclui o autor que a opinião pública ou o poder político fará com que o judiciário se interesse pela análise econômica do direito, embora "fosse preferível que esse interesse derivasse de uma genuína reflexão madura do Poder Judiciário na procura de novos caminhos face a essa judicialização crescente".[413]

Nesse panorama do voluntarismo (ativismo) judicial, com seus diversos reflexos na vida comum dos cidadãos, a segurança jurídica e o norteamento do comportamento do judiciário não só interessam à comunidade jurídica, mas também aos vários segmentos da sociedade.

Andreassa Júnior parte da ideia de que o ativismo judicial, no caso brasileiro, decorre, entre outros, do fato de a Constituição Federal de 1988 ter assegurado o controle de constitucionalidade nos modelos difuso e concentrado e, além de outras, dado prerrogativas aos magistrados para julgarem com base em princípios, exercer a interpretação conforme a constituição e modular os efeitos de suas decisões. Como forma de garantir segurança a toda população e, principalmente, coerência em suas decisões, os magistrados devem se posicionar a favor de precedentes, em respeito, inclusive, à integração entre os poderes e objetivando o fortalecimento do Estado.[414]

Constata-se que houve no Brasil um grande número de normas consideradas inconstitucionais, gerando significativo aumento das demandas judiciais, com reflexos, em razão do modelo que seguimos, inclusive no STF.

A doutrina apresenta, entre várias soluções impeditivas do ativismo judicial, a proposta do sistema jurídico francês de controle preventivo de constitucionalidade. Ainda que lá haja o controle difuso para algumas espécies legislativas, compete ao Conselho Constitucional[415] manifestar-se antes de a proposição legislativa ser levada à

---

[412] GAROUPA, Nuno. Análise econômica do direito como instrumento de reforço da independência do judiciário. *Revista de Direito Bancário e do Mercado de Capitais: RDB*, v. 10, nº 37, jul./set. 2007. São Paulo, Thomson Reuters Revista dos Tribunais, 2007.

[413] GAROUPA, Nuno. Análise econômica do direito como instrumento de reforço da independência do judiciário. *Revista de Direito Bancário e do Mercado de Capitais: RDB*, v. 10, nº 37, jul./set. 2007. São Paulo, Thomson Reuters Revista dos Tribunais, 2007.

[414] ANDREASSA JUNIOR, Gilberto. *Ativismo judicial & teoria dos precedentes*: integração dos poderes e coerência nas decisões do judiciário. Curitiba: Juruá, 2015, p. 49-51.

[415] Instituído em 4/10/1958, não é na verdade um tribunal, nem faz parte dos tribunais judiciais e administrativos da França. Também não se confunde com o Conselho de Estado, tampouco com a Corte de Cassação, respectivamente, cúpulas da jurisdição administrativa e judicial. Trata-se de uma inovação histórica da Constituição da França e é integrado por

promulgação. Assim, "um exame pormenorizado nas leis por quem, em tese, possui um alto conhecimento jurídico" poderia impedir a edição de normas inconstitucionais e diminuir drasticamente as demandas judiciais. Andreassa Júnior assevera quanto a esse ponto "que para se formular leis não há necessidade de conhecimento jurídico", desejável, no entanto, que sua promulgação só se dê se houver sustentação constitucional.[416]

Outro ponto trazido por Gilberto Andreassa Júnior diz respeito a sua constatação de que se adequadamente utilizados, os precedentes poderiam ser um fator impeditivo do ativismo judicial, se o propósito fosse, de fato, dar efetiva segurança jurídica. Como se sabe, o ordenamento jurídico brasileiro é marcado por instabilidade, notadamente por força das decisões dos tribunais. No entanto, também registra que a ausência de um alinhamento jurisprudencial pode ter origem no fato de muitos juízes brasileiros se sentirem "menos" juízes se não decidirem conforme sua própria convicção. Daí se conclui que, a despeito de toda modificação legislativa com esse fim (recursos repetitivos, repercussão geral, súmulas vinculantes), a adoção efetiva dos precedentes no Brasil necessita de maiores estudos e aprofundamentos por parte dos integrantes dos tribunais superiores a fim de sedimentar essa novel cultura jurídica. Isso, porque, para o autor, as decisões prolatadas e que deverão servir de precedentes devem ser parecidas com um romance em cadeia, nos moldes sugeridos por Ronald Dworkin, "isto é, cada julgador deve agir como se estivesse escrevendo o capítulo de um romance, devendo, para tanto, partir do capítulo anterior, para poder avançar".[417]

A esse respeito, o referido autor comenta:

> Em que pese a grande capacidade jurídica dos ministros, falta-lhes coerência no momento de prolatar certas decisões que, muitas vezes, são base para milhares de casos futuros. Um exemplo é o julgamento

---

nove membros, nomeados para um mandato de nove anos, não permitida a recondução. A renovação ocorre de três em três anos, na sua terça parte. A composição é esta: três membros são nomeados pelo Presidente da República, três pelo Presidente da Assembleia Nacional e três pelo Presidente do Senado. A peculiaridade está no fato de que, além dos nove membros, os ex-Presidentes da República são membros vitalícios do Conselho. Disponível em: https://brasiljuridico.com.br/artigos/o-controle-de-constitucionalidade-na-franca-e-as-alteracoes-advindas-da-reforma-constitucional-de-23-de-julho-de-2008.-por-dirley-da-cunha-junior. Acesso em: 27 set. 2019.

[416] ANDREASSA JUNIOR, Gilberto. *Ativismo judicial & teoria dos precedentes*: integração dos poderes e coerência nas decisões do judiciário. Curitiba: Juruá, 2015, p. 51.

[417] ANDREASSA JUNIOR, Gilberto. *Ativismo judicial & teoria dos precedentes*: integração dos poderes e coerência nas decisões do judiciário. Curitiba: Juruá, 2015, p. 89-90.

da ADPF/54 que admitiu a interrupção de gravidez em casos de anencefalia. Apesar de a maioria dos ministros acolher a tese principal, todos os votos possuem motivos determinantes diversos. Alguns citam questões religiosas; outros, questões sociais, enquanto outros citam questões pessoais ou partidárias. Em um futuro, quando se discutir de forma aberta a possibilidade de aborto, qual voto prolatado na ADPF/54 servirá de base para a decisão final? O motivo determinante do voto de um ministro se sobrepõe ao do outro?[418]

A sugestão doutrinária seria a de que, tanto no STJ quanto no STF, a uniformização da jurisprudência decorresse da reunião de ministros para que seus votos possuíssem os mesmos motivos determinantes, ou mesmo um único voto, de modo que as divergências fossem superadas pelo entendimento da maioria.[419]

Ademais, inconcebível que, em razão da tecnologia para disponibilização de informações, haja "uma loteria jurídica onde as partes conseguem encontrar decisões favoráveis e desfavoráveis sobre um mesmo assunto em um mesmo tribunal", requerendo-se que ocorra o quanto antes essa mudança na cultura jurídica a fim de que toda sociedade goze do "benefício da segurança jurídica, uma vez que haverá certa previsibilidade nas decisões".[420]

Mas para o jurista que tem a experiência de ser um dos autores da Constituição de Portugal, não se pode mesmo é ampliar o controle do Poder Judiciário sobre os demais poderes, ainda que se dê a justificativa de que os direitos constitucionais devem ser efetivados. A efetividade dos direitos por meio do ativismo judicial há de ser repelida. O pronunciamento de Canotilho revela: "não sou um dos maiores simpatizantes do ativismo judicial"; para o jurista português as políticas públicas devem ser elaboradas e implementadas pela classe política e executiva, devendo os juízes contribuírem "para a estabilidade do Estado de Direito, da ordem democrática, mas nunca promoveram revoluções".[421]

A segurança jurídica é outro valor que não deve ser desprezado, segundo Canotilho. Entretanto, a esse respeito também emite

---

[418] ANDREASSA JUNIOR, Gilberto. *Ativismo judicial & teoria dos precedentes*: integração dos poderes e coerência nas decisões do judiciário. Curitiba: Juruá, 2015, p. 84.

[419] ANDREASSA JUNIOR, Gilberto. *Ativismo judicial & teoria dos precedentes*: integração dos poderes e coerência nas decisões do judiciário. Curitiba: Juruá, 2015, p. 85.

[420] ANDREASSA JUNIOR, Gilberto. *Ativismo judicial & teoria dos precedentes*: integração dos poderes e coerência nas decisões do judiciário. Curitiba: Juruá, 2015, p. 90.

[421] Disponível em: https://www.conjur.com.br/2011-out-23/entrevista-gomes-canotilho-constitucionalista-portugues. Acesso em: 28 ago. 2019.

a advertência de que o avanço tecnológico da informatização pode resultar na indesejável "jurisprudência que não aplica o Direito para o caso concreto, mas que repete a retórica e os textos argumentativos de outras sentenças". Nesse contexto, opinando acerca da repercussão geral decorrente das decisões do STF, no Brasil, a preocupação que emitiu leva em conta que a solução dada pela tecnologia da informação pode contribuir negativamente "para que juízes apliquem a decisão, a mesma que o tribunal tomou sobre aquele tema, quando na verdade o correto é avocar o entendimento para tomar sua própria decisão".[422]

Ascensão Ramos registra em seu trabalho que o juiz-conselheiro jubilado do STJ de Portugal, Orlando Afonso, dá relevo ao importante equilíbrio que deve dirigir a vida do magistrado frente às disposições do legislador, de sorte a ter a dimensão exata de como suas decisões podem impactar a vida comum dos cidadãos. Isso não o torna preso às disposições da lei, como que apenas um repetidor dos textos legais, tampouco deve conduzi-lo a um iluminismo desenfreado que o torne incontrolavelmente criativo. Diante da realidade, da qual não se dissocia o magistrado, nem pode ficar inerte a ela o legislador, há que se almejar o desejável equilíbrio, de maneira que entre o voluntarismo judicial e o efetivo papel do parlamento está o grande desafio a ser enfrentado pelos integrantes desta sociedade contemporânea:

> É errado pensar que o princípio segundo o qual o juiz está sujeito "apenas à lei" seja o retorno ao ideal iluminista e mais tarde jacobino do "juiz boca da lei". A constituição não condena o juiz a um serviço passivo da vontade do legislador, coloca-o, antes, numa posição extraordinária e difícil de conseguir fazer viver o direito segundo os princípios que ela coloca acima da lei e segundo as necessidades da sociedade. A lei é apenas uma parte do direito e da vida. Mudando constantemente a lei não se muda, ipso facto, o direito e muito menos a vida.[423]

Do ensino de Orlando Afonso pode-se construir raciocínio aplicável ao voluntarismo judicial, a saber: mudando frequentemente a jurisprudência não se estaria gerando maior insegurança jurídica e permitindo casuísmos, agravando ainda mais a sensação de injustiça para alguns?

---

[422] Disponível em: https://www.conjur.com.br/2011-out-23/entrevista-gomes-canotilho-constitucionalista-portugues. Acesso em: 28 ago. 2019.

[423] RAMOS, António José da Ascenção. *Ativismo judicial*. Disponível em: https://www.verbojuridico.net/doutrina/2012/antonioramos_ativismojudicial.pdf. Acesso em: 30 maio 2019.

3.4 Da mutação constitucional ante a supremacia da Constituição

Como já se assentou neste trabalho, o voluntarismo judicial pode ser visto como um modo específico e proativo de interpretar a Constituição, dando um sentido próprio ou mesmo expandindo seu alcance. A isso se tem convencionado chamar neoconstitucionalismo e, nesse contexto, está a mutação constitucional.

Dimitri Dimoulis e Soraya Regina Gasparetto Lunardi, ao tempo em que conceituam o fenômeno da mutação constitucional, destacam que há dois fatores (temporal e social) que interferem na modificação interpretativa de um determinado texto constitucional. Se o fator temporal está atrelado ao momento posterior em que se dá a interpretação de um texto prolatado anteriormente, o fator social vincula-se à "modificação de elementos econômicos, de posicionamentos ideológicos em temas morais, de mudanças políticas". Ocorre que a mutação constitucional será lastreada por uma "teoria da interpretação constitucional que admite que fatores "reais" (situação econômica, moral dominante, interesses políticos etc.) possam (ou mesmo devam) influenciar a interpretação dos dispositivos constitucionais". Como houve uma evolução da sociedade, não se admite que o texto constitucional permaneça inalterado, ensejando a "opção interpretativa conhecida como interpretação evolutiva".[424]

Os autores destacam ainda que a jurisprudência do TCF alemão considera que a mutação constitucional deve ter como parâmetro, para aplicação do direito, o reflexo que a mudança social teve na sociedade a ponto de impor a mudança de significado constitucional "quando surgem em seu âmbito situações novas e não previstas ou quando situações conhecidas adquirem novas dimensões ou significados mediante seu enquadramento no contexto geral de uma evolução".[425]

Há, contudo, três críticas relatadas pelos autores quanto às concepções da mutação constitucional, as quais podem ser designadas

---

[424] LUNARDI, Soraya Regina Gasparetto; DIMOULIS, Dimitri. Efeito transcendente, mutação constitucional e reconfiguração do controle de constitucionalidade no Brasil. *Revista Brasileira de Estudos Constitucionais RBEC*, Belo Horizonte, ano 2, nº 5, p. 217238, jan./mar. 2008. Disponível em: http://www.bidforum.com.br/bid/PDI0006.aspx?pdiCntd=52578. Acesso em: 11 nov. 2020.

[425] LUNARDI, Soraya Regina Gasparetto; DIMOULIS, Dimitri. Efeito transcendente, mutação constitucional e reconfiguração do controle de constitucionalidade no Brasil. *Revista Brasileira de Estudos Constitucionais RBEC*, Belo Horizonte, ano 2, nº 5, p. 217238, jan./mar. 2008. Disponível em: http://www.bidforum.com.br/bid/PDI0006.aspx?pdiCntd=52578. Acesso em: 11 nov. 2020.

como a da insatisfatória generalidade, a da falta de especificidade do conceito e a da inadmissibilidade jurídica da mutação constitucional.

A crítica da (i) insatisfatória generalidade do fenômeno enfatiza que há que se distinguir "entre várias figuras de modificação na interpretação constitucional de acordo com as causas e resultados", sendo indefensável que seja atribuído um "termo genérico de mutação constitucional", pois que, na verdade, estaria-se diante da "hipótese de interpretação criativa ou evolutiva da Constituição".

A crítica quanto (ii) à falta de especificidade, por outro lado, defende, de modo geral, uma "concepção aberta e criativa da interpretação constitucional", havendo "liberdade dos intérpretes para compreender e aplicar os textos normativos" e provocando a confusão dos termos mutação e interpretação constitucional. Isto é, a interpretação pluralista, que reconstrói a normatividade constitucional pelas modificações havidas no âmbito cultural da sociedade, terá sempre a possibilidade de provocar mutações constitucionais.[426]

Quanto à crítica da (iii) inadmissibilidade jurídica da mutação constitucional, verifica-se que ela se funda em duas ideias, a saber, primeiro a que tem por parâmetro a rigidez constitucional, pois que a Constituição deve "moldar a realidade social, incluindo-se nela a conduta das autoridades estatais que aplicam o direito". Tem-se que "a realidade deve se pautar pelos mandamentos constitucionais", pois que não se admite que a realidade social modifique o comando normativo. Exemplificam os citados autores a questão que envolve o limite de idade para aposentadoria:

> Nenhuma autoridade estatal pode decidir legitimamente que o limite de idade deve aumentar, apesar da letra constitucional, alegando que, passadas duas décadas da promulgação da Constituição, aumentou a expectativa de vida e mudaram as opiniões e práticas da sociedade brasileira sobre a idade na qual a pessoa deve se retirar da vida profissional. Por mais que essas mudanças sejam evidentes e relevantes, a não modificação da letra da Constituição impede que sejam levadas em consideração. Caso contrário, o aplicador usurparia competências do poder constituinte reformador (que não desejou modificar a Constituição

---

[426] LUNARDI, Soraya Regina Gasparetto; DIMOULIS, Dimitri. Efeito transcendente, mutação constitucional e reconfiguração do controle de constitucionalidade no Brasil. *Revista Brasileira de Estudos Constitucionais RBEC*, Belo Horizonte, ano 2, nº 5, p. 217238, jan./mar. 2008. Disponível em: http://www.bidforum.com.br/bid/PDI0006.aspx?pdiCntd=52578. Acesso em: 11 nov. 2020.

nesse ponto, apesar das mudanças sociais) e desrespeitaria a hierarquia das fontes do direito.[427]

Ainda quanto à terceira crítica, considerando sua segunda ideia, tem-se o caráter linguístico da mutação constitucional, pois o defensor da mutação pode estar diante da confissão de "que quando constata a mutação constitucional decide contra *constitutionem*, desrespeitando abertamente a normatividade". Tangenciando essa crítica, o que se tem em alguns casos é que "uma palavra ou frase possui significado fixo em certo momento histórico", mas com o passar do tempo, mudando-se as situações ou os valores sociais, tem-se um novo significado. Entretanto a crítica não se dissipa, pois a vagueza, a ambiguidade ou os múltiplos significados controvertidos estariam por abrir as portas à "mudança e sucessão de 'modas' no tempo". Além disso, a incoerência é vista por defesas pela interpretação aberta e evolutiva, mas os defensores da mutação constitucional adotam o método da interpretação gramatical, e não o histórico, desprezando dos "enunciados normativos o significado que cada momento histórico impõe".[428]

O Supremo Tribunal Federal reivindica que detém a última palavra no que concerne à interpretação constitucional para assim justificar a existência de uma mutação constitucional. Desse modo, quando o STF procede à "autocriação de normas que ampliam, eliminam ou modificam dispositivos constitucionais", acaba por dar efetividade à afirmação do Ministro Eros Grau de que "não existe a Constituição de 1988. O que hoje realmente há, aqui e agora, é a Constituição do Brasil, tal como hoje, aqui e agora, ela é interpretada aplicada por esta Corte". Sendo assim, mencionados autores defendem "uma postura crítica perante práticas de autocriação normativa intensa no âmbito da jurisdição constitucional".[429]

---

[427] LUNARDI, Soraya Regina Gasparetto; DIMOULIS, Dimitri. Efeito transcendente, mutação constitucional e reconfiguração do controle de constitucionalidade no Brasil. *Revista Brasileira de Estudos Constitucionais RBEC*, Belo Horizonte, ano 2, nº 5, p. 217238, jan./mar. 2008. Disponível em: http://www.bidforum.com.br/bid/PDI0006.aspx?pdiCntd=52578. Acesso em: 11 nov. 2020.

[428] LUNARDI, Soraya Regina Gasparetto; DIMOULIS, Dimitri. Efeito transcendente, mutação constitucional e reconfiguração do controle de constitucionalidade no Brasil. *Revista Brasileira de Estudos Constitucionais RBEC*, Belo Horizonte, ano 2, nº 5, p. 217238, jan./mar. 2008. Disponível em: http://www.bidforum.com.br/bid/PDI0006.aspx?pdiCntd=52578. Acesso em: 11 nov. 2020.

[429] LUNARDI, Soraya Regina Gasparetto; DIMOULIS, Dimitri. Efeito transcendente, mutação constitucional e reconfiguração do controle de constitucionalidade no Brasil. *Revista Brasileira de Estudos Constitucionais RBEC*, Belo Horizonte, ano 2, nº 5, p. 217238, jan./mar.

Para o Professor Adriano Sant'Ana Pedra, que aborda a mutação constitucional no contexto da interpretação evolutiva e da democracia constitucional, o fenômeno foge com relativa frequência daqueles "parâmetros que lhe são impostos", revelando que a prática constitucional é marcada por mudanças que "escapam a qualquer controle". Sua obra é fundamentada com diversos exemplos de mutações constitucionais de origem brasileira e estrangeira, contemplando a interpretação legislativa,[430] a administrativa[431] e a judicial.[432]

As conclusões do mencionado Professor indicam que a ausência de controle sobre as mutações constitucionais decorre do fato de que as pressões políticas ou de grupos sociais são de tal monta que a

---

2008. Disponível em: http://www.bidforum.com.br/bid/PDI0006.aspx?pdiCntd=52578. Acesso em: 11 nov. 2020.

[430] A interpretação legislativa é aquela exercida pelo poder legiferante, nada obstante, no Brasil, haver a possibilidade de o Chefe do Poder Executivo editar medidas provisórias. Ela ocorrerá quando se modificar a interpretação que se dava a alguma norma constitucional. Citando José Alfredo de Oliveira Baracho, Sant'Ana Pedra adverte para o fato de que tal interpretação está sujeita ao crivo da revisão judicial quanto à sua constitucionalidade. Seu trabalho também aponta que J. J. Gomes Canotilho chama a atenção para o risco de o legislador infraconstitucional provocar uma derrocada interna da Constituição. Importante anotação quanto à doutrina de Celso Ribeiro Bastos, que distingue a integração da interpretação da Constituição. (PEDRA, Adriano Sant'Ana. *Mutação constitucional*. Interpretação evolutiva da Constituição na democracia constitucional. 3. ed. Rio de Janeiro: Lumen Juris, 2017, p. 147-152.)

[431] No que se refere à interpretação administrativa, tem-se que embora cabível pelos órgãos administrativos que podem aplicar diretamente o direito por intermédio de decretos, portarias e demais regulamentos, sabe-se que ela carece da autorização da lei. A interpretação administrativa pode se dar por meio de respostas a consultas dirigidas ao TSE, que pode estatuir mudança de entendimento acerca de verticalizações das alianças partidárias, por exemplo. O STF, no entanto, pode realizar a interpretação conforme de uma Emenda Constitucional criada para pôr fim a essas verticalizações. O CNJ pode editar normas administrativas, em cumprimento à sua missão de zelar pela moralidade e impessoalidade dos atos administrativos do Poder Judiciário, emprestando inovação quanto à interpretação da Constituição a ponto de ser necessária a convalidação pelo STF. (PEDRA, Adriano Sant'Ana. *Mutação constitucional*. Interpretação evolutiva da Constituição na democracia constitucional. 3. ed. Rio de Janeiro: Lumen Juris, 2017, p. 152-158.)

[432] A interpretação judicial que provoca a mutação constitucional é aquela em que o STF dá sentido diverso do que fora fixado antes, tanto em decorrência de uma de uma nova realidade social como por uma novel interpretação do direito. Ao citar Philipp Heck, Sant'Ana Pedra acentua que só por meio da sentença judicial é que o direito tem significação para a vida, pois que o direito legislado não tem a autoridade que a sentença do juiz traz consigo. Valendo-se dos ensinos de José Horácio Meirelles Teixeira, assenta que a interpretação judicial, seja retirando conclusões de elementos já existentes (construindo), seja descobrindo o sentido da linguagem ou das palavras (interpretando), não pode mais se ater apenas ao texto, antes, deve atinar para outras partes do ordenamento, corresponder-se com os princípios, valores da justiça e da moral, atentando para as necessidades sociais, evolução da vida, sem se esquecer das contingências históricas. (PEDRA, Adriano Sant'Ana. *Mutação constitucional*. Interpretação evolutiva da Constituição na democracia constitucional. 3. ed. Rio de Janeiro: Lumen Juris, 2017, p. 158-165.)

mutação se classifica como sendo inconstitucional, sem deixar de gerar, no entanto, "efeitos na vida constitucional do Estado". Essa linha de controle é tênue e de difícil demarcação ou identificação, mas defende que a mutação constitucional é imprescindível, pois, sem esse voluntarismo ou ativismo aceitável, ter-se-ia "uma situação de ausência de normatividade mesmo na presença de um texto constitucional vigente, o que seria inadmissível em uma democracia constitucional".[433]

O doutrinador português Carlos Blanco de Morais, abordando as mutações constitucionais, considera que o "Estado Social de direito é um modelo e uma conquista". Entretanto, quando evidenciado um "menor volume de recursos disponíveis", a escassez dos meios não permite que as "prestações sociais" gerem "gastos descontrolados" e comprometa "a solidez do próprio Estado". A constatação do autor é de que a caótica situação financeira do Estado pode resultar na supressão ou diminuição de direitos sociais anteriormente concedidos:

> O abalado modelo social europeu é de tudo isto um exemplo paradigmático e a crise sem precedentes ocorrida no período 2010-2011 em Portugal demonstra como um gasto desmesurado e acrítico em prestações sociais sustentado num endividamento externo incontrolado pode conduzir a um pré-colapso financeiro e, posteriormente, à supressão ou redução brutal e inimaginável de muitos benefícios antes conferidos, inclusivamente a situações chocantes de violação da protecção de confiança, ignoradas pelo Tribunal Constitucional com base em cruas razões de ordem política.[434]

Ainda que se prime pela manutenção dos direitos sociais, a "Justiça Constitucional" há de respeitar o princípio da separação de poderes, tendo por limite os recursos disponíveis do Estado e atentando para o "mandato do legislador democrático". Não se deve ter como aceitável que a "hipertrofia dos direitos sociais possa resultar na "degradação do princípio maioritário", afetando o "princípio da separação de poderes" e mudando o "paradigma do Estado social e democrático de direito".[435]

---

[433] PEDRA, Adriano Sant'Ana. *Mutação constitucional.* Interpretação evolutiva da Constituição na democracia constitucional. 3. ed. Rio de Janeiro: Lumen Juris, 2017, p. 311.

[434] MORAIS, Carlos Blanco de. Direitos sociais e controlo de inconstitucionalidade por omissão no ordenamento brasileiro: activismo judicial momentâneo ou um novo paradigma? *Revista Brasileira de Estudos Constitucionais – RBEC*, Belo Horizonte, ano 5, nº 20, p. 211243, out./dez. 2011.

[435] MORAIS, Carlos Blanco de. Direitos sociais e controlo de inconstitucionalidade por omissão no ordenamento brasileiro: activismo judicial momentâneo ou um novo paradigma? *Revista Brasileira de Estudos Constitucionais – RBEC*, Belo Horizonte, ano 5, nº 20, p. 211243, out./dez. 2011.

Para Carlos Blanco de Morais, é inconcebível que a Justiça Constitucional atue como legislador constitucional, "declarando mutações constitucionais ou revendo a Constituição através de sentenças". É temerário que o judiciário preencha omissões legislativas. Tampouco é desejável que haja "tribunal de substituição, interferindo no poder de julgar dos tribunais comuns à margem de questões constitucionais". Não é aceitável que o judiciário seja o "superintendente da administração".

Blanco de Morais conclui, então, que se a concentração de poderes se consolidar, há que se "lançar com originalidade as primícias de um Judiciário-Hércules substitutivo do poder legislativo", resultando em uma valorização excessiva dos direitos, o que "só poderia subsistir enquanto durasse o crescimento económico" e "enquanto existissem recursos financeiros suficientes para sustentar os orçamentos autónomos da saúde, educação e segurança social".[436]

Esse cenário, por certo, conquanto desejável, é improvável que possa persistir por muito tempo, sendo recomendável que se atente para as advertências contidas neste tópico por parte daqueles que potencialmente podem exercer o voluntarismo judicial.

Diante dessa controvérsia, relevante a análise acerca da supremacia da Constituição efetuada por Adriano Sant'Ana Pedra, que destaca que esse conceito deriva da ideia de uma Constituição normativa, de modo que os intérpretes devem ser responsáveis na conformação da realidade.

Para que a supremacia da Constituição não sofra qualquer mitigação, "o fático não pode sobrepujar o normativo". A obediência ao poder constituído, atentando para os limites normativos da Constituição, é o que garante que uma mutação não se dê em nível inconstitucional. Ou seja, valendo-se dos ensinos de Celso Bastos e Samantha Meyer-Pflug tem-se que é inadmissível que se crie um cenário de insegurança jurídica por alterações arbitrárias e indistintas da Constituição.[437]

A circunstanciada análise que faz em seu trabalho leva em conta que em uma democracia constitucional as decisões políticas são "tomadas pelos representantes escolhidos pelo povo", e a coexistência

---

[436] MORAIS, Carlos Blanco de. Direitos sociais e controlo de inconstitucionalidade por omissão no ordenamento brasileiro: activismo judicial momentâneo ou um novo paradigma? *Revista Brasileira de Estudos Constitucionais – RBEC*, Belo Horizonte, ano 5, nº 20, p. 211243, out./dez. 2011.

[437] PEDRA, Adriano Sant'Ana. *Mutação constitucional.* Interpretação evolutiva da Constituição na democracia constitucional. 3. ed. Rio de Janeiro: Lumen Juris, 2017, p.197.

harmoniosa da justiça constitucional com o ambiente legiferante deve objetivar a "preservação do próprio sistema constitucional" para que, na verdade, a democracia seja reforçada "mediante a preservação da ordem jurídica e a verificação da observância dos pressupostos da democracia na tomada de decisões". E assim disserta:

> Alguns autores utilizam a expressão "juiz legislador" para se referirem ao processo de criação jurídica pelo Poder Judiciário. Todavia, é necessário reconhecer, como faz Luis Prieto Sanchís, que a criatividade judicial não deve ser equiparada à legislativa, tanto devido aos princípios da supremacia e reserva da lei como em razão da posição que ocupam os juízes e pelas características que definem o processo judicial. Por isso, escreve Mauro Cappelletti que "apenas o juiz ruim agiria com as formas e as modalidades do legislador, pois, a meu entender, se assim agisse, deixaria simplesmente de ser juiz".[438]

3.5 As repercussões do voluntarismo judicial

Este tópico procurou fazer o exame das repercussões do voluntarismo judicial diante da supremacia do parlamento e verificar como a mitigação da supremacia do parlamento pode ocorrer por meio de um voluntarismo judicial que desconsidera a atividade legiferante e, por conseguinte, a representação popular.

Quando crises econômicas e períodos recessivos ensejaram maior demanda por assistência social, o fenômeno do voluntarismo judicial se tornou mais evidente. A partir disso, a administração do judiciário passou a requerer atenção de pesquisadores. Houve estudos que indicaram que a complexidade da administração da justiça era equivalente às dinâmicas social e política. Concluíram, também, que a administração da justiça deveria levar em conta a formação e o recrutamento dos juízes, procurando diagnosticar suas motivações e eventuais ideologias impregnadas.

Como já assinalado, a atuação voluntarista dos juízes também precisou ser vista ante a atividade legiferante. Neste ponto se vê que a representação no parlamento fica comprometida por conta do distanciamento dos eleitores em relação a seus representantes. A intensa atividade legiferante prejudica a qualidade do que é editado e pode ensejar o aparecimento do ativismo judicial. Essa baixa qualidade

---

[438] PEDRA, Adriano Sant'Ana. *Mutação constitucional*. Interpretação evolutiva da Constituição na democracia constitucional. 3. ed. Rio de Janeiro: Lumen Juris, 2017, p. 284.

legiferante pode advir de um legislativo relegado a um plano menor ou inexistente, com o domínio cada vez maior do governo. Desse modo, o fenômeno do voluntarismo judicial pode encontrar justificativa em limitar a atuação estatal ou suprir eventual omissão.

A implementação ou não de políticas públicas parece não ser própria do judiciário. As doutrinas brasileira e portuguesa convergem quanto à competência para formulação, implementação e mesmo para o monitoramento das políticas públicas. Tem-se ciência de que o judiciário pode chancelar a concessão de direitos ou mesmo impedi-los de forma irrecorrível. O dilema está na determinação do equilíbrio de atuação desse poder.

É que as políticas públicas decorrem de um intrincado processo de análise de solução dos problemas. Sua adoção depende da capacidade financeira de implementação. Há, portanto, um antecedente de negociação em que os interesses favoráveis e contrários se encontram no governo e no legislativo. Dessa negociação resulta a política, qual sua dimensão e se ela é ou não desejável e implementável. Assim, o controle judicial sobre tais políticas é o principal aspecto a se considerar. E foram reportadas breves anotações doutrinárias a esse respeito, aludindo aos posicionamentos brasileiro e português.

Outro ponto importante que se viu é que, de modo geral, o voluntarismo parte da interpretação de um direito escrito. Desse modo, foi feito um sucinto histórico de algumas Escolas de Direito até se chegar ao neopositivismo e ao neoconstitucionalismo, os quais procuram dar respaldo ao voluntarismo judicial.

Apresentou-se um conciso panorama do voluntarismo judicial envolvendo exemplos no direito à saúde, à educação e no âmbito do direito previdenciário e eleitoral. Indicou-se que haveria outros casos em que o ativismo judicial foi evidente e poderia ser objeto de críticas ou mesmo de enaltecimentos.

Há objeções à atuação do judiciário, vez que esse Poder (ou função) pode não estar devidamente preparado para a interferência no contexto econômico, mormente porque as consequências e mesmo a utilidade de suas decisões não demonstram, na atualidade, que elas levam em consideração uma percepção adequadamente técnica quanto a esses reflexos.

A peculiaridade histórica desse momento pelo qual passa o judiciário, marcado pela crescente judicialização das políticas públicas, está a reclamar não só a efetividade, mas a estabilidade e a segurança jurídica das decisões judiciais.

Quando se reportou acerca da mutação constitucional, o trabalho procurou conceituar o fenômeno, entrelaçando-o com o voluntarismo judicial, verificando-se semelhanças e identidades, destacando que há aspectos defensáveis e críticos à sua ocorrência, sendo desejável que haja adequação aos contornos normativos existentes, sob pena de ferir a supremacia constitucional.

CONSIDERAÇÕES FINAIS

O fenômeno do voluntarismo (ativismo) judicial não pode ser examinado apenas quanto aos seus resultados ou somente quanto às suas consequências, pois não se pode caracterizá-lo exclusivamente como uma disfunção do exercício da atividade jurisdicional, tampouco se pode ovacioná-lo como aquele que propicia a criação de uma norma ou a inovação de um direito para suprir a lacuna deixada pela comunidade política. A preocupação com o voluntarismo (ativismo) judicial subsiste até mesmo quando os princípios constitucionais necessitam de uma melhor ou mais apropriada intepretação, e, assim, o judiciário diz o direito para como adequadamente se possa acabar com uma omissão estatal.

Referido fenômeno está sempre em confronto com a supremacia da vontade parlamentar, expressa por meio da Constituição ou por meio das edições legislativas que periodicamente criam, expandem ou reprimem os direitos. A vontade parlamentar, que em tese representa a vontade popular, é fruto da implementação do que se tem hoje como a efetividade da democracia, de modo que, como essa democracia foi conquistada com muita luta e de maneira tão sofrida, em diversos momentos da história, é impensável que o parlamento deixe de ser respeitado ou mesmo deixe de ter sua importância reconhecida, mormente porque é por meio dele que tanto o Estado como a sociedade subsistem.

O presente trabalho, portanto, apresentou as causas de instituição do Estado, as quais dão conta de que o referido elemento se tornou imprescindível para dar anteparo às atividades econômicas dos indivíduos que se viram dependentes de uma regulamentação superior e impositiva e que, ao mesmo tempo, desse-lhes a garantia de coexistência pacífica por intermédio do direito.

Com o decorrer do tempo, a evolução do convívio em sociedade resulta em novas necessidades para o Estado, e são verificadas novas possibilidades de manutenção de seu tamanho e de sua estrutura, notadamente porque começam a ser identificados comportamentos indesejáveis de grupos que passam a dirigir o Estado tal qual já havia ocorrido na época do absolutismo. Começa-se a discutir se a instituição deve ser aquela do estado-providência ou estado-social ou mesmo se deve se tornar um estado-mínimo, fomentando a discussão em torno de um novo contrato social, como aquele firmado em algum momento da história e que demonstrou ser imprescindível a adoção do mencionado elemento.

Toda essa discussão se deve ao fato de que o povo que constitui um determinado território e forma um determinado Estado certamente quer ser soberano, ainda que conte com representantes para exercer essa soberania, exatamente pela impossibilidade de fazê-lo diretamente.

Nesse momento o trabalho apresentou, também, a abordagem de que a soberania popular comporta um adequado exame acerca de sua titularidade histórica, das doutrinas democráticas, de sua concepção e de como ela estaria renascendo atualmente por força do avanço tecnológico que permite o repensar de novas formas de seu exercício. Por se viver um momento de apatia para com a política, tem-se como que uma síndrome da fadiga democrática. Em contraponto a essa realidade, como forma de resgatar a desejável e inseparável democracia, novas formas e novos conceitos acerca do instituto têm sido discutidos academicamente, havendo experiências mundo afora, em especial aquelas denominadas de democracia deliberativa, que levam os eleitores a debaterem questões com seus representantes, confrontando-os com especialistas sobre assuntos que estejam deliberando, a ponto de estabelecer uma espécie de terapia relacional entre governantes e governados.

Viu-se, portanto, que a soberania popular encontra-se vinculada à democracia e à vontade da maioria. Isso reproduz apenas o aspecto formal (ou procedimental) da democracia e pode não expressar satisfatoriamente os anseios tidos como democráticos. A concretização constitucional da democracia exige que sejam inibidos os excessos de poder e conflitos de interesse por meio de ações contramajoritárias a cargo de quem pode garantir a efetividade dos direitos, a fim de que a democracia não se degenere.

Ao tratar da supremacia do parlamento, foi inevitável discorrer como essa teoria surgiu no ambiente inglês, historiando sucintamente o nascedouro de documentos, doutrinas e institutos que marcaram e marcam a própria história do direito moderno, dando notícias da origem da Magna Carta, da criação da Câmara dos Comuns e de como se instituiu o Parlamento Inglês, com a Câmara dos Lordes e o representante do Império Britânico, além do ambiente em que Albert Dicey concebeu a denominada doutrina da supremacia do parlamento.

No contexto da supremacia do parlamento inglês, não se deixou de mencionar o *Brexit* (ainda que não se tenha um desfecho) e suas implicações a partir da mitigação que já vinha sofrendo o parlamento

CONSIDERAÇÕES FINAIS | 243

britânico em razão de decisões da UE. Acredita-se que a principal mudança de rumos no contexto britânico quanto à forma como sempre se viu a supremacia do parlamento se deve às recentes decisões da Suprema Corte do Reino Unido.

Os reflexos da experiência francesa a partir de sua famosa Revolução também foram objeto do presente estudo, fazendo-se uma concisa trajetória, até o tempo presente, de como a cultura francesa tratou da supremacia do parlamento e de como via a soberania popular. Ficou evidente que aquele país, mesmo com suas constantes mudanças constitucionais, contribuiu historicamente para a formulação do direito do mundo ocidental com notória influência, especialmente por motivar a reflexão quanto à doutrina da dualidade. Mas sua contribuição mais atual se deve à introdução, em 2009, da questão prioritária de constitucionalidade que pode ser suscitada por qualquer cidadão tanto no processo administrativo como no processo judicial.

No fim da digressão conceitual obrigatoriamente apresentada por este trabalho, foi apresentada a dificuldade de se determinar com propriedade inquestionável o que poderia ser tido como voluntarismo (ativismo) judicial, vez que pode haver diferentes percepções ou interpretações acerca do papel do Poder Judiciário nos diversos países em que isso se verifica. Se para uns é indefensável que o juiz possa substituir o legislador, para outros é mais que desejável que os direitos suprimidos, omitidos ou não reconhecidos pelo legislativo ou pelo executivo sejam implementados pela via judicial, eis que o Poder Judiciário existe para, entre outros motivos, exercer o contrapeso dos poderes.

Verificou-se que o ativismo judicial pode ocorrer tanto no ambiente do *common law* como nos países que adotam o direito romano (*civil law*), mas sobretudo porque há um direito escrito, e este não poucas vezes se mostra insuficiente para traduzir a vontade ou o anseio popular, de modo que o contrapeso do Poder Judiciário vem sendo reclamado por indivíduos que veem seus direitos não atendidos pelo Estado. Tal movimento não é novo, tendo nascido da percepção da sociedade de que os direitos fundamentais uma vez inscritos nos Textos Magnos não poderiam ser vistos apenas como promessas ou gozarem de um caráter meramente programático. O judiciário viu nisso a necessidade de exercer seu papel, contrapondo-se à maioria que conduz os rumos das nações, procedendo a reparos e suprindo omissões.

O primeiro capítulo do trabalho, portanto, é encerrado com o relato da experiência americana com seu *judicial review*, instituto que introduziu uma nova percepção acerca do caráter maior que assume a

Constituição de um país, nada obstante relatar que a estreia da doutrina evidencia o ativismo judicial em um cenário de incipiência da nação americana.

No capítulo destinado ao voluntarismo judicial e o respeito à soberania popular, observou-se que tanto a sociedade brasileira como a portuguesa enfrentam na atualidade uma autoexclusão do movimento político, derivada da desilusão com a classe política ou por não terem tido o devido conhecimento de que somos integrantes de uma sociedade que depende indissociavelmente dos rumos empreendidos pelo Estado. Ao que parece, conforme demonstrado por quadro obtido da OCDE, esse desinteresse é notório entre jovens, os quais se abstêm das eleições, e o motivo, provavelmente, seja o fato de que não são educados e fomentados a se interessarem pelas questões essenciais do Estado. Com isso, a comunidade política não se sente motivada ou obrigada a debater com profundidade, objetividade e seriedade os diversos dilemas nos quais a escassez de recursos e as potencialidades do Estado devam ser examinados.

Desse modo, procurou-se averiguar os aspectos caracterizadores da cidadania, vendo-a como uma instituição necessária à preparação do indivíduo que vive em sociedade e que dela participa indiretamente por meio da democracia representativa. Esse indivíduo, que tem todo o direito de reclamar a prestação estatal, também deve ter a obrigação de se dotar do conhecimento necessário para que obtenha uma consciência sistematizada das potencialidades estatais e, com isso, de maneira apropriada, possa ser inserido na tomada de decisões políticas. Obtendo a adequada educação, esse cidadão haverá de se interessar cada vez mais pelo efetivo exercício da cidadania, compreendendo aspectos da fiscalidade estatal e das técnicas de administração eficaz e tendo a dimensão exata de que o trabalho gera renda para o Estado, e esse Estado é o elemento de propulsão da sociedade.

A atualidade é testemunha de como a sociedade é detentora de direitos, tanto que um cidadão da elite do século XIX poderia se surpreender com as garantias e os direitos obtidos por cidadãos modernos em vários países. Mas as incertezas que a tecnologia e o futuro oferecem, além das transformações que a sociedade vem enfrentando, podem pôr em risco o Estado e, sendo assim, os indivíduos devem ser dotados de conhecimento e formação adequados, desde a tenra idade, para que o ideal de vida comunitária não sofra retrocessos. Eis porque o investimento objetivo em educação para a cidadania robustecerá a continuidade do Estado, ainda que isso possa ocorrer de uma forma que não consigamos antever hoje.

CONSIDERAÇÕES FINAIS | 245

Quando se discorreu no segundo capítulo acerca dos trunfos contra a maioria e os direitos sociais, verificou-se que foi o reconhecimento constitucional dos direitos fundamentais que os elevou a essa natureza de trunfos. Esses trunfos, na verdade, são o produto da soberania popular que requereu que as constituições insculpissem os direitos políticos, econômicos e sociais contra as vontades privadas ou mesmo contra os ditadores.

Viu-se que os direitos sociais, para que sejam elementos de integração social e de emancipação de classes sociais excluídas, deverão fazer parte de um projeto político, para que assim possam ser partilhados coletivamente. Entretanto, essa reivindicação para efetivação e realização deles há de ser objeto da luta político-partidária, não devendo interferir nela o judiciário. Contrariamente, seja porque faz uma leitura de Dworkin com outros olhos, sobretudo se considerar a ponderação ou o sopesamento de Alexy, tem-se a defesa de que o judiciário intervenha com vistas à implementação desses direitos. Assim, os trunfos foram vistos, na visão de Dworkin, como direitos fortes, sendo destacável, no entanto, a constatação de que tais trunfos não são absolutos, porquanto as garantias constitucionais submetem-se a mitigações estatais decorrentes, entre outros, da capacidade orçamentária e financeira. Ademais, o processo de eleição de prioridades está assentado na ponderação e no sopesamento de valores, os quais foram utilizados como exemplos trazidos por Alexy e reportados no presente estudo. Importante visão de Dworkin foi registrada neste trabalho, dentre outras, em confronto com o que expressou Coke e Jeremy Bentham acerca do reconhecimento dos direitos individuais. Sua visão de como a lei fundamental deve ser interpretada pelos magistrados também foi trazida à tona.

Como dito, foram reportados exemplos de sopesamento elencados por Alexy em razão de sua leitura de julgamentos do Tribunal Constitucional alemão, merecendo atenção a comparação que o próprio Alexy fez de sua teoria em confronto com a de Dworkin, na qual destaca a ponderação quando da colisão de princípios e o papel central desse sopesamento exercido com correta aplicação do princípio da proporcionalidade.

Assinalou-se, também, a distinção feita por Canotilho quanto à complementaridade existente entre a ponderação e a harmonização de princípios, no qual destaca a hierarquização de princípios em colisão, quando são estabelecidos pesos ou valores a eles sem que nenhum princípio seja negado.

Para verificar a implicação da proibição do retrocesso no exercício do voluntarismo judicial, foi necessário abordar o mencionado princípio em cotejo com a capacidade estatal. A propósito, a partir disso se verifica que há defesa na doutrina quanto à inexistência de tal princípio, pois que decorre de uma realidade específica da dogmática alemã que não consagrou direitos sociais no âmbito constitucional.

A contribuição doutrinária portuguesa foi vasta nesta assentada, tanto na defesa do instituto com na sua obtemperação, pois que a inevitabilidade do retrocesso muitas vezes decorre de uma real incapacidade estatal. Mas acerca disso, foi verificada a tese da proteção do mínimo social ou do mínimo existencial (pois há quem defenda uma distinção) tanto na visão brasileira como na portuguesa, bem como examinados os pressupostos de aferição das possibilidades estatais para determinar as políticas públicas implementáveis, novamente registrando as vertentes doutrinárias dos dois países.

O terceiro e último capítulo procurou fazer o exame das repercussões do voluntarismo (ativismo) judicial diante da supremacia do parlamento, considerando que o direito escrito é insuficiente para traduzir adequadamente a instituição, preservação ou supressão de direitos, de modo que a atuação judicial é reclamada a partir dessa insuficiência. O fenômeno do ativismo judicial se tornou mais evidente a partir do momento em que o Estado se viu marcado por várias crises econômicas e períodos recessivos, fazendo com que a sociedade passasse a exigir que os compromissos assistenciais e providenciais fossem cumpridos. Assim, as decisões judiciais passaram a ter um impacto social e político relevante, a ponto de requererem estudos, inclusive, da forma de chegada desses magistrados às suas posições, exigindo-se aferições quanto ao treinamento continuado deles e de estudos sobre como diminuir as influências externas no momento de tomada de suas decisões. Viu-se que a administração da justiça a cargo dos juízes assume complexidade equivalente às dinâmicas social e política, à medida de requerer olhos voltados do Estado para a formação e o recrutamento dos juízes bem como para o correto diagnóstico de suas motivações e eventuais ideologias impregnadas.

Para se verificar as situações que ensejaram a atuação voluntarista dos juízes, foi necessário vislumbrar a atividade legiferante conjugada com a representação popular. Viu-se que a questão da representação e suas formas de maior ou menor efetividade tem o potencial de provocar o distanciamento dos eleitores em relação a seus representantes, o que torna, provavelmente, mais justificável o ativismo de um judiciário cada vez mais demandado.

Essa maior demanda pela atuação dos juízes talvez se explique pela menor qualidade da intensa atividade legiferante, a qual foi objeto de apreciação no referido tópico. Remete-se à percepção de que a atividade legiferante não poucas vezes está vinculada aos desejos do executivo, de modo que a função crítica do legislativo é relegada a um plano menor ou inexistente, restando a conclusão de que o fenômeno do voluntarismo judicial pode servir para limitar a atuação estatal ou conduzi-la à correção de eventual omissão.

Nem sempre esse ativismo judicial haverá de acertar, pois que a implementação ou não de políticas públicas parece não ser própria do judiciário, conforme apontado pelo estudo. Há aparente convergência das doutrinas brasileira e portuguesa quanto à competência para formulação, implementação e mesmo quanto ao monitoramento das políticas públicas. Nesse exercício de poder, o judiciário pode chancelar a concessão de direitos como pode eventualmente impedi-los de forma irrecorrível. O dilema está na determinação desse equilíbrio, pois se sabe que as políticas públicas decorrem de um intrincado processo de determinação, das possibilidades de solução dos problemas pela adoção delas e das capacidades financeiras de sua implementação e monitoramento de seus resultados. Sabe-se que isso envolve um antecedente de negociação em que os interesses favoráveis e contrários se encontram. Dessa negociação resulta a política, qual sua dimensão e se ela é ou não desejável e implementável. O controle judicial sobre tais políticas é o principal aspecto a se considerar. O trabalho, portanto, reportou breves anotações doutrinárias a esse respeito, aludindo aos posicionamentos brasileiro e português.

Como se viu, o voluntarismo parte da interpretação de um direito escrito, de modo geral, requerendo-se o estudo de como as Escolas de Direito surgiram até se chegar ao neoconstitucionalismo ou neojuspositivismo. Fez-se obrigatório, neste ponto, apresentar um conciso panorama do voluntarismo judicial envolvendo exemplos no direito à saúde, à educação e no âmbito do direito previdenciário e eleitoral. Haveria outros casos em que o ativismo judicial foi evidente e que poderia merecer comentários do trabalho. A consequência é que o trabalho ficaria deveras extenso e não deixaria claro o alcance do objetivo principal, que foi o de evidenciar não uma necessidade de contenção, mas as ocorrências em que o judiciário tem se excedido ao protagonizar o fenômeno.

Nesse cenário, procurou-se apresentar que a atuação do judiciário nem sempre se encontra devidamente suportada quanto ao alcance de sua interferência no contexto econômico, pois suas decisões, em muitos casos, deixam de considerar a análise das consequências ou mesmo a utilidade de suas deliberações, não possuindo o anteparo adequadamente técnico quanto aos reflexos na economia e, sobretudo, nas finanças públicas.

Por outro lado, o momento pelo qual passa o judiciário é bastante peculiar e é notabilizado pela crescente judicialização das políticas públicas, de maneira que não só a efetividade, mas a estabilidade e a segurança jurídica de suas decisões, muito provavelmente, sejam as principais e mais desejáveis expectativas da sociedade para com suas manifestações.

Assim, foi necessário assentar que o ativismo judicial constitucional, ao dar novo alcance ou expandir novas interpretações a um texto normativo constitucional, pode estar materializando a mutação constitucional. Aspectos sociais, notadamente, podem ser ensejadores dessa mutação. Foram assinaladas críticas às concepções da mutação constitucional tanto de origem portuguesa quanto brasileira, a ponto de se requerer uma postura firme perante as práticas de intensa autocriação da jurisdição constitucional. Por sua vez, há considerações doutrinárias de que, ao fugir do controle da contenção normativa existente, há grande risco de se afetar indesejavelmente a supremacia da própria Constituição.

REFERÊNCIAS

ALEXY, Robert. *Teoria dos direitos fundamentais*. Tradução de Virgílio Afonso da Silva. 2. ed. 3. reimpr. São Paulo: Malheiros, 2014.

ALVES, Rogério Pacheco. Judicialização do direito à educação. *Revista Publicum*. Rio de Janeiro, v. 4, nº 2, 2018, p. 83-105. Disponível em: http://www.e-publicacoes.uerj.br/index. php/publicum. DOI: 10.12957/publicum.2018.36394. Acesso em: 25 jul. 2019.

ANDREASSA JUNIOR, Gilberto. *Ativismo judicial & teoria dos precedentes:* integração dos poderes e coerência nas decisões do judiciário. Curitiba: Juruá, 2015.

ARAÚJO, Luísa; RODRIGUES, Maria de Lurdes. *Modelos de análise das políticas públicas.* CIES – Centro de Investigação e Estudos de Sociologia. Sociologia, Problemas e Práticas, nº 83, 2017, p. 11-35. DOI: 10.7458/SPP2017839969. IUL, Lisboa, Portugal. Disponível em: http://journals.openedition.org/spp/2662. Acesso em: 19 fev. 2019.

ARISTÓTELES. *Ética a Nicômaco*. Tradução de Leonel Vallandro e Gerd Bornheim da versão inglesa de W. D. Ross. 4. ed. São Paulo: Nova Cultural, 1991.

ARISTÓTELES. *Política*. Disponível em: http://www.dominiopublico.gov.br/download/ texto/bk000426.pdf. Acesso em: 19 maio 2019.

ATIENZA, Manuel. Entrevista a Robert Alexy. *Cuadernos de Filosofía del Derecho*, nº 24, Alicante: Doxa, 2001.

BARROSO, Luís Roberto. *Curso de direito constitucional contemporâneo:* os conceitos fundamentais e a construção do novo modelo. 5. ed. São Paulo: Saraiva, 2015.

BESSA, António Marques; PINTO, Jaime Nogueira. *Introdução à política*: o poder, o Estado e a classe política. Vol. 2. Lisboa: Editora Verbo, 2001.

BEZERRA NETO, Bianor Arruda. Voluntarismo judicial: quais são as regras do jogo? *Revista Consultor Jurídico*, 23/mar/2019. Disponível em: https://www.conjur.com.br/2019-mar-23/bianor-arruda-voluntarismo-judicialquais-sao-regras-jogo#author. Acesso em: 31 maio 2019.

BITTAR, Eduardo Carlos Bianca; ALMEIDA, Guilherme Assis de. *Curso de filosofia do direito*. 11. ed. São Paulo: Atlas, 2015.

BOBBIO, Norberto; MATTEUCCI, Nicola; PASQUINO, Gianfranco. *Dicionário de política*. Coord. trad. João Ferreira; rev. geral João Ferreira e Luis Guerreiro Pinto Cacais. 11. ed. Brasília: Editora Universidade de Brasília, 1998.

BOBBIO, Norberto. *O futuro da democracia* – uma defesa das regras do jogo. São Paulo: Paz e Terra, 2017.

BOBBIO, Norberto. *O positivismo jurídico*: lições de filosofia do direito. Compiladas por Nello Morra. Tradução e notas de Márcio Pugliesi, Edson Bini, Carlos E. Rodrigues. São Paulo: Ícone, 1995.

BONAVIDES, Paulo. *Ciência política*. 24. ed. São Paulo: Malheiros, 2017.

BRASIL. Casa Civil da Presidência da República *et al. Avaliação de políticas públicas*: guia prático de análise *ex ante*, Vol. 1. Instituto de Pesquisa Econômica Aplicada. Brasília: Ipea, 2018.

BRASIL. Casa Civil da Presidência da República *et al. Avaliação de políticas públicas*: guia prático de análise *ex post*, vol. 2. Instituto de Pesquisa Econômica Aplicada. Brasília: Ipea, 2018.

BUCCI, Maria Paula Dallari. *Direito administrativo e políticas públicas*. São Paulo: Saraiva, 2006.

CANOTILHO, José Joaquim Gomes. *Direito constitucional e teoria da Constituição*. 7. ed. Coimbra: Almedina, 2003.

CAPELLA, Ana Cláudia Niedhardt. *Formulação de políticas públicas*. Brasília: Enap, 2018.

COELHO, Sara Otto. *A desilusão democrática como solução para uma melhor democracia*. Plataforma Barómetro Social do Instituto de Sociologia Universidade do Porto. Porto, 04 out. 2012. Disponível em: http://www.barometro.com.pt/2012/10/04/a-desilusao-democratica-como-solucao-para-uma-melhor-democracia/. Acesso em: 17 maio 2019.

COSTA NETO, João. Liberdade de Expressão: *O conflito entre o legislador e o juiz constitucional*. São Paulo: Saraiva, 2017.

CRISTÓVAM, José Sérgio da Silva; CIPRIANI, Manoella Peixer. Sobre o ativismo judicial nas questões relacionadas ao direito à saúde: mensageiro da boa nova ou lobo em pele de cordeiro. *Revista Brasileira de Direito*, Passo Fundo, vol. 13, nº 3, p. 163-188, set.-dez., 2017 Disponível em: https://seer.imed.edu.br/index.php/revistadedireito/article/view/1944. Acesso em: 31 maio 2019.

CUNHA, Paulo Ferreira. *Filosofia do direito*. 2. ed. (Teoria, Filosofia e História do Direito). Coimbra: Almedina, 2013.

DAMÉ, Luiza. *Taxa de abstenção na eleição presidencial é a maior desde 1998*. Agência Brasil-EBC, Brasília, 28 out. 2018. Disponível em: http://agenciabrasil.ebc.com.br/politica/noticia/2018-10/taxa-de-abstencao-na-eleicao-presidencial-e-maior-desde-1998. Acesso em: 17 maio 2019.

DICEY, Albert Venn. *Introduction to the study of the law of the constitution*. Reprint. Originally published: 8th ed. London: Macmillan, 1915. Indianapolis-USA: Liberty Class, 1982.

DUARTE, Alexandra Isabel Francisco. *Condições de formulação das políticas públicas*: o caso da generalização do ensino profissional, 2004-2009. Tese (Doutoramento em Políticas Públicas. Departamento de Ciência Política e Políticas Públicas. Instituto Universitário de Lisboa. p. 333, 2015.

DURKHEIM, Émile. *Educação e sociologia*. 5. ed. Rio de Janeiro: Vozes, 2014.

DWORKIN, Ronald. *Justiça para ouriços*. Tradução de Pedro Elói Duarte. Coimbra: Almedina, 2012.

DWORKIN, Ronald. *Levando os direitos a sério*. Tradução e notas de Nelson Boeira. São Paulo: Martins Fontes, 2002.

DWORKIN, Ronald. *Uma questão de princípio*. Tradução de Luís Carlos Borges. São Paulo: Martins Fontes, 2001.

REFERÊNCIAS | 251

FERRAJOLI, Luigi. *A democracia através dos direitos*: o constitucionalismo garantista como modelo teórico e como projeto político. Tradução de Alexander Araújo de Souza e outros. São Paulo: Editora Revista dos Tribunais, 2015.

FERREIRA, Manoel Rodrigues. Município e voto distrital na constituinte. Assembleia Nacional Constituinte. *O Estado de São Paulo*, 13/02/1987, p. 38. Disponível em: https://www2.senado.leg.br/bdsf/bitstream/handle/id/116387/1987_09%20a%2014%20de%20Fevereiro_092.pdf. Acesso em: 18 ago. 2019.

FISHKIN, James. *Democracy When the people are thinking*: reflections on deliberative designs, Micro and Macro 1. Paper prepared for presentation at the ECPR meetings in Hamburg, August 22-25, 2018. Disponível em: https://ecpr.eu/Filestore/PaperProposal/ede6e45e-3a57-4098-8117-e4ede4b47c0e.pdf. Acesso em: 12 jul. 2019.

FONTE, Felipe de Melo. *Políticas públicas e direitos fundamentais*. 2. ed. São Paulo: Saraiva, 2015.

FRANÇA. Secretaria-Geral do Governo. *La Constitution: Présentation générale*. Disponível em: https://www.legifrance.gouv.fr/Droit-francais/Constitution. Acesso em: 23 jul. 2019.

GAROUPA, Nuno. Análise econômica do direito como instrumento de reforço da independência do judiciário. *Revista de Direito Bancário e do Mercado de Capitais: RDB*, v. 10, nº 37, jul./set. 2007. São Paulo, Thomson Reuters Revista dos Tribunais, 2007.

GAROUPA, Nuno. *Governo da justiça*. Fundação Francisco Manuel dos Santos e Nuno Garoupa. Lisboa: Edição e-Book Guidesign, 2016.

GOMES, Luiz Flávio. *A dimensão da magistratura no Estado constitucional e democrático de direito*: independência judicial, controle judiciário, legitimação da jurisdição, politização e responsabilização do juiz. São Paulo: Revista dos Tribunais, 1997.

GOUVEIA, Jorge Bacelar. *Manual de direito constitucional*: introdução, parte geral, parte especial. Vol. 2. 3. ed. rev. atual. Coimbra: Almedina, 2009.

GRINOVER, Ada Pellegrini. WATANABE, Kazuo (Coordenadores). *O controle jurisdicional de políticas públicas*. Rio de Janeiro: Forense, 2011.

HART, Herbert Lionel Adolphus. *O conceito de direito*. 5. ed. Pós-escrito editado por Penelope A. Bulloch e Joseph Raz. Tradução de A. Ribeiro Mendes. Lisboa: Fundação Calouste Gulbenkian, 2007.

HAYEK, Friedrich August von. *Direito, legislação e liberdade*: uma nova formulação dos princípios liberais de justiça e economia política. Vol. III. São Paulo: Visão, 1985.

HIRSCHL, Ran. O novo constitucionalismo e a judicialização da política pura no mundo. *Revista de Direito Administrativo*, Rio de Janeiro, nº 251, p. 139-178, maio/ago, 2009.

HUTZLER, Fernanda Souza. *O ativismo judicial e seus reflexos na seguridade social*. Série Monografias do CEJ, nº 33. Brasília: Conselho da Justiça Federal. Centro de Estudos Judiciários, 2018.

KAUFMANN, Arthur. *Filosofia do direito*. Tradução António Ulisses Cortês. Lisboa: Fundação Calouste Gulbenkian, 2004.

KELSEN, Hans. *Teoria geral do direito e do Estado*. Tradução de Luís Carlos Borges. 3. ed. São Paulo: Martins Fontes, 1998.

KMIEC, Keenan. The origin and current meanings of "judicial activism". *In: California Law Review*. Vol. 92:1441-1477. 2004. Disponível em: https://scholarship.law.berkeley.edu/cgi/viewcontent.cgi?article=1324&context=californialawreview. Acesso em: 20 dez. 2019.

LUNARDI, Soraya Regina Gasparetto; DIMOULIS, Dimitri. Efeito transcendente, mutação constitucional e reconfiguração do controle de constitucionalidade no Brasil. *Revista Brasileira de Estudos Constitucionais – RBEC*, Belo Horizonte, ano 2, nº 5, p. 217238, jan./mar. 2008. Disponível em: http://www.bidforum.com.br/bid/PDI0006.aspx?pdiCntd=52578. Acesso em: 11 nov. 2020.

LYRIO, Fábio Fernandes de Oliveira. *O positivismo jurídico e sua crítica contemporânea*: uma análise a partir da proposta teórica neoconstitucionalista. Dissertação (Mestrado em Ciência Jurídica). Centro de Ciências Jurídicas, Políticas e Sociais – CEJURPS. Universidade do Vale do Itajaí – UNIVALI, p. 160, 2006.

MADISON, James; HAMILTON, Alexander; JAY, John. *Os artigos federalistas – 1787-1788*: edição integral. Apresentação Isaac Kramnick; Tradução Maria Luiza X. de A. Borges (The Federalist Papers). Rio de Janeiro: Nova Fronteira, 1993.

MARCONDES, Danilo. *Textos básicos de filosofia*: dos pré-socráticos a Wittgenstein. 7. ed. Rio de Janeiro: Zahar, 2011.

MARSHALL, Thomas Humphrey. *Cidadania, classe social e* status. Rio de Janeiro: Zahar Editores, 1967.

MARTINS, Leonardo. Do vínculo do poder judiciário aos direitos fundamentais e suas implicações práticas. *Revista da Escola Paulista da Magistratura*, ano 5, nº 2, p. 89-127, julho/dezembro – 2004. Disponível em: https://api.tjsp.jus.br/Handlers/Handler/FileFetch. ashx?codigo=20528. Acesso em: 02 jun. 2019.

MENDES, Gilmar Ferreira; BRANCO, Paulo Gustavo Gonet. *Curso de direito constitucional.* 12. ed. São Paulo: Saraiva, 2017.

MIRANDA, Jorge. *Manual de direito constitucional.* Tomo I. 6. ed. Coimbra: Coimbra Editora, 1997.

MIRANDA, Jorge. *Manual de direito constitucional.* Tomo III. Estrutura constitucional do Estado. 4. ed. Coimbra: Coimbra Editora, 1998.

MIRANDA, Jorge. *Manual de direito constitucional.* Tomo IV. Direitos fundamentais. 5. ed. Coimbra: Coimbra Editora, 2012.

MONCADA, Luís Cabral de. *Estudos de filosofia do direito e do Estado.* Vol. II. Lisboa: Imprensa Nacional-Casa da Moeda, 2004.

MORAIS, Carlos Blanco de. Direitos sociais e controlo de inconstitucionalidade por omissão no ordenamento brasileiro: activismo judicial momentâneo ou um novo paradigma? *Revista Brasileira de Estudos Constitucionais – RBEC*, Belo Horizonte, ano 5, nº 20, p. 211243, out./dez. 2011.

NADER, Paulo. *Filosofia do direito.* 22. ed. Rio de Janeiro: Forense, 2014.

NADER, Paulo. *Introdução ao estudo do direito.* 36. ed. Rio de Janeiro: Forense, 2014.

NOVAIS, Jorge Reis. *Contributo para uma teoria do Estado de Direito.* Coimbra: Almedina, 2006.

NOVAIS, Jorge Reis. *Direitos sociais:* teoria jurídica dos direitos sociais enquanto direitos fundamentais. 1. ed. Coimbra: Coimbra Editora, 2010.

NOVAIS, Jorge Reis. *Os princípios constitucionais estruturantes da República Portuguesa.* Coimbra: Coimbra Editora, 2014.

REFERÊNCIAS | 253

NUNES, António José Avelãs. *A Revolução Francesa:* as origens do capitalismo – a nova ordem jurídica burguesa. Belo Horizonte: Fórum, 2017.

NUNES, António José Avelãs. *Ofício de orador.* Belo Horizonte: Fórum, 2016.

PEDRA, Adriano Sant'Ana. *Mutação constitucional.* Interpretação evolutiva da Constituição na democracia constitucional. 3. ed. Rio de Janeiro: Lumen Juris, 2017.

PENA, Paulo. Eleições presidenciais. Os jovens estão a desistir da política, e a política parece prescindir deles. *Público.PT*, Lisboa, 31 Jan 2016. Disponível em: https://www.publico.pt/2016/01/31/politica/noticia/os-jovens-estao-a-desistir-da-politica-e-a-politica-parece-prescindir-deles-1721887. Acesso em: 17 maio 2019.

PEREIRA, Paulo Trigo. A teoria da escolha pública *(public choice):* uma abordagem neoliberal? *Revista Análise Social*, vol. XXXII (141). Instituto de Ciências Sociais da Universidade de Lisboa, Lisboa, 1997 (2º), p. 419-442.

PINTO, Roberto Bueno. Carl Schmitt x Hans Kelsen: defensor ou senhor da Constituição? *Revista da Faculdade de Direito – UFPR*, Curitiba, vol. 60, nº 3, set./dez. 2015, p. 103-136. Disponível em: https://revistas.ufpr.br/direito/article/view/42346/26942. Acesso em: 31 maio 2019.

PIRES, Alex Sander Xavier. *Direito sumular:* construindo uma teoria. 1. ed. Rio de Janeiro, 2009.

PIRES, Alex Sander Xavier. *Justiça na perspectiva de Hesíodo, Platão e Sócrates* – do mito hesiódico ao logos platônico, nos limites de Górgias e de A República. Rio de Janeiro, 2016.

PIRES, Alex Sander Xavier. *Súmula vinculante e liberdades fundamentais.* Rio de Janeiro, 2016.

PIRES, Alex Sander Xavier; AZNAR FILHO, Simão; TRINDADE, Carla Dolezel. *Constitucionalismo luso-brasileiro* – leitura normativa no âmbito do domínio da lei e da humanização das relações. Rio de Janeiro, 2017.

POMBO, Olga. *O método de ensino no Estado ideal de Platão.* Disponível em: http://www.educ.fc.ul.pt/docentes/opombo/hfe/momentos/escola/academia/academia4.htm. Acesso em: 27 dez. 2019.

POMBO, Olga. *O método socrático.* Disponível em: http://www.educ.fc.ul.pt/docentes/opombo/hfe/momentos/escola/socrates/metodosocratico.htm. Acesso em: 27 dez. 2019.

PRADA, Antonio Moliner. A pressão ultra-realista na França em 1818. *In: Professor Nazario González:* uma história aberta. Barcelona: Universitat Autònoma de Barcelona, Serviço de Publicações, 1998.

RAMOS, António José da Ascenção. *Ativismo judicial.* Disponível em: https://www.verbojuridico.net/doutrina/2012/antonioramos_ativismojudicial.pdf. Acesso em: 30 maio 2019.

RAMOS, Elival da Silva. *Ativismo judicial: parâmetros dogmáticos.* 2. ed. São Paulo: Saraiva, 2015.

REALE, Miguel. *Filosofia do direito.* 19. ed. São Paulo: Saraiva, 1999.

REINO UNIDO. House of Commons. *The EU Bill and parliamentary sovereignty: tenth report of session 2010–11. Volume II, Written Evidence.* Londres: European Scrutiny Committee. Disponível em: https://publications.parliament.uk/pa/cm201011/cmselect/cmeuleg/633ii/633.pdf. Acesso em: 18 nov. 2017.

REINO UNIDO. *Parliament's authority*. Disponível em: https://www.parliament.uk/about/how/role/sovereignty/. Acesso em: 23 maio 2019.

REIS, Carolina. *Que política queremos hoje*. Expresso. Lisboa, 27 nov. 2016. Disponível em: https://expresso.pt/politica/2016-11-27-Que-politica-queremos-hoje. Acesso em: 17 maio 2019.

REIS, José. Estado e mercado: Uma perspetiva institucionalista e relacional. *Revista Crítica de Ciências Sociais do Centro de Estudos Sociais da Universidade de Coimbra*, nº 95, p. 11-34, Coimbra, 2011.

REIS, José; NUNES, João Arriscado. *Recensão a Albert O. Hirschman:* the rhetoric of reaction – perversity, futility, jeopardy. Faculdade de Economia da Universidade de Coimbra. Disponível em: http://hdl.handle.net/10316.2/25189. Acesso em: 24 maio 2019.

RIFKIN, Jeremy. *O fim dos empregos:* o contínuo crescimento do desemprego em todo o mundo. São Paulo: M. Books, 2004.

ROCHA, J. A. Oliveira. *Gestão do processo político e políticas públicas*. Lisboa: Escolar Editora, 2010.

RODRIGUES, Maria de Lurdes *et al*. *40 anos de políticas de educação em Portugal:* a construção do sistema democrático de ensino. Vol. I. Coimbra: Almedina, 2014.

SANTOS, Boaventura de Sousa. *Pela mão de Alice:* o social e o político na pós-modernidade. 7. ed. Lisboa: Edições Afrontamento, 1999.

SANTOS, Boaventura de Sousa. *Reinventar a democracia*. 2. ed. Lisboa: Gradiva, 2002.

SANTOS, Bruno Calife dos. *Ativismo judicial e direitos humanos:* exercício da jurisdição constitucional e efetividade de direitos. Rio de Janeiro: Lumen Juris, 2018.

SARLET, Ingo Wolfgang; MARINONI, Luiz Guilherme; MITIDIERO. Daniel. *Curso de direito constitucional*. 6. ed. São Paulo: Saraiva, 2017.

SARMENTO, Daniel. *A ponderação de interesses na Constituição Federal*. 1. ed. 3. Tiragem. Rio de Janeiro: Lumen Juris, 2003.

SCHIOPPA, Antonio Padoa. *História do direito na Europa*: da Idade Média à Idade Contemporânea. Tradução Marcos Marcionilo, Silvana Cobbucci Leite. Revisão da Tradução Carlo Alberto Dastoli. São Paulo: Editora WWF Martins Fontes, 2014.

SIQUIEROLI, Rosane Rocha Viola. Aristóteles: educação moral e a formação do caráter. *Revista Primordium*, v. 3, nº 5, jan./jul.2018. Disponível em: http://www.seer.ufu.br/index.php/primordium. Acesso em: 19 jul. 2019.

SOUSA, Henrique. Há futuro para a concertação social? Os sindicatos e a experiência do modelo neocorporativo em Portugal. *Configurações Revista de Sociologia*. Disponível em http://journals.openedition.org/configuracoes/386; DOI :10.4000/configuracoes.386. Acesso em: 01 maio 2019.

SOUTO, João Carlos. *Suprema Corte dos Estados Unidos* – principais decisões. 2. ed. São Paulo: Atlas, 2015.

STRECK, Danilo R. *Educação para um novo contrato social*. Petrópolis-RJ: Vozes, 2003.

STRECK, Lênio Luiz; MORAIS, Jose Luís Bolzan de. *Ciência política e teoria do Estado*. 8. ed. rev. e atual. Porto Alegre: Livraria do Advogado Editora, 2014.

STREMEL, Emanuela Abreu. Ativismo judicial conservador em matéria previdenciária: análise das mudanças jurisprudenciais acerca da aposentadoria por idade híbrida à luz do princípio constitucional da uniformidade e equivalência dos benefícios e serviços às populações urbanas e rurais. *Revista Síntese Direito Previdenciário*. v. 18, nº 90 mai./jun. 0 – Parte Geral – Doutrina. p. 62-95. São Paulo: Síntese, 2019.

TAVARES, André Ramos. Direito fundamental à educação. *Anima: Revista Eletrônica do Curso de Direito da Opet*, v. 1, 2009. Disponível em: http://www.anima-opet.com.br/pdf/anima1/artigo_Andre_Ramos_Tavares_direito_fund.pdf. Acesso em: 22 jul. 2019.

UKESSAYS. November 2018. *Parliamentary sovereignty in the UK in the wake of Brexit.* Disponível em: https://www.ukessays.com/dissertation/examples/politics-examples/brexit-parliamentary-sovereignty.php?vref=1. Acesso em: 23 jul. 2019.

VAN REYBROUCK, David. *Contra as eleições*. São Paulo: Ayine, 2017.

Esta obra foi composta em fonte Palatino Linotype, corpo 10
e impressa em papel Pólen Bold 70g (miolo) e Supremo 250g (capa)
pela Gráfica Paulinelli.